俄國19世紀現實主義大文豪屠格涅夫

他終生追求不捨的女藝人寶琳・韋雅朵

伊萬誕生於莫斯科西南360公里奧略爾省祖產莊園施帕斯科耶

兩人不尋常的愛情故事成就偉大的文藝傑作

林中的打獵與閱讀爲其一生最大的享受

《初戀》一小說的廣告與荷蘭文翻譯

1883年逝世於法國，歸葬於舊俄京公墓

聖彼得堡Malaya Sadovaya街上的紀念石雕

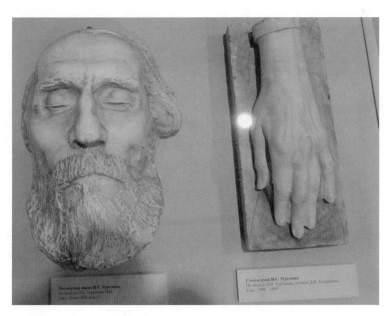

文豪逝世後之面模和這隻搖動巨篆的右手

《獵人筆記》中的屠格涅夫

《父輩與孩輩》俄文本

《初戀》其他斯拉夫文版

《阿霞》

《春潮》

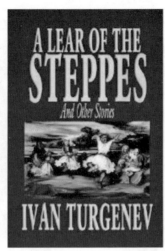

《原野上的李爾王》

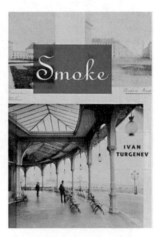

《煙》

《父輩與孩輩》

《處女地》

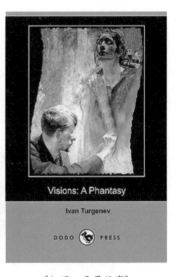

《幻思：靈異故事》

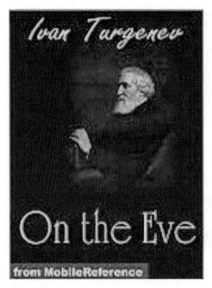

《前夜》

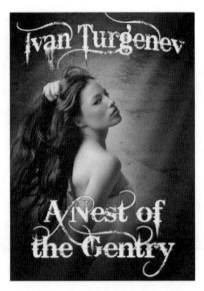

《擁有土地的鄉紳之窩》

《魯金》

《鄉居一月》

屠格涅夫
作品的析賞

Turgenev's Life and Works: A Critical Evaluation

交大講座教授
洪鎌德 · 著

二版序

自從本書第一版在2017年1月面世以來歷經兩年，曾被本人使用爲交大通識教育新課程「屠格涅夫散文和小說的析賞」之教本。至今此一新課已講解四次，本學期將要五度講授。一般而言，學生反應相當良好。本校推廣部還把本課程選列爲開放學程，將錄取的影音帶對外發行，俾校外人士可以購備參考。

對於本書加以閱讀、評論和讚揚的人爲下列諸好友：中研院李壬癸院士、退休的孫森淼大法官、法界才女葉賽英法官、台大社會學系前主任林瑞穗教授、政大俄羅斯研究所洪美蘭和魏百谷兩位教授，以及畫家兼詩人的邵素貞與郭美鈴女士。另外，親自撰文評述的有新竹科學園《園區生活雜誌》總編輯何乃蕙女士（文章發表於施正鋒主編《淵博與創思——洪鎌德教授八十高壽慶賀文集》（2018年6月，五南版）。對上述諸友好的鞭笞和鼓勵，我謹致最高敬意和謝忱。

由於我在交大任教七年（2012-2019）間幾乎每年出版一本新書，而引起學校當局的矚目。遂在張懋中校長、陳信宏副校長、黃美鈴學務長，以及多位學界前輩和通識教育中心諸位同仁推薦下，校評會於2019年6月中旬一致通過任命我爲該校終身講座教授。這項殊榮無異是我半生教學生涯的巔峰，令人無限感激，極爲珍惜。藉本書二版出梓之便，謹對校內外同仁敬致至深謝忱。希望我能把餘生貢獻給交大，再盡棉薄之力。

最後，再三再四爲本書再版付出心力的五南劉靜芬副總編輯和執行編輯林佳瑩小姐表達無比敬佩之忱和真摯的謝意，祝福她們工作順利、身心康泰。

交大終身講座教授

洪鎌德

2019年11月1日

初版序——以哲學和社會科學來探索文學

多年來本人在鑽研哲學（特到是政治、法律與社會哲學）以及社會科學（政治學、社會學、法津學、國際關係、政治經濟學、哲學人類學、社會心理學）之餘，也對文學抱有很大的興趣。在小學時代便熟讀早年台灣文學先輩阿Q之弟的《靈肉之道》和《可愛的仇人》；中學念《水滸傳》、《三國演義》、《紅樓夢》；大學時代開始閱讀英文作品，像史蒂文生的《魯濱遜漂流記》、狄更斯《塊肉餘生錄》、原著德文對照英譯歌德《少年維特的煩惱》和施篤姆的《茵夢湖》、英文原著對照漢譯史東原的《生之欲》和海明威的《老人與海》，以及俄漢對照屠格涅夫的《散文詩》。在留德期間居住在西南德黑森林的同學兼好友Rainer Mangei，更花費半年時間教導我閱讀歌德原著《浮士德》和海涅的詩詞。這些學習和閱讀的經驗加深我對文學的認識和興趣。

我這數十年來在德國、新加坡、中國和台灣主要研究、講學和著作涉及哲學思維（尤其是康德、黑格爾、馬克思、韋伯、卜地峨、帕森思、哈伯瑪斯、紀登士等人的社會哲學和法政思想）與社會科學（特別是世界政治、國際關係、社會學理論、歷史社會學、政治社會學、法律社會學、當代主義、意識型態批判、政治經濟批判等等）都與文學少有關聯。但研究個人與社會、社會與國家、國家與世界，顯然單靠哲學思辨和社會科學的分析，僅能了解事物的表象而已。反之，文學、藝術、宗教這類精神最高的表現之認知，才能直透人心與世情。這就是黑格爾所言由家庭所呈現的主觀精神，發展到文明社會的客觀精神，最終抵達倫理國家境界的絕對精神之辯證過程。亦即只有掌握一國一族的靈魂及其文化表現，才能了解這個國族在某一時期中，其人民之思言云為。

換言之，要明白19世紀中葉和下葉，沙皇統治下俄國廣大民眾生活實狀，單靠歷史的回顧、社會的剖析、政經的追蹤是不夠的。如能再佐以文學和藝術的描繪，將會獲得更鮮活的民情世俗之圖像。因之，閱讀戈果爾、杜思托耶夫斯基、屠格涅夫、托爾斯泰等人的文學著作是必要的，正如同聆聽柴可夫斯基、林姆斯基－科薩可夫和拉赫曼尼諾夫的音樂，以及欣賞艾瓦佐夫斯基、費多托夫、衣瓦諾夫和柯連多夫斯基等人的繪畫，是掌握該時代俄人民族性格和

時代精神，最直接和簡單的捷徑。

　　在過去的十年間，我在繁忙的教研之餘，把多出的時間用在俄文的複習與加強之上，除了閱讀列蒙托夫《當代英雄》之外，先後仔細念過屠格涅夫的六大長篇與大多數中短篇小說，更把《獵人筆記》和《散文詩》做了深入的析賞。

　　本書沿續2015年東大增訂再版的《馬克思》傳記之體例，先詳細敘述屠格涅夫的家世、父母、幼年、青少年求學經過、由莫斯科大學轉入聖彼得堡大學及其後留德與返俄的往事。在悍母安排下擔任內政部小吏，之後卻辭官與抵俄演唱的法國女高音寶琳・韋雅朵旅歐，到處遊蕩，也決定他這一生像海參一般寄生在歌劇艷星的家中，兩人後半生恩恩怨怨的愛情故事從此展開。這期間他的詩作與劇作紛紛發表，但沒有造成轟動。後來結集的《獵人筆記》之各篇連續刊載，這一文集暴露擁有農奴和土地的鄉紳的顢頇傲慢，以及農民生活的貧窮困苦。這是影響沙皇後來頒布農奴解放敕令的重大因素。為此屠氏還入獄一個月，在其祖產田園軟禁年半。接著本書提及他撰述的首部長篇小說《魯金》，以及所引發的好惡評論；也涉及他與《當代人》編輯群的恩怨情仇，尤其他與杜思托耶夫斯基和托爾斯泰的瑜亮情結。屠氏最成功的長篇為《父輩與孩輩》，是他的代表著作。其他的中短篇，像《初戀》、《春潮》、《阿霞》等，比起長篇的《貴族之家》、《煙》、《前夜》更受歡迎。

　　他壯年一度在德國巴登建屋定居，卻因普法戰爭爆發，普魯士軍國主義囂張，而隨韋雅朵一家遷往倫敦，後轉回巴黎久居，也常抽空返俄吸取鄉土的養分與氣息。這期間屠氏撰寫不少篇中短型小說，包括其後（晚年）涉及超自然現象的《夢》、《珂拉拉・米麗琪》等十篇靈異小說。隨著俄國政局的變化，一向採取溫和改革路線的自由主義者之屠氏，開始同情進行革命宣傳，甚至成為訴諸暴力反抗政府的偏激份子。《處女地》的出版贏回青年學子對他的擁護，這也是他國際聲譽達到高峰之際。晚年迷戀本國戲劇演員沙維娜，算是他一生愛情故事的插話。最後以脊椎癌逝世於巴黎，而歸葬俄土。

　　本書不但以傳記筆法詳述屠格涅夫的平生、著作和思言云為，還討論其時代之俄國與西歐局勢的演變，俾了解人物與時地之互動，以及作家和其親友的交流。再以歷史社會學和心理分析的角度，評讀和析賞其隨筆、書信、詩詞、戲劇、小說，勾勒其作品中自然的景觀對人物角色的心態之形塑與衝擊；最重要的是探索屠格涅夫的心靈與哲思的世界，析述其天道觀、社會觀和人生觀，俾在其生涯、作品和時代形成一個圓融的有機體，把文學體現人生的意義，以

屠氏的平生、時代和傑作刻劃出來；最後評估其文學成就與影響。

本書插圖眾多而珍貴，參考文獻不限於俄文，兼涉及英、德、法、漢文資料，相信為同類著作中最具普世觀的屠格涅夫傳記之一。

本書文稿小部分由內子蘇淑玉女士與廖育信博士打字，台大國發所博士生張書榜提供有關屠氏近期資料，大女兒寧馨和次女兒琮如網購所需各種相關書籍，摯友旅居維也納台僑領袖吳尊和博士託人帶來屠氏原文小說。輔大社會系教授謝宏仁趁赴中國開會之便，帶回屠氏著作的華文譯本；另一位輔大教授邱晨提供英文屠氏傳記。吉林體育學院譚亮教授贈送中譯傳記，都令人振奮和感激。這些或大或小的幫忙都促成本書的及時完稿，這是令人萬分感恩之所在，茲表示至深謝忱。五南副總編輯劉靜芬小姐主編過我六本書，這是她完成的第七本，由於她的安排和設計使本作品更呈現其特色。此外，執行編輯吳肇恩小姐的精心擘劃、仔細校對、發揮巧思、糾正誤謬，使本著作錯誤減到最低程度，可讀性增高，這是作者至感榮幸與感激之處。最後，茲以本書獻給任勞任怨、善心滿溢的愛妻蘇淑玉女士，並祝福她晚年平安、康泰、喜樂。

交大講座教授 洪鎌德
誌於十八尖山西麓小舍
2016年10月16日

目 錄

第一章

身世、家族和幼時教育

第一章　身世、家族和幼時教育

‧父與母
‧兄弟與養妹
‧不愉快的童年
‧母與子
‧入學莫斯科與聖彼得大學
‧與文豪普希金擦身而過
‧處女作：浪漫詩《斯特諾》

伊萬・舍格維契・屠格涅夫（Ивáн Сергéевич Тургéнев; Ivan Sergeyevich Turgenev）出生於帝俄時代俄國奧略爾省首府奧略爾市（Орёл，離莫斯科西南方約360公里的省城），時爲俄曆1818年10月28日（相當於洋曆1818年11月9日）。其父舍格伊・尼可拉維齊・屠格涅夫（Сергей Николаевич Тургéнев; Sergei Nikolaevich Turgenev, 1793-1834）爲退休騎兵團上校軍官。其家族混有韃靼人的血緣，家族系譜勉強可追溯到18世紀初；無顯赫的家世，以經商發跡，甚至淪爲土豪劣紳，成爲屠格涅夫筆下可笑與可憎的小人物，包括先祖酗酒胡爲、神經失常爲屠氏所稱：「最大號的雜種和盜匪」（Yarmolinsky 1959: 16）。

這位退休軍官長得俊偉高大、面目白晰清秀，但卻風流倜儻，舉止有點女性化，也是拈花惹草的情場聖手。其妻瓦娃拉・裴特羅芙娜・盧托維諾娃（Варвара Петровна Лутовинова; Varvara Petrovna Lutovinova, 1787-1850）卻是富裕的貴族後裔，大片領地和廣大莊園的擁有者；爲其耕作、操勞、服侍的男女農奴多達5,000餘名（1838年的信上則指出擁有3,000多位，可能是遭她賣給別的地主之故）。當年貴族、地主不只擁有土地，還擁有耕種土地以勞力換取生命與家族存活的農奴，他們被社會當作底層的生產工具，也是貴族、地主、鄉紳所擁有的土地之附屬品，活生生的財產。由於沙皇需要貴族維持和穩定政權，便賦予地主支配宰制農奴的大權。農奴對地主的稱呼爲「大爺」、「老爺」（барин）；官方對地主擁有的農奴之數目則稱「靈魂」（душа）。屠格涅夫的母親在祖業最興盛之時，一度擁有5,000多個「靈魂」。在其身邊服侍者，例如家事總管被她封爲「內務大臣」，送信者封爲「郵務大臣」，她儼然成爲管轄所在地的女王、女暴君。農奴如不得歡心或偶爾犯錯時，輕罰爲囚

禁、斷食、剃光頭髮，重罰則為驅逐、充軍、流放。這就是俄國18與19世紀前半葉，農奴制度的實情和慘狀（莫洛亞 2014：1-2）。

她娘家的父祖輩不是兇猛軍人，就是土豪劣紳，曾強奪鄰居土地，還以暴力鞭打脅迫小農民撤告。在她出生前生父過世，其母再婚，不久也逝世，繼父居然企圖強暴她，所以她只好冒著冰天雪地的惡劣天氣，夜奔投靠其十多俄里之外的叔父。這位富有、慳吝、孤僻、單身的叔父勉強收容她，兩人住在一起長達十年，引起村民的竊竊私語。其叔父一度計畫改變遺囑，把她從遺產受益人的名單剔除，卻在準備修改遺囑的前夕暴斃，她才以唯一的親屬身分獲得龐大的領地與遺產（Troyat 1991: 1-10; Yarmolinski 1961: 1-27; Magarschack 1954: 1-18）。她身材不高、相貌平凡、舉止庸俗、帶有男性作風（騎馬、打獵、盛宴、冶遊）、毫無女性的魅力，比其丈夫年長7歲。顯然這對夫婦並非男歡女愛的結合，而是男方家族羨慕女方的家產和地位，強迫年輕的軍官以風流倜儻獵艷手法騙取熟女的歡心。兩人在1816年1月14日結婚，夫婦倆雖同居，卻彼此視為陌生人，兩人勉強維持婚姻關係到男方先死方休。

伊萬的父親那麼早便退休的主要原因，除了才華平庸、個性散漫之外，也是1820年代擁有土地的紳士和貴族，對專制高壓的沙皇政權無力反抗的樣板。像1825年，有識之士稍思社會改革，聚會討論時局，便被政府以密謀造反的名義（「十二月黨人事件」）逮捕槍決。在政府高壓肅殺的氣氛下，他們只好把大好的時間耗費在吃喝玩樂和食色打獵之上（Pritchett 1977: 8）。

身為大莊園第二公子的伊萬誕生在省城奧略爾，2歲半移居省城郊外的莊園施帕斯科耶莊園（*Спасское-Лутовиново, усадьба Тургеневых*; Spasskoe）。該莊園的主要建築物為一幢二層樓大廈，裡面有21個房間。在1827年，伊萬9歲時，這一巨大農莊曾遭祝融之災；其後於1839年再度失火，但其殘餘側翼尚保存原樣、重加緝修，成為伊萬之後從國外返俄時居住的所在。

施帕斯科耶農莊的大宅邸和農舍（Спасское-Лутовиново, усадьба Тургеневых）

　　伊萬為家中的次子，其兄尼古拉終身庸碌，僅擔任過幾年地方書記的小官職，一生沒有獲得其生母的慈愛，甚至一度遭母親趕出家門，斷絕繼承權利。直到母親晚年才勉強接見他妻兒，最終他以貴族地主的身分管理其母留下的部分土地與田莊。不過伊萬卻是視金錢為糞土，大方賑濟窮困的親友、農奴，甚至揮霍其田莊產業的資源；與其兄的嗜財如命、慳吝貪婪成一大對比。伊萬下面還有一個弟弟舍蓋依，16歲便去世，在其父親逝世前兩年，其母與德裔熟人，即家中的醫生貝爾士（Dr. Andrei Behrs）發生婚外情產下一名女孩（乳名Bibi）。這名女孩長大後嫁人夫姓為日托夫，遂稱日托娃（Zhitova），她可算是伊萬同母異父之么妹。日托娃是瓦娃拉高齡（46歲）生下的非婚生女兒，最初以養女名義收養。伊萬之兄尼古拉在村落教堂偶然聽來這個馬路消息，憤怒指責母親的不是，但其母再三否認，在給伊萬的信上一再澄清謠言。可是在母親死後，伊萬讀了母親留下的日記，才確認他的確有這個一半血緣的妹妹之事實。正如前述，此么妹的父親為德裔俄人，曾任莊園醫護人員的貝爾士醫師。此君據稱是大文豪托爾斯泰後來的岳父（Zhitova 1961: 13-15; Schapiro 1978: 24），不過嫁給托翁做妻子的安娜·貝爾士，並非伊萬異父同母的妹妹，而是貝爾士醫師與原配所生的女兒。此外，醫師還育有另一位名叫安娜的千金（Troyat 1991: 16n）。如所言屬實，那麼屠格涅夫和托爾斯泰兩人不但亦師亦友，還加上姻親的關係。儘管兩人曾因瑜亮情結而反目成仇；但在屠氏臨終前，已獲得托翁的諒解，兩人前嫌盡釋，恢復友誼。

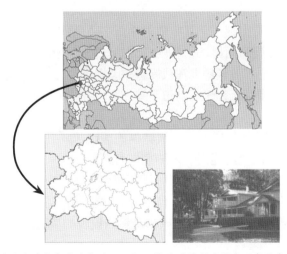

奧略爾省首府奧略爾市（Орёл），位於俄羅斯地圖左下角黑色部分

　　伊萬及其兄年幼時幾乎天天被母親斥責鞭打。其母裴特羅芙娜也許是與丈夫恩愛不足，又怨妒其夫在外拈花惹草，遂把不滿之氣發洩到子女與傭婢身上，時常以暴烈的手段責備、折磨、鞭笞其周邊的人。伊萬在童年時代每天受到體罰鞭打，9歲時企圖逃離家門，被其德裔家教發現勸慰後留下來；在這位教師向其母進言後，伊萬才少遭受皮肉之苦（Gardiner, Introduction 1950: 7）。

童年的伊萬，頭特別大，面目清秀，個子特高

　　伊萬4歲時便與父母旅遊歐陸各國，曾不小心在瑞士伯爾尼動物園掉入熊坑，差點喪失性命，所幸父親及時救起。因之，他對父親的感受大異於對母親的看法。這些家庭背景、父母怨恨、母子疏離、父親偷腥，可從他後來《初戀》一書的描述中看出端倪。其中他對小說主人翁的描寫卻是如此：「他擁有聰敏、漂亮、燦爛的面目 —— 我內心開始悸動，我整個人都傾倒於他 —— 他好像體會我的心思，會輕輕地在我的臉頰上撫摸。之後很快地走開，去忙他的事；或是把手邊事凍結起來一動也不動。這時我也會愣在一邊，完全僵硬不動」。

　　另外，伊萬又把其父描寫為風流倜儻的唐璜，「在上帝面前出現的〔女性〕能幹獵人」。他極為迷信，害怕家中有妖魔作怪，常請村中教士前往驅魔，在他的農舍各房灑滿聖水。伊萬童年中最深刻和恐怖的記憶，就是神父作法後留下隨風搖曳的燭光，這種傳自生父的迷信和對周遭漆黑的懼怕，使他驚恐害怕的程度有異於常人，也造成終身無法擺脫的夢魅（Magarshack 1954: 19）。

　　直至9歲時，他生活在其母親產業的農莊施帕斯科耶兩層樓大廈之內。大廈爲附近田園、原野與樹林所包圍，有水池、花圃、菜園和鄉村道路、林木扶疏、草徑稀落、河湖交錯，成爲他幼年玩耍、散步、騎遊、打獵的好去處，也培養他終身愛好大自然，並喜與花草樹木禽獸交往的嗜好。

　　由於母親的專橫、殘忍、霸橫，所以伊萬少年時代既欠缺愛情、友誼，更失去安全感，也造成其一生缺乏堅強果敢的性格，變成膽怯猶豫、觀前顧後的作風，這些特別的性格多少也表現在其文學著作的主角的塑像裡。

　　大概因爲與其兄（性格不同）與其弟（太年幼且早夭）的距離太遠，從小便需要友情來關懷的伊萬，只好求助於照顧他的農奴。這也是他與家中傭人僕役、婢女關係較爲親密的原因，也是他何以從小便同情廣大的農奴，引發其後致力農奴解放的原因。在僕人中有位受過粗淺教育的人，設法打開育嬰室隔壁的圖書館之圍牆，引導8歲的屠格涅夫窺探俄國童話、詩詞、小說的美麗，啓發他其後對文學的傾心。當年貴族家中多聘用來自西歐的家教，伊萬家中有法國、德國和瑞士的家教，其母爲顯示高級俄人的形象，與子女都用法語交談，是故伊萬的法語和德語講得比俄語還流利（Kluge 1992: 21-22）。他對俄文的認識和掌握是來自一位愛好童謠、古諺和故事小說的農奴。15歲時，似乎在其母刻意安排下與農奴少女發生性關係，這是他初嚐禁果的滋味（Seeley 1991: 9）。另一說法是在他18歲時，在其母安排下與農家少女有肌膚的接觸。其母比佛洛伊德早了六十年讓伊萬上演戀母情結的劇碼，她荒謬到其後稱呼女性化的兒子爲「珍妮」，自稱爲「父親」，甚至在兒子留學德國的通訊（1839年5月6日）上說：像聖母誕生耶穌一樣，伊萬是她「無玷懷孕」生產下來的麟兒（Yarmolinsky 1961: 45）。

12歲的少年屠格涅夫（1830）

在他9歲時，與兄長尼古拉被送到莫斯科德國人所辦理的寄宿學校。在1833年夏天，伊萬16歲在莫斯科市郊靠近修道院附近租屋而居，其鄰人為比他年長3歲的沙霍夫斯卡雅公主（Екатери́на Льво́вна Шаховска́я; Ekaterina Livovna Shakhovskaya, 1815-1836）。她不但是一位漂亮聰穎的少女，還是一位才華橫溢的青年詩人。她曾出版過《夢境抑幻景》（1833）詩篇。伊萬一度迷戀這位年長但美麗的芳鄰，後來才發現她居然盲目地崇拜伊萬的父親，並且發生了不倫的關係。但是她只活了22個年頭便香消玉殞，她的早逝對少年伊萬的打擊非常重大。她也是伊萬後來撰寫自傳式小說《初戀》之女主角。

1834年，17歲的伊萬，進入莫斯科大學只念一年，便轉學至聖彼得堡大學，進入歷史與語言學學院。他認為當年的莫斯科大學不過是中學的延長，是一所普通學校，而非宏偉的大學殿堂（透過《前夜》主角講出內心話）。

依照俄羅斯大學的傳統，哲學與文學必須一起選修，所以屠格涅夫在莫斯科大學與聖彼得大學就讀時，雖選修哲學但也要選修文學。這使他除了能在思想領域邀翔之外，也能咬文嚼字。文學的理論與小說的創作之間，分別並不明顯，亦即當時哲學與文學是混雜在一起研討；更因為親近聖彼得大學文學教授朴列特涅夫（Петр Александрович Плетнев; P. A. Pletnev, 1792-1865）的關係，伊萬有機會與當年俄國文學菁英有所接觸。遺憾的是曾經在文學教授寓所，匆匆與俄國文學之父普希金擦身而過，沒機會晤談。之後雖在劇院碰頭，卻依舊只能遠望，無法接近。幾天之後，一代文豪竟因與法國武官決鬥受傷，英年早逝（1837）。屠氏早年的文才無法讓普希金認識、啟示和獎掖，是他終身抱憾的大事（Kluge. *ibid.*）

不久，其父逝世（1834年10月30日，只活了41個年頭），事實上其父對長兄尼古拉和伊萬的生活和教育是相當關心的。父親過世時剛好其母在義大利渡假（可能是在生產其非婚生女兒）。父親的死亡對伊萬的衝擊究竟有多大，至今仍舊成謎。在這之前他的處女詩作〈斯特諾〉（*Стено; Steno*）完稿，是仿效拜倫〈曼彿列〉（*Manfred*）的格調而完成的浪漫主義詩作。由此可看出其早期文學生涯開端的浪漫主義，既受到拜倫個體性看法的衝擊，也受到普希金個人主義的啟發。

故事發生在古羅馬某一個時段。開幕的引導為圓形的鬥獸場，跟著是下列的描述：「……月亮已升起，它憂悒地看著灰色的城廓。城牆覆蓋著銀色的花朵，遠處提伯河閃爍著瀲灩波光，河邊的柏樹神祕地低頭不語，樹枝搖曳著銀色的樹葉」。永恆之城的夜幕使男主角斯特諾憶起過去不幸的失戀往事，他

突然感受到世界的冷漠、孤獨、失信，而萌發了輕生的念頭。在走近河岸的半途，整個人幾近崩潰，最後昏倒下去，被一位其兄以捕魚爲生的少女朱莉亞撞見。在兄妹合力挽救之下，斯特諾獲得療治而恢復健康。少女戀上這個失意的年輕人，但斯特諾卻仍沉湎於過去喪失所愛的創傷中，不理會朱莉亞的一片善意和痴心。開始能夠四處走動的斯特諾，對於未能回報少女救命和賜愛的恩情，向附近教堂的神父告解，但無法獲取靈魂贖回的機會。朱莉亞在失戀的重擊下日益憔悴，終而藥石罔效、香消玉殞。深愛少女的長兄氣憤之餘，先殺庸醫，再設法擊斃斯特諾，卻發現斯特諾已經自我了斷。

此一長篇詩作顯然看出屠格涅夫受拜倫作品的影響很深。但詩篇的構想卻來自普希金的《高加索的囚犯》，敘述堅強的少女拯救懦弱的男性的英勇行徑，對此篇詩作屠氏後來表示嫌惡。事實上，這的確是一篇粗心大意、模仿幼稚之作品，也是臨時起意、即興之作。斯特諾獨特、可被讚賞的個體性和自主性，是浪漫主義頌揚下的虛構人物，這表現在他對世事滄桑感受敏銳，但待人處事卻冷漠無情。其離拜倫在《曼佛列》一詩中，以寓言式的心理分析來描繪男主角的言行細節差得很遠。不過斯特諾這種角色，卻成爲屠格涅夫後半生重要小說與劇作中屢屢出現的人物。反之，朱莉亞這種堅忍勇敢、大膽創新、不畏世俗規範的女性，也成爲屠氏其後文學著作中所塑造的女英雄（Kluge 1992: 22）。

青年時代的屠格涅夫（Иван Тургенев в молодости 1838）

母親所擁有的祖產莊園施帕斯科耶，位於俄國西南部奧略爾省奧略爾市附近，爲屠格涅夫生長和從西歐返俄後寫作、打獵、酬酢、飲宴、棲息之所。重要著作之構思與完稿多產生於此，爲文豪才藝的搖籃。

　　在聖彼得堡大學就學三年間，伊萬認識了俄國文學教授朴列特涅夫，他是詩人兼文學評論家，曾協助普希金編輯影響力很大的《當代人》（*Современик*）期刊。對伊萬的處女作〈斯特諾〉有所批評。不過在數十年後的追憶中，伊萬對他仍表敬意。在一次朴列特涅夫家庭集會中，伊萬和普希金未能晤面寒喧，成爲伊萬終身的憾事。在普希金與情敵決鬥受傷而死之前，伊萬見過這位「皮膚黝黑的小臉，非洲式的嘴唇，開懷大笑時露出白齒，擺盪的頰毛，寬額底層出現稀疏眉毛，其下爲栗色的雙眼，還有一頭蓬鬆的卷髮」之一代文豪（Yarmolinsky, *ibid.* p.38）。這是一位就讀首都大學的青年人，急於伸手尋覓文學大師的提拔和聲援，偏偏無緣求見，實屬個人之不幸。但普希金的著作對屠格涅夫影響卻是深遠的。屠格涅夫終生把普希金當成19世紀俄國文學開創之父看待，稱他爲「我的偶像、我的導師、我〔永遠〕無法達致的楷模」（X: 213）。

俄國文學之父普希金（1799-1837），因與覬覦其妻美色的法國駐俄武官決鬥而殞命，享年只有38歲。右下圖爲普希金臨死前與妻子和朋友話別之情景。

第二章

留德與返俄

第二章　留德與返俄

· 投身「德意志海洋」
· 結識葛拉諾夫斯基與施坦克維奇
· 安念可夫與巴枯寧
· 黑格爾哲學傳人韋爾德
· 歌德戀人貝娣娜
· 返俄與非婚生女兒見面
· 貝林斯基
· 塔琪雅娜·巴枯寧

　　1837年至1838年間，管治一個類似王國的大農莊的殘暴女地主的母親，終於允許伊萬到柏林留學，這裡是當年俄國貴族培養後進出人頭地的留洋鍍金聖地。1837年年底，在母親和兄妹的送行下，伊萬從聖彼德堡搭乘汽輪經過芬蘭灣、北海，在呂北克登陸。他在日記本上寫著：「我一鑽頭栽入『德意志海洋』中，它不只用海水洗淨我周身的不潔，還在浪潮裡載沉載浮露出首面，成為『西化派』的成員，也讓我終生成為西化派份子」（XIV: 9）。在靠近呂北克海港時，汽輪不巧碰上火災，伊萬驚慌失措，表現懦怯，搶登救生艇。在四十五年後的口述回憶中，對此事有生動的描寫（Pritchett 1977: 21-22）。這件有失紳士風度的醜事，也一度在韋雅朵家的舞台劇中，自我作踐地以滑稽可笑的身段演出。他在話劇中大喊：「船失火了，大家別起鬨、快逃亡！我是家中的獨子，不可死，快來救我吧！」他的天眞坦率、幼稚和不懂維護自己的尊嚴，從這齣自編自導自演的鬧劇中表露無遺！

　　在呂北克到柏林的旅途上，輕佻好色的伊萬又與一位年紀長他一倍，談吐明快、富有機智，但卻是帶著三個孩子的詩人之妻，亂搞男女關係。後來伊萬母親知道此事不但沒有責備他，反而因為兒子懂得男女魚水之歡而感到高興；她還讚賞伊萬與年長的熟女發生關係為好男兒的表現（Rice 1997: 4）。由此可見，當年俄國擁有土地的鄉紳與淑女對性道德的輕視和濫用。

25歲左右的伊萬

19世紀中葉的柏林大學

　　伊萬留德共三年（1838年至1841年），除了有與他年紀接近的僕人（名叫Porfiry，是他同父異母的兄弟，是其父與農婦所生的私生子，伊萬曾要求其母讓他自由，但遭到母親拒絕），還結交不少志同道合的朋友，包括葛拉諾夫斯基（Тимофей Николаевич Грановский; T. N. Granovsky, 1813-1855）和施坦克維奇（Николáй Влади́мирович Станке́вич; N. V. Stankevich, 1813-1840），這兩位都比他年長5歲。前者以評論時事著名，後任莫斯科大學歷史教授；後者與

伊萬的友誼雖產生於柏林，卻在聖彼得堡成長。

自由派史學家葛拉諾夫斯基　　　短命評論家施坦克維奇

由於宣傳德國哲學，施坦克維奇在莫斯科享有盛名，並成立了以他的姓名為標誌的社交圈。伊萬在1838年底抵達柏林，比起葛拉諾夫斯基，施氏對屠格涅夫更為友善，兩人還曾一同遊歷羅馬。葛拉諾夫斯基覺得這個伊萬雖然能言善道，卻有點浮躁輕佻。曾領導一方成為青年社交圈的領袖施坦克維奇，在27歲的英年染上肺炎而早逝（1840），令屠氏震驚哀痛。在哀悼文中，屠氏指出：「因為你的引導，讓我重生，也因此找到人生的目標」。這也是屠氏決心改正輕佻而走上務實之途的原因。後來在《魯金》小說中，屠氏把施坦克維奇化身為小說中能言善導、指點迷津的智多星朴寇斯基（Pokorsky）。

青年時代的屠格涅夫（1838）　　安念可夫及其文學回憶錄

在留德期間，伊萬與巴枯寧（Михаил Александрович Бакунин; Mikhail Bakunin, 1814-1876）同住一間房，歷經數月之久。兩人共同研讀黑格爾的哲

學（洪鎌德 2016），也一起享受貝多芬的音樂。伊萬本來立志學成歸國後，在國內兩所大學之一教授黑格爾哲學和德國經典唯心主義（觀念論）；在其農莊閱讀室擺置大量德文哲學著作，他所閱讀的黑格爾作品常加註劃線和眉批，顯見其用力之勤。不過上課、念書之餘，他經常參加演奏會和進出歌劇院，以及招待朋友飲宴，揮霍母親不少匯款。在其留德三年期間，一度返俄「省親」（大概是向其母要錢）。當時柏林同居好友主要是巴枯寧，後來還與巴枯寧的弟弟和妹妹相識。在柏林的咖啡屋，伊萬第一次見到安念可夫（Пáвел Васи́льевич Áнненков; Pavel Vasilyevich Annenkov, 1813-1887）。此君後來變成屠格涅夫文稿的閱讀人和評論者，對屠氏文學成就貢獻重大；其角色有如恩格斯協助馬克思，使後者揚名世界，成為歷史上的偉人。巴枯寧兄弟姊妹的親密關係和愛好社交的特質，自然會把喜歡與人來往，而又擅長交際應酬的屠氏納入家中常客之列。這個社交圈不僅出現在柏林，更活躍在莫斯科，也成為伊萬青年時代多采多姿的學生生活之點滴。伊萬與巴枯寧來往頻繁，這是在巴枯寧尚未走向偏激的無政府主張，更非變成虛無主義者之前。因為後來巴氏的政治態度走向偏激，導致生性平和、喜走中庸之道的屠格涅夫對他關係逐漸疏遠。

青年時代的屠格涅夫　　留學柏林大學時代的巴枯寧　　壯年的巴枯寧

在柏林就讀期間，與屠格涅夫來往密切的德國人有黑格爾哲學詮釋者，同時也是詩人的韋爾德（Karl Friedrich Werder, 1806-1893）和曾經是歌德年輕時的戀人，文學才女貝娣娜·馮阿妮姆（Bettina von Arnim, 1785-1859）。

馮阿妮姆爲德國浪漫主義精神代表　　　　　　　　　　大史學家藍克

　　其後，蘇聯時期的學者發現韋爾德不似馬克思和恩格斯爲左派（青年）黑格爾門生，反而是右派（翼）黑格爾門徒，一生著書講學都在強調神明的存在。這也影響屠格涅夫後來在聖彼得堡大學的碩士論文，其討論的焦點爲「泛神論」（Pantheismus），認爲神明存在宇宙各種事物中。這種觀點與費爾巴哈認爲神即人，人即是神的看法截然相反。費爾巴哈和馬克思屬於左派黑格爾（青年黑格爾）門徒，不過沒有證據顯示留學柏林期間的屠氏曾上過教堂。但是，在聖彼得堡與母親同住的時期，他曾上過教堂。從他在義大利出遊時對教堂的迴避，又證明他不是虔誠的東正教教徒，特別是在給葛拉諾夫斯基的信（1840年5月30日）上，看出他對費爾巴哈的著作《哲學與基督教》讚譽備至。這些跡象與後來他對教會和宗教的嫌惡，在在說明《泛神論》只是爲求取學位滿足官方（學校當局）要求的學術論文而已，談不上他對神明存在的信仰，更不必想像他擁有特定的宗教觀。

　　屠格涅夫在柏林大學攻讀的學科主要有歷史、古典文學和哲學，尤其是黑格爾的哲學，除了以美麗詞藻（優美文學 *schöne Literatur*）來解釋抽象艱澀之黑格爾哲學的韋爾德之外，對他啓發較多的德國老師有教授古典語文與拉丁文的儲姆特（Karl Gott Zumpt, 1792-1849）與講解古典文學、擔任過普魯士科學院院士兼祕書的薄克（Philipp August Böckh, 1785-1867），以及著名歷史學家藍克（Leopold von Ranke, 1795-1886）。正如前述，從他家裡藏書室中發現的黑格爾著作的詮釋詳盡，不難想像他一度對黑格爾哲學的深入研究。他本來計畫返國後在大學教書，不料大學的哲學系及其課程被政府所取消，教書夢就此粉碎。當年留學德國的俄人不是嚮往日耳曼的觀念論（特別是黑格爾哲學），便是涉足俄國政局和社會情勢，成爲其後的改革家或革命份子。伊萬當不成哲學教授，也無法投入社會改革運動，更不敢參與革命活動。

　　1841年夏天，伊萬從德國返俄後完成碩士論文，次年5月獲取聖彼得堡大學哲學碩士學位，之後未依其母的意願，再念博士學程，放棄在舊俄大學擔任哲學或文學教授職位的初衷。

　　伊萬在施帕斯科耶重溫童年舊夢之際，因為反對母親對待農奴的殘酷刻薄，他反而與他們一起打獵、聊天、交遊。因為這種與低層社會長期而親近的接觸，造成屠格涅夫其後貫徹農奴解放的決心。

　　後來屠格涅夫與一名農奴少女，也是專司莊園裁縫事務的女工發生戀情，而於1842年4月28日生下了他的非婚生女兒，先命名為裴拉潔（Pelagia），後改名為寶琳特（Paulinette 小寶琳）（關於這父女相認的故事後面還會敘述）。

　　為了這名女兒，屠格涅夫也表現高度的責任感和父愛。後來把她送往法國，寄居韋雅朵家，接受法式教育，她後來嫁給法國人，成家生子。屠氏還為女兒準備嫁妝，預立12萬法郎的本金，從中取得利息，再加上每年另外付給的固定津貼，幫忙女兒一家維持生計，直至屠格涅夫死亡為止。

屠氏女兒原名裴拉潔，後改名為寶琳特。童年時被送往法國，寄住韋雅朵家，只學法語，不懂俄文，後嫁法國商人，耗費屠氏不少錢財。後來更因寶琳特與夫反目，帶子女逃亡，先躲瑞士，後居巴黎。屠格涅夫臨死前，這個令他放心不下的女兒索錢更兇，害他必須拍賣私藏藝術品貼補女兒的生活。

　　1842年10月屠氏在巴枯寧的莊園住了一週，米海爾·巴枯寧的么妹塔琪雅娜（Tatyana）對屠氏一片癡情，兩人的戀情卻只維持了半年的短暫時期。這是由於屠氏看出：巴枯寧一家人激情如火，但理智不足，毫無宗教心態，預感早晚會陷身於不幸之中，所以及時收斂感情，而與這個狂熱的家庭保持距離。

　　不過女性的奔放熱情和男人的猶豫怯懦，所導致的愛情鬧劇，甚至悲劇，卻成為他後半生經驗的一部分，也鎔鑄在他後來幾本小說、戲劇、詩詞當中。在展開其文字寫作生涯之前，屠格涅夫曾在1842年底，撰寫有關俄羅斯農業經濟與農民生活的報告，主張農業改革，而不排除農奴制度的廢除。後來這份報告被當作他服務公職的試用時期之入閣論文。1843年夏天，他被聘為內政部特

別辦公室的科員〔官銜為「府祕書」（Collegiate Secretary）〕。

　　1843年2月與文藝評論家貝林斯基（Виссарио́н Григо́рьевич Бели́нский; Vissarion Grigoryevich Belinsky, 1811-1848）相識，此君對伊萬其後文才的發揮有啓誨獎勵之功。當伊萬的詩作《帕拉莎》出版後，貝氏在《祖國年鑑》上大加讚賞，認為伊萬有敏銳的觀察力，以及從俄羅斯生活深邃的源泉中汲取的精深思想，且在強烈的時代感受下將其隱藏的嘲諷加以流露（Troyat 1991: 18）。

評論家貝林斯基　　　　　塔琪雅娜・巴枯寧　　　　英俊瀟灑的伊萬

塔琪雅娜比伊萬年長3歲，愛好德國觀念論哲學，尤其是費希特的理念。伊萬的好友如施坦克維奇、貝林斯基和薄特金，都先後拜倒在她石榴裙下。只有屠格涅夫受到她的青睞，但兩人因個性不合而分離。

Татьяна была старше Ивана на три года. Она была увлечена немецкой философией и свои отношения с окружающими воспринимала сквозь призму идеалистической концепции Фихте. Она писала Тургеневу письма на немецком языке, полные пространных рассуждений и самоанализа, несмотря на то что молодые люди жили в одном доме, и от Тургенева она также ожидала анализа мотивов собственных поступков и ответных чувств.

第三章

韋雅朵在俄國演唱的轟動

第三章　韋雅朵在俄國演唱的轟動

　　1843年10月，年僅22歲的西班牙裔法國籍歌劇界當日之星寶琳·韋雅朵（Pauline Viardot, 1821-1910）首次在俄國舞台演唱，在莫斯科與聖彼得堡兩城造成轟動，這是她其後穿梭歐、俄巡迴表演的初次體驗。之前，寶琳在巴黎登場受到資深演唱家排擠，但是在倫敦獻唱時卻大爲轟動。愛好音樂和歌劇的屠格涅夫早已知悉她的芳名，這次親身目睹巨星的風采，更是如醉如痴。原來她在聖彼得堡歌劇院演唱義大利羅西尼所譜的〈塞維爾的理髮師〉，其唱作之佳妙，使屠格涅夫的靈魂完全沉醉在她美妙的歌聲中。屠氏與寶琳可謂一見鍾情，對他而言，所謂的一見鍾情乃是把刻印在心中的早年印象再加承認一番而已（Pritchett 1977: 37）。

　　在屠氏一生所遇見的不少女性中，寶琳是最令他神魂顛倒、崇慕膜拜的女神。寶琳的愛情與友誼，對他而言是崇高的、持久的、永恆的。從他的回憶錄與數百封信函中，看得出兩人相愛、關懷，友誼不只是精神上、感情上、靈魂上的親密，還有肌膚與肉體的交媾。儘管男方保持終身不婚的單身身分，而女方不但有丈夫，還有子女，其中珂露娣（Claudie）與保羅（Paul）還被懷疑是屠格涅夫的骨肉。兩人四十年不離不棄的戀情、思念、疏離、悲歡離合的恩怨情仇，是扣人心弦千古的愛情悲劇。這段屠氏無法與寶琳正式結婚，享受名義上夫妻心靈與肉體結合的喜樂和幸福，表現在他晚年《散文詩》的一篇：〈當我不在人世時〉。在這篇獻給他「摯愛的朋友」的感傷文中，屠氏要求所愛的人在他死後不要上墳場悼念他，只需重讀與默念他（她）們曾經在美好的時光合誦的詩詞；不要忘記他，不要他再爲人世的憂傷、煩惱、瑣事分心；他也不想阻卻愛人平靜安祥的生活進程。在重讀兩人喜愛的書本之後，請愛人張開雙臂擁抱這個不在人世的缺席者。「我無法緊握你的纖纖玉手，但你或會體會我的手溫──我的映像會出現在你的面前，在你關閉的眼瞼下我彷彿看到你流著爲美麗所感動的淚珠，這是過去常流的眼淚。可親的朋友啊！我體貼地和深摯地愛著你！」一向不把心思表露的寶琳，終於完成伊萬的遺願，當眾把這位俄國文豪的散文詩念了出來，爲這段不朽的愛情故事譜上句點（Sergievsky 1946: 71）。

　　寶琳終於變成一代歌后。最早（1839）初試啼聲成名於倫敦，被公認爲當年聲色最優美，角色最傑出的歌劇演唱者；儘管她的長相不夠甜美，身材不夠嬌艷。德國詩人海涅曾經在她身上發現了「嚴酷的微笑」和異域（exotic）、狂野（barbaric）的氣質（Heine 1893, XII: 231; Pritchett 1977: 36）。這與伊萬之母咒詛寶琳是「吉普賽的婆娘」有異曲同工之妙。只是前者褒多於貶，而後

者則是怪罪「女戲子」迷住她心愛的兒子的嫉妒怨言而已。事實上寶琳的祖父是一名不折不扣的吉普賽人，以唱歌爲業，其遠祖似有伊斯蘭信仰，這點倒也與伊萬的先祖（韃靼人）有類似之處。

西班牙裔法籍女高音寶琳・韋雅朵演出劇照

　　年僅18歲的寶琳，嫁給比她年長21歲的巴黎劇場經紀，同時也是文藝評論家、藝術鑑賞家的路易・韋雅朵（Louis Viardot, 1800-1883）爲妻。事實上寶琳並非因爲深愛路易而結婚，而是因爲路易對她忠心耿耿，並在婚姻的名義下，讓她周旋於愛戀者、讚賞者、追求者中，而沒有半點怨言或不悅，而且始終表現大方、有禮的紳士風度。在眾多愛慕者、追求者中，包括屠格涅夫、古諾、蕭邦、李斯特、布拉姆斯等浪漫派（後轉變成現實派）的作家或音樂家，還有年紀與她的父親相接近的畫家薛佛爾（Ary Scheffer, 1795-1858）。此一畫家勸阻寶琳不要執迷於伊萬的追求，而且千萬不可與路易仳離。因爲路易自始至終深愛寶琳，也以寬容的態度讓她自由的在眾多追求者與愛慕者之間來去。不過，由於路易和伊萬都熱衷打獵和文藝，加上兩人同爲溫和、理性主義者，同時也熱心社會改造，而非偏激的政治革命者，兩人在1843年10月相遇於柯馬洛夫上尉之家，從此締結終身的忠誠友誼，情逾手足。

　　1843年11月1日伊萬在上尉陪伴下，首次造訪寶琳在聖彼得堡停留的寓所。這個初相逢觸電似的奇妙日子，令伊萬終身難忘。他們兩人的頭一次見面，也可以印證屠氏一見鍾情的說法。從那天起，感情的枷鎖便套在伊萬的脖子上，寶琳成爲他後半生不離不棄，一生摯愛的女神。

　　在這一段兩人邂逅的日子裡，屠格涅夫由於身材高大、舉止高尚、談吐適宜，雖然講話緩慢（爲了選擇合適的字句，有時不免有些停頓，邊思邊說而非

口若懸河），但其言談中所透露的眞摯和誠意，也令寶琳十分欣賞，在眾多愛
慕追求者中只把他當成入幕之賓。當時兩人雖非有何特別交情，但他不會錯過
她每一場的表演，隨時出現在她公演的場地，並進一步教她俄語，成爲她寓所
的常客。

　　據友人的敘述，他此時的虛榮舉止和力求表現，頗引人注目；這種過度傾
慕奉承的做法，在朋友與寶琳眼中反而造成尷尬。

　　寶琳・韋雅朵初訪聖彼得堡，不但贏得屠格涅夫的愛慕，更使他醉心音
樂，特別是鍾情西洋歌劇。他之前聽貝多芬的交響樂，但因爲寶琳的演出而開
始欣賞羅西尼、貝里尼或葛盧克、莫扎特等人的樂曲。幾年後，他居然抱怨歐
陸樂曲從莫扎特至韋爾迪，藝術程度有每況愈下的跡象。

路易・韋雅朵（Louis Viardot）比寶琳年長21歲，爲文藝愛好者與劇場經紀

20歲出頭的伊萬・屠格涅夫

保羅・韋雅朵，疑爲伊萬的骨肉

據稱寶琳在獻唱的壯麗歌劇院（可容納3,000名觀眾），舞台後面化妝室常有愛慕者群集。但室內卻僅能容4、5人進入，他們以克難的方式席地而坐，坐在富人贈送的熊皮之四肢上。高大英俊的伊萬終於擠入這個香味逼人的小房間，排位第三，可與將軍、富商、劇場經紀並坐在熊掌腳趾之上，享受捧場者的虛榮。

寶琳這一季最後的音樂會（1844年2月25日）仍在俄京聖彼得堡如期演出。可是伊萬卻於1844年2月得到內政部許可，獲得28天的假期俾走訪莫斯科其母住處。此時他得肺炎在家療養，享受從未得過的悍母之關愛。重返聖彼得堡之後，他開始與離開俄土的寶琳通信，信上流露其摯愛之意，一種無私、無所求、自我屈辱、自我犧牲的愛意。

這時《祖國年鑑》刊載他《帕拉莎》（*Параша*）詩篇和《粗心大意》（戲劇）以及其他抒情詩，算是青年屠格涅夫文學作品的嶄露頭角。帕拉莎是一篇詩作女主角的名字，是俄人常用的女孩稱呼，這與伊萬之前喜用的義大利名字不同。表示年輕的伊萬已告別浪漫主義，開始以俄國小人物的平凡婚姻為主題，儘管仍保留拜倫的韻味。詩篇開端影射塔琪雅娜·巴枯寧，他寫著：「我不喜歡激情的少女——我不喜愛她們蒼白的圓臉」。這篇以詩來說故事的詩作有六十九行，內容是敘述少婦帕拉莎嫁給一個平庸粗俗、毫無羅曼蒂克的鄰居，但她卻認命安分做好一個快樂的家庭主婦。文中曾引用列蒙托夫（Михаил Юрьевич Лермонтов; Mikhail Yuryevich Lermontov, 1814-1841）的話「我們彼此又愛又恨」，說明這對夫婦的道德情操。詩中有通順與優美的語句，是一篇充滿諷刺和幽默的佳作，難怪貝林斯基讀後讚美備至，連看到該詩作刊出的母親和叔父也歡喜若狂（Magarshack 1954: 69-71; Yarmolinsky 1961: 76-77）。

列蒙托夫及其高加索探險的愛情故事：《我們時代的英雄》

　　1844年夏天在與貝林斯基交往下，受到其影響，屠氏撰寫〈談話〉此一較長的詩篇。之後，寫出〈安德烈‧柯洛索夫〉短篇小說，這是一篇簡短的初戀與失愛的故事，敘述一位以補教維生的大學生柯洛索夫，迷戀退伍軍官的女兒，但最後卻把她放棄。此事使柯洛索夫的友人，也是本篇小說的敘述者，路見不平拔刀相助，由同情而愛上被棄的姑娘，照理應該有個圓滿的結局才對，但最後作者居然莫名其妙地再放棄這位純潔無瑕的少婦。不過全文營構嚴謹、布局奇巧，道出18歲初出茅蘆的伊萬，具有文學發展的潛能和驚人的描述本事。尤其對少男少女陷於初戀的心態有著極細膩的析述。文中透露作者對男性畏縮、反覆、始亂終棄的作風之不滿，卻爲其後的小說路線做了部分的定調。1844年底與1845年初，《祖國年鑑》出版了他對歌德大作《浮士德》俄文翻譯的評論。初期的處女作中發揮的主旨爲社會問題的探討，這與他後期以個人或人群的遭遇爲題材，有很大的對照與不同。

替寶琳繪畫的老情人畫家薛佛爾　　　　歌德的《浮士德》

　　對於《浮士德》這一巨作的翻譯，屠格涅夫的評論不多，主要在分析歌德這部名著的重要意義。他對歌德這本著作始終抱持熱情，他描述《浮士德》是「浪漫主義最嚴厲、最果斷的表述」。不過在受到貝林斯基影響下，他對浪漫主義一詞是採取貶義的看法，其中主角之一的梅斐斯托菲被視爲「反悔和懷疑的心靈產生的負面之化身，這是孤獨的人在其無常矛盾的生活裡嚴重的困惑所致。有朝一日他會走過整隊輕視哲學的藝人之身旁〔踽踽獨行〕」（引自Schapiro 1978: 47）。

　　「因爲作者（歌德）無法解決社會的問題，亦即人際實在的問題，無法與社會現實妥協，而釀成悲劇。換言之，要解決社會現實的問題，只有在夢境才呈現可能。也就是說，浪漫主義與現實脫節」。這是他那時批評的對象和反浪漫思維的寫照（*ibid.*, 48）。

　　後來屠氏也以九封書信的形式，撰述標題爲《浮士德》（*Фауст*）的一篇小小說，顯示了他的作品深受德國文豪理念的影響。

歌德及其義大利之旅　　　　　　　　歌德的《浮士德》　屠氏之《浮士德》

　　韋雅朵於1844年10月重新踏上俄土在聖彼得堡獻唱，使得屠格涅夫和俄國歌迷大爲歡狂。他在韋雅朵每次演唱結束後，瘋狂的拍手和大喊大叫，引起側目，甚至造成首都藝術圈的蜚言流語。屠氏之後又多次造訪她於其寓所，並繼續教導她學習俄語。此時似乎已贏取芳心，表面上兩人友誼深切，但仍未造成屠氏的痴戀。

《浮士德》德文譯本　　　　　　英文譯本《浮士德》

　　年底韋氏一家轉往莫斯科舉辦幾場音樂會。屠氏母親得有機會聆聽一次寶琳的表演，聽完之後對兒子的戀情頗爲不悅；尤其在演唱（下午舉行）後，其寶貝兒子居然未返家吃晚餐。在盛怒之下，屠氏母親用餐刀擊桌大罵：「那個吉普賽婆娘果然唱得出色！」（Zhitova 1961: 71）。伊萬的母親在丈夫過世後，把她的愛情轉移到第二個兒子的身上，顯示她心態之異常，也反映了她對寶琳的嫉恨。

　　爲了能與韋雅朵廝守，在1845年屠格涅夫又離開俄土到西歐治療其眼疾，這是事實兼藉口。固然他此時的視力不佳是事實，但向內政部請假卻是藉口，也是表示他已厭倦這份公務員的工作，有意辭職求去。在韋家陪伴下於1845年5月離開聖彼得堡搭輪船去法國。

　　在離境前應友人葛寶諾夫（S. A. Gedeonov）之託，把戈果爾五篇小說譯爲法文，以路易・韋雅朵爲發行人的名義在法國出版。年中俄國《繪畫雜誌》（*Иллюстрация; Illustratsiia*）刊出匿名文章，一般猜想作者爲屠格屠夫。在此文中頌楊普希金（Алекса́ндр Серге́евич Пу́шкин; Alexander Sergeyevich Pushkin, 1799-1838）爲俄國近代文學開創者，列蒙托夫爲其傳人。但是，對社會階層分析能力犀利而描述詳盡，又兼具詼諧天才的作家乃是戈果爾（Мико́ла Васи́льович Го́голь; Nikolai Vasilievich Gogol, 1809-1852），這點正是此文之主旨所在。

　　在抵達法國的數月中，屠氏住在韋雅朵位於巴黎近郊號稱「天才搖籃」庫塔維內爾（Courtavenel）的家中，每日親近寶琳，又與其夫路易偶爾出去打獵，爲其一生最快樂的時日。在閒居逗留期間，遇見寶琳的閨房密友，筆名爲喬治桑的女作家，本名爲阿蒙田・杜品（Armantine-Lucile-Aurore Dupin, 1804-1876）。勸阻寶琳與法國作家穆舍（Alfred de Musset）結婚而改嫁路易的便是此女。喬治桑一度爲蕭邦的戀人，後仳離，寶琳居間斡旋無效。伊萬以能夠每日就近欣賞寶琳的一舉一動，聽聞她的一言一語深感喜悅與滿足。他們之間的友誼似乎也順利發展。屠氏不敢奢求，連禮儀上互相擁吻都缺乏勇氣。依據《回憶錄》他們一直到冬天，兩人出現在俄土（聖彼得堡）才初次擁吻。當年11月中旬他經由陸路返俄，目的在爲寶琳第三次赴俄演唱做籌備工作。

　　　　普希金　　　　　　　　列蒙托夫　　　　　　　　戈果爾

在1846年致寶琳的信上，屠格涅夫使用德文訴說他的愛意。由於韋雅朵一家對寄來的信件常大聲誦讀，幸好路易不懂德文。因之，寶琳與屠格涅夫這種「柏拉圖式」抽象式的愛戀，只好用德文敘述，避免引起路易的妒忌。事實上路易的寬厚大方和不計較細節，使得婚姻能平順維持下去，這也是路易不排斥伊萬對其妻的糾纏不捨的容忍態度。正如前述兩個男人有共同的喜好：打獵和對文學、音樂、繪畫、藝術的熱忱追求，使他們的友誼不斷延續與深化。

1846年5月，屠格涅夫又在其母持有的莊園施帕斯科耶，進行打獵與寫作。在《回憶錄》上提起兩個農奴少女的姓名，是否他又與少女們打情罵俏，享受魚水之歡呢？鑒於他此時對寶琳柏拉圖式的愛意深濃，因此推想他與兩少女之間應不致有肌膚之親。

在停留農莊期間，伊萬和其母之間的磨擦更厲害、更頻繁；一方面導因於他對寶琳的情深迷戀，引起其母不悅。其次他頻繁出國費用加大，本身又辭掉公務員工作，無薪俸收入可言。另外，伊萬長兄正與家族聘請的德國女管家兼母親的陪侍舒娃慈（Anna Y. Schwarz）女士熱戀，且準備結婚。但是卻遭母親反對，反對的理由是女方只是平民，不配與貴族論婚嫁；偏偏伊萬站在兄長這邊，不尊重母親的看法。屠格涅夫尤其不滿母親對奴婢的暴虐迄無改善之意。母親雖偏愛伊萬，但不滿他不肯擔任官員，而醉心寫作，又追求有夫之婦到天涯海角，故斷絕其財源，逼迫他滯留莊園閒居。

這時伊萬腦海中已醞釀了《獵人筆記》第一篇〈霍爾與卡利紐奇〉一文。此文披露農民的勞瘁與辛苦，也敘述他們的勤儉和精明。他斥責母親對農奴虐待之不當。可是站在母親的立場，農奴是她財產的一部分，她擁有支配管理他們勞動和生活的大權；一旦犯錯，就要挨受鞭笞之刑；如果是重大缺失，還可以驅逐到遙遠的地方，過著流亡孤獨的貧困生活。母親尤其指責伊萬迷戀「吉普賽婆娘」，耽誤寫作的計畫，為了想出國流浪而放棄內政部官員的俸祿。

這時由普希金創辦，由其後繼者朴列特涅夫經手的《當代人》雜誌，正面臨改組，新發行人與編輯多為貝林斯基的朋友，包括安念可夫、赫爾岑（Алексáндр Ивáнович Гéрцен; Alexander Ivanovich Herzen, 1812-1870）、薄特金（Васи́лий Петрóвич Бóткин; Vasily Petrovich Botkin, 1812-1869）等人。《當代人》由於新的編輯群的合力，成為當時俄國最受歡迎、影響力最大的雜誌。

屠格涅夫雖也加入新雜誌的編輯顧問圈，但非核心人物。因為他的輕浮、虛榮，是雜誌社同僚所提防的。1846年11月，從農莊返回聖彼得堡後，在給寶琳的信中，提及參與新雜誌的籌辦，雖非編輯部，卻是一名撰稿者。

安念可夫
Pavel Annenkov
（1813-1887）

赫爾岑
Alexander Herzen
（1812-1870）

薄特金
Vassily P. Botkin
（1812-1869）

　　《當代人》在1847年2月第一期中，刊出屠氏九篇詩作，加上〈霍爾與卡利紐奇〉。之後他第二篇故事〈淺浮的冒險者〉也在1847年《祖國年鑑》第一期上刊出，比起前篇〈安德烈·柯洛索夫〉更爲細膩。由於寶琳沒有計畫在1846年重返聖彼得公演，促使屠格涅夫在該年11月底寫信告訴人在柏林的寶琳，他打算在1847年新年，離開俄土到西班牙與她相會。

面貌不夠姣美但氣質高尚的寶琳

少女與進入少婦時期的寶琳・韋雅朵

再次海外三年的飄泊
（1847年2月至1850年6月）

第四章　再次海外三年的飄泊

・再離俄赴歐

・與貝林斯基和安念可夫同住柏林公寓

・柏林－倫敦－巴黎

・戈果爾出版《死靈魂》

・赫爾岑夫婦

・麥爾貝耶和卡德隆

・宗教觀與自然觀

・喬治桑與雨果

・〈貝津草原〉和〈來自美麗境界的卡喜安〉

・《剩人日記》的構思與撰寫

・路易栽培「溫良的野人」

・離開心愛的戀人歸國尋找財源

　　1847年4月下旬聽到寶琳在柏林公演，伊萬不顧母親的反對，藉口治療眼疾，在貝林斯基作伴（後者因肺病在普魯士首都尋求療治的機會）下直奔柏林。由於母親生氣不給他盤纏，友人們遂募款集資讓他成行。屠格涅夫在租來的小公寓弄一小間房間給貝林斯基住，後來安念可夫也來湊熱鬧，三人快樂地相聚，談天說地。但是，突然有一天屠氏宣布要前往倫敦，遂拋下兩位好友單獨去倫敦，原因是爲了給在霧都演唱的寶琳捧場。

謝林	施悌訥	布魯諾・鮑爾	費爾巴哈
Friedrich W. J. Schelling	Max Stirner	Bruno Bauer	Ludwig Feuerbach
（1775-1854）	（1806-1856）	（1809-1882）	（1804-1872）

　　第二次重遊柏林，屠氏發現氣氛與六年前大異其趣。他指出（1847年3月），他留學時代（1837-1841）俄國學生（包括他在內）所崇拜的偶像如謝林、貝娣娜・馮阿妮姆、施悌訥、布魯諾・鮑爾，甚至黑格爾哲學詮釋者的韋爾德，這些名人都已經被大家遺忘。六年後只剩下費爾巴哈還受到時尚的推崇，他曾有意翻譯卡威林（K. D. Kavelin）討論俄國農奴解放的法律註釋爲德文，卻因此文在莫斯科遭親俄派抨擊，而使翻譯工作受挫。

　　在柏林，伊萬花掉大部分時間陪伴抵德首都演唱的寶琳夫婦。在與貝林斯基共遊柏林三日後，兩人改往德累斯頓，這時寶琳也抵達這個薩克森邦的大城演唱。貝林斯基被屠格涅夫拉去捧場。

　　貝林斯基對寶琳的印象不佳，就像當年大部分與屠氏有初識或深交的俄國朋友一樣，他們對屠氏爲追求寶琳在西歐各大城流浪，不肯回歸祖國一事頗有微言。韋雅朵夫婦離開德累斯頓之後，屠氏與貝林斯基在德境居留數日，並往溫泉區沙茲布倫（Salzbrunn），與從俄國直奔來德的安念可夫會合。在沙茲布倫居停數週之後，屠氏前往倫敦，繼續追隨寶琳。

　　在倫敦居留數月之後，屠格涅夫遷往巴黎。這段時間算是屠格涅夫邁向中

年的歲月，從兩張舊相片中看出帶有短鬚與嘴毛的他，雖然眼光炯炯有神，但是卻呈現出憂鬱的神情。安念可夫也在1884年的回憶中指出：在他的心目中屠氏屬於不快樂的那類年輕人，他居然說出一直未找到讓他傾心與獻愛的女性，並大言不慚地說，在一群男士的集會中，如無聰慧的婦女陪伴，就像大型馬車缺少潤油劑，只會發出軋軋、單調的刺耳聲而已。他怨嘆自己沒有征服女人的本事，只會造成女人的痛苦。他並且以《初戀》為例，說明青年時代的屠格涅夫，極像書中的男主角無力控制女人，反而讓心目中的戀人落入父親的手中（Schapiro 1978: 55-56）。

屠氏、安念可夫和貝林斯基三人後來在巴黎重聚，也是貝林斯基享受國外旅遊最後的一段時光。當貝氏要回鄉時，屠氏寫著：「心愛的貝林斯基，你也要回俄國，我很抱歉無法向你告別，但不能不寫信向你相辭……我向你保證，只要今後再聽到你身體康復，萬事順利的消息，我的內心會充滿喜悅，正如你常說我還年輕，常常有頭無尾，但我卻尊重你這樣有才華有實料的人，我會追尋像你這種〔高貴性質的〕偉人永永遠遠」（引自Troyat 1991: 26）。

憂悒的眼神　　　　　安念可夫　　　　　貝林斯基

其後，他住在離巴黎50公里外的庫特內維爾小鎮韋雅朵豪華住宅中的二樓，其房間的壁紙是淺青色（青柳顏色），從窗戶可見田園和草原，在這裡身材高大的俄國作家，每天可聞寶琳身上發出的香味，聽她唱歌，在夜晚陪她在田園漫步，仰視滿天星斗，人在法國卻激發俄國的思念。這時他對寶琳的崇拜愛戀，已由人身的愛戀，而及於她的衣裳、餐巾、拖鞋。

寶琳宅第中的沙龍，她正在彈琴娛樂
眾賓客，兒女坐在鋼琴前

　　至於丈夫路易則假裝一切沒發生，一切沒兩樣。把這個俄國佬對其妻子的
愛戀式友誼，當成自然的事實來看待，也把他看成家中的寄生蟲（*ibid.*, 27）。

　　由於當年俄國知識界分裂爲親俄派與西化派兩大陣營，不論是親俄派，還
是西化（親歐）派，其理念都來自於黑格爾的哲學（Kluge 1992: 54）。屠格
涅夫不肯在兩者之間有所選擇與站邊，引起本國知識份子的不滿，連帶把他看
成機會主義者，或譏笑他輕浮、不夠自重。他常言要判斷親俄派或西化派的曲
直是非，有待進一步的理解。這種說法安念可夫最先不以爲然，不過後來卻證
明這才是了解俄國現實的最佳途徑。

　　就在這年（1847）的夏天，戈果爾在出版小說《死靈魂》後，沉寂很長的一
段時間，這時突然發表《書簡選片》，透露他政治、社會人生立場的大轉變。假
使《死靈魂》在揭發沙皇尼古拉斯一世的殘暴所導致社會的哀鴻遍野；那麼《書
簡選片》則是盲目歌頌東正教與東方教會爲俄國心靈的重心，他也不再堅持農奴
解放之必要。這反動作品的出版，令俄國知識界震驚。有病在身的貝林斯基大加
抨擊，認爲戈果爾這種做法是對自由派、西化派的理想之背叛。在貝林斯基和車
尼雪夫斯基屬於激烈（偏激）俄國文學批評家眼中，最先視戈果爾的著作反映了
俄羅斯的現實，但他的宗教狂熱卻使他對俄國社會現實的批判，從現狀的寫實邁
向道德的訓諭和倫理的規勸。這是保守的做法，甚至可以說是反動的逆轉。

戈果爾的《死靈魂》和《瘋人日記》

戈果爾	《檢察總長》	《死靈魂》	羅馬寓所門標	車尼雪夫斯基
Nikolai Gogol				Nikolay Chernyshevsky
（1809-1852）				（1828-1889）

　　屠格涅夫雖對東正教、沙皇獨裁和傳統俄羅斯文化，尤其是對農奴遭受的剝削，極端厭惡，卻不像貝林斯基以激情的口吻指責戈果爾。因為戈果爾在屠氏心目中為僅次於普希金、列蒙托夫，在他那個時代俄國最偉大的文學家之一。

　　隨著屠氏投入韋家行列而暫居巴黎之際，貝林斯基也隨著抵達花都。這時候貝林斯基的健康狀況似乎略有改善，所以計畫返回聖彼得堡。屠氏原本答應要送貝氏至柏林，再轉回聖彼得堡，卻在1848年9月中旬的信上，表明無法同行。理由是自嘲是貝林斯基調侃的「海參」（urchin）的屠格涅夫，正在韋家的莊園過著他黏貼「好人」（韋氏夫婦）的海參生活。次年貝氏逝世於俄都，因此屠格涅夫與貝氏在巴黎的來往，算是兩人相聚的最後，也是最可珍惜的一段時日。

　　屠格涅夫在巴黎和庫塔維內爾（Courtavenel）韋家莊園的日子前後共兩年半（1847年底至1850年夏）。這段美好的歲月完全與韋家大小一同度過，隨著寶琳在歐陸與英倫的獻唱，像跟班的小廝長期追隨。在這些令人陶醉的歲月裡，他也認真寫作，因此在法國與俄國建立他的聲譽。在這段美好的日子中，俄國滯留巴黎的文人雅士與他交遊最頻繁的是赫爾岑夫婦（Alexander and Natalie Herzen）。不過丈夫與他的關係密切，但太太則表示厭惡。此外，他也認識德國革命家中有作家之譽的賀維恪夫婦（Georg and Emma Herwegh）。1849年赫爾岑移居日內瓦，其夫人與賀維恪夫婦隨後追往，但卻因為赫爾岑的妻子Natalie與賀維恪發生戀情，導致赫爾岑身心交瘁，後半生過得悲憤憂鬱。

　　在留法期間，屠氏經常生病，曾至德國沙茲布倫溫泉區泡湯療養，其毛病為膀胱炎，甚至與膀胱結石有關。1849年3月他染上霍亂，令他擔憂害怕，

幸而在赫爾岑家中療養治癒。他經常去歌劇院，尤其對寶琳主唱的麥爾貝耶（Giacomo Meyerbeer, 1791-1864）歌劇《先知》前後捧場了十次，他這種反常的舉動與主唱者對屢演此劇的厭煩成爲明顯對比。除了歌劇令他著迷之外，他也在滯留花都期間醉心戲劇，但那時他已無心撰寫劇本。他對戲劇的喜好以經典作品爲主，尤其是莎翁的劇作令他終身沉醉；其次是歌德的劇作，這時他也對歷史特別是拿破崙傳記著迷。1847年年底他開始學習西班牙文，他對「最偉大的天主教劇作家」卡德隆（Pedro Calderón de la Barca 1600-1681）的戲劇特別感興趣。他把卡德隆和莎士比亞相提並論，認爲兩人都是西洋「最有人道主義和最反對基督教的劇作家」（Magarshack 1954: 99）。

猶太裔德國製曲家麥爾貝耶

西班牙劇作家卡德隆

　　這段時期他的文學趣味的細節從他給寶琳的諸多書信上可以一一窺知。在1847年至1850年的三年間，屠氏寫了四十七封信給寶琳都先後出版，信中透露他的思想發展和世界觀的擴大，文中流露眞誠與信賴。

　　俄文*пошлость*，其英譯爲vulgarity，德譯爲*Gemeinheit*，不只有低俗平庸、小器、格局不大之意，也含有猥瑣、卑賤的味道。當年普希金閱讀戈果爾《死靈魂》之文稿時，就讚賞戈氏以其筆觸暴露與析述人類，特別是俄人所常犯的俗陋和猥瑣的毛病。

賀維恪（1817-1875）

赫爾岑的畫像（1861）

Viardot as Valentina and Alboni as Urbano
in Act 1 of Meyerbeer's Gli Ugonotti
《于格諾人》（《先知》）
Royal Italian Opera (Covent Garden)
(1848) (lithograph by John Brandard)

在麥爾貝耶所推出的歌劇《先知》中，寶琳演出Valentina的角色

　　但綜觀屠格涅夫的早期作品《帕拉莎》及其後不少小說，我們發現他刻劃男主角的低俗、猥瑣、卑賤並不比戈果爾少。這種人生態度與社會觀點也受到同姓不同名、滯留巴黎的俄人的屠格涅夫（N. I. Turgenev，此君曾參加抗議沙皇暴政「十二月黨人」事件，未遭槍決，自我放逐於西歐）的影響。屠氏對東正教的教會和整個宗教儀式可以說非常厭惡，在此一時期與友人的通訊上表露無遺。從對費爾巴哈的禮讚上看出，他似乎比較像是一位無神論者，而非上帝不可知論（agnosticism; *Agnostizismus*）的主張者。

Nature cares nothing for logic, our human logic: she has her own, which we do not recognize and do not acknowledge until we are crushed under its wheel.

Ivan Turgenev
Russian

自然不理會邏輯，不理會人使用的邏輯，它有其運作的邏輯。這是我們不承認，不接受的邏輯，直到有一天我們被其巨輪碾碎時〔才恍然大悟〕。

　　　　　　　——屠格涅夫

　　這時他的自然觀是把自然看成盲目的，不受神明指揮的，走自己路的力量，它對個別人的榮枯禍福無關。但自然這種特性並不影響它本身所呈現的美麗諧和。另一方面他也禮讚科學降服自然，把自然的資源開發給人類利用。此外，居留海外三年中，他更是痛恨暴力。儘管他以自由主義的擁護者痛恨專政的壓迫，但也反對使用革命暴力來改變人間的穩定與和諧。1848年5月，他目擊巴黎革命爆發，但他質疑參與暴亂的人民，究竟企圖要達成何種的目標呢？他們算是革命者？是反動份子？是維護某些利益者？他對1848年巴黎起義的社會主義領導人布龍克（Louis Blanc, 1811-1882）沒有絲毫的好感，布龍克革命失敗後逃離法國。這和二十六年後斥責1871年巴黎公社成員的殘暴如出一轍，都是對暴力的譴責。他主張文學宜以溫和的筆觸，描述社會的眾生相，任何暴力的行為或造成仇恨的文字都非他所欣賞，這包括批評喬治桑（George Sand, 1804-1876）與雨果（Victor Hugo, 1802-1885）的作品在內。

　　雖說是批評喬治桑的作品，屠格涅夫承認喬治桑對俄國婦女解放影響重大。因之，在屠氏筆下的俄國女性多半是精明、幹練，甚至潑辣、堅毅、忍辱不屈的角色，她們也是在俄境內1830年代與1840年代受喬治桑小說所鼓舞，求取從男性宰制下獲得平等對待的被解放的新女性（Smyrniw 1985: 98）。在這段期間屠格涅夫完成了《獵人筆記》的大部分篇章，目前我們所看到的是1874年版的完整本，包括二十一篇在內。該二十一篇版之二篇係在1846年尚未離開俄土時寫出的傑作；另一篇是在沙茲布倫溫泉療養地撰妥。此外十二篇則為1847年在法國執筆；另二篇也完成在法國停留期間（1848年）；剩下四篇則為1850年返俄後完成。本來無意成為書首的那一篇〈霍爾與卡利紐奇〉第一次出現在1847年7月的《當代人》雜誌之上，獲得廣大讀者的迴響，包括評論家阿克沙可夫（Константи́н Серге́евич; Konstantin Sergevich Aksakov, 1817-1860）在內都大為讚賞。不過作為親俄派領頭羊的阿氏，對屠格涅夫在文中頌揚彼得大帝的西化政策的成功與影響則略有抱怨。

法國女作家喬治桑　　　　　法國文豪雨果

阿克沙可夫《獵人筆記》第一篇和第二十篇希哥洛夫斯基縣的哈姆雷特之插圖

　　貝林斯基也表示讚賞，認為是屠氏文學中真實生活的本質之展現。戈果爾則在致編者安念可夫的信上大表讚美。因為文中揭發俄國農奴生活的悲慘事實。這使他為《當代人》繼續發表更多有關農民生活的素描。

　　由於文章審查員的疏失，讓這一系列的文章陸續刊出，其中涉及奴隸主人的貴族對農奴管理的隨便、無法紀、任意而為，乃至殘酷──被暴露出來。散文系列中有些例外，如〈貝津草原〉談的是少年鬼故事；〈來自美麗境界的卡喜安〉則為原住民農夫傳出的老夫老妻安享晚年之溫馨故事。

　　這些篇章包含小人物如何應付社會不公不義的瑣事。這些寫實之作，當成對抗農奴制度的武器無疑地犀利無比。這是由於其文藝手腕高超，裡頭飽含幽默，特別是意境與人物的寫實，和文學背後欲言還止的心態。而更重要的是書中透露地主與權貴階級漠視農民的貧困疾苦；反之，屠氏把農奴當成個別的人群，當成有血有肉的充滿知識能力，以及完整的個體來處理、來展現。這也是一般地主、莊主、園主所欠缺的同理心和同情心的展現。安念可夫認為這一系列的筆記對地主階級心態的改變起著重大的作用，這也改善西化派知識份子看輕農民，更正他們瞧不起農民的偏差。亞歷山大二世未登基前，在閱讀這些筆記後，相信感受良深，也堅定他在1861年下令廢除農奴的傳統。

貝津草原上放馬的青少年在夜間大談恐怖的鬼故事

　　在1847年離開俄土之前，屠氏除了初步作品〈安德烈・柯索洛夫〉，以及〈炫耀的冒險家〉兩篇外，也出版過三篇故事：〈猶太人〉涉及間諜受刑故事；〈三幅畫像〉為超自然玄虛的幻想作品之始；〈裴突希科夫〉則仿效戈果爾十二人物類型的描摩，涉及男性對女性慾求無法得遂之細膩描繪，其後卻成為《鄉居一月》與《春潮》的主題。在滯留法國期間尚完成《剩人日記》一小說，在1850年4月刊載於《祖國年鑑》之上。此一故事以日記體方式，描繪瀕死的青年對平生的回想，描述一生的失敗，為生命所遺棄。故事男主角邱卡塗林追求當地一位重要官員的千金麗慈，結果卻失敗；另一個懂得享受與炫富的權貴，擒獲麗慈的芳心，但是最後居然在洩慾後把她拋棄。深具正義感的邱卡塗林，遂故意侮辱權貴引發兩人的對決，結果開第一槍的邱卡塗林只傷到權貴的皮肉而已，但是這個權貴卻不屑殺死這樣一個無用的剩餘之人，這點使邱氏倍感屈辱，最後飲恨生病而終。

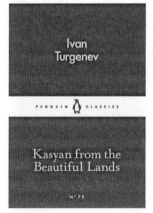

《獵人筆記》中的一篇〈來自美麗境界的卡喜安〉英譯本（小企鵝版）

《獵人筆記》俄文版　　　〈貝津草原〉　　　〈來自美麗境界的卡喜安〉

　　《剩人日記》為19世紀中葉，俄羅斯社會背景下有志未伸的青年的描述，他們是時代的小角色和犧牲品。後來的小說《魯金》也反映時代精神與體制下無力跳脫命運擺布的青壯年平民之悲哀。雖是命運作弄人，但《剩人日記》和《魯金》卻把主角的不幸歸因於其個性的搖擺和能力的差勁。這種個人的無能與不幸，對照社會不公不義，正說明小說背後的主軸究竟是以個人（或人際）的不幸，還是社會體制的不公導致人生之夢的幻滅？這是引人矚目和啟人思考的社會議題。

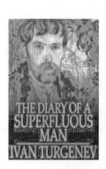

撰寫《剩人日記》的中年屠格涅夫及其作品英譯

　　在滯留法國期間，屠格涅夫除了撰著《鄉居一月》外，還完成四齣戲劇的創作。在旅法三年間，他曾埋怨其母不肯給予金錢支援，以致他只能向投稿的《祖國年鑑》和《當代人》編輯，要求支付劇作的前金。事實上從其兄長的通訊中看出，其母每年供他6,000法郎。1849年8月，他一度向路易‧韋雅朵借款400法郎應急。顯然其母討厭他久滯異域不歸，而又與「吉普賽女人」廝混在一起，而拒絕匯款給他。因此，不善理財的屠氏在滯留法國的最後一年，不僅潦倒窮困，也是債務纏身。

　　由於寶琳歐陸與英倫的公演，常常東奔西走，最長多達半年，使獨留莊園的屠格涅夫既寂寞又無聊。不過，在寂寞之餘，他盡心陪伴與奉承寶琳的老母親嘉西亞（Garcia）夫人及其親戚。在大家歡聚時，他與嘉西亞夫人以西班牙語對談，朗誦寶琳的書信告訴她演出的成功，以及各大報紙的頌揚，以此來自娛娛人。

寶琳鉛筆畫像和簽名

　　究竟伊萬與寶琳之間除了深厚的友誼之外，是否有超過友誼的親密關係？這個問題曾經成爲爭論的議題。但1849年6月14至26日的《回憶錄》中，卻有幾句令人不解的記載。屠氏寫「我與P（寶琳名的首個字母）有了首次……」的字眼。這應當是他1849年染霍亂初癒之時，兩人在巴黎碰頭，這是否是引發他們走上更親密的肌膚接觸的原因呢（Schapiro, *ibid.*, 71）？至今這仍舊是一個謎。

　　在1849年6月與7月，屠格涅夫給前往倫敦獻唱的寶琳的信上，用德文寫：「上帝賜福給你千百次，你是（我在世上）唯一最珍貴的人」、「你是世上僅存最好的事物」、「我每分每秒都在思念你，思念那些歡樂、思想（我們的）前程……」、「親愛的，忠實的妳，上帝祝福你……」。甚至有一次他問寶琳：「妳的先生怎麼搞的？不喜歡我留在庫塔維內爾莊園嗎？」可見他們親密的關係，偶爾也會引起大方男主人的不滿，甚至妒怨。

　　不管如何，在庫塔維內爾早期的停留期間，伊萬和路易的關係是相當的微妙。主人夫婦皆喜歡這位不速之客非凡與異域的性格。路易作爲到處旅行的經紀人，既能看重其妻西班牙式的風格，當然也會欣賞伊萬俄羅斯的作風。他們已知悉伊萬在其俄國祖居野蠻的生活方式，但在西歐他已轉變成溫文有禮的紳士，而且展現其才華。這也是英國文學家兼傳記作者浦利切（Victor S.

Pritchett, 1900-1997）以「溫良的野人」（The Gentle Barbarian）來作爲屠氏的寫照和書題之原因。此外，路易更在伊萬身上發現超過他自己的智慧和心思。由於從小至大生活無憂，伊萬養成俄國貴族紈褲子弟懶散的惡習；精於經營演唱生涯與日常生活的寶琳，當然不會捨棄愛護其事業的丈夫，而去投靠不善理財、揮霍無度、體型高大的俄國「巨人」。是故男女主人對才華卓越的伊萬，提供的是保護和激勵。路易內心一定很自豪，可以用父輩的心情來提攜和獎掖兩個藝術家——一個是出色的聲樂家妻子；另一個是愛慕其妻子，而闖入家門的異國文豪（Pritchett 1977: 52）。

　　正如同屠格涅夫在其小說《煙》、《春潮》中的描述，他一生中最親密的女性大約2、3位。屠格涅夫強調愛情以眞摯的心靈之愛和全心全意的獻出爲主旨，而不重視肉體的、肌膚的接觸。他甚至視性交爲一種疾病，爲人的瘋狂，爲超越人際控制之外的激情。晚年他甚至向一位女性友人透露，他認爲愛情最可珍惜的是精神面，而非肉體的方面；性的滿足不若性行爲之前的情緒培養之重要（Fitzlyon 1964: 250-251）。這大概是他晚年的說法，似乎與他青年時代的縱慾亂交成一大對比。此時，他已由野蠻人變成知所節制、溫良恭儉讓的謙謙君子（a barbaric gentleman）。

庫塔維內爾農莊（Ferme de Courtavenel）爲韋雅朵五個農莊中的一個農舍

　　1850年年初，屠格涅夫決定返俄，這一決定好像是寶琳示意的。因爲此時寶琳與古諾熟悉一段時間，後者正完成歌劇《薩佛》（Sapho），並讓寶琳演出女主角的角色。雖然寶琳和古諾爲劇作品和演唱相聚時間緊密，但似乎沒有影響屠氏對她的痴心，也沒有損傷屠氏與古諾的友誼。導致屠氏決心回俄的另一主要理由是他在法國已債台高築，可支配的金錢愈來愈少，其母也不肯再金援這個死纏法籍婆娘的兒子。與寶琳廝守固然重要，但文學生涯更屬重要，長期離開俄國有文思枯竭之虞；更擔心滯外太久會被沙皇政權視同寇仇，像赫爾

岑一樣被流放終生。再說，他在巴黎與偏激份子和自由派的交往，早晚會導致
歸國之門被關閉。

　　屠格涅夫取道波蘭海港斯特丁（Stettin）搭船回國。航行的前夕，他在給
寶琳的信中，表現他不忍離開韋家去面臨落後黑暗祖國的心情，他在向韋雅朵
家告別函上這樣寫著：「我們會不會永遠保留這份情誼呢？假使你願意答應我
始終記住我，我終會忍受不見你們的難過……。昨夜我幾乎沒有好好睡過，每
分每秒我都驚醒，在睡眠中感念我的悲哀……再見吧！我擁抱你們每一人，願
上帝賜福給韋雅朵一家。你們每一位，你們是我親愛的好朋友，是我唯一的家
人，是我這一生中唯一的無上的鍾愛之人……。願上帝保佑你們全家，我愛你
們，我會永生不渝地愛你們到天長地久」。

　　屠格涅夫的後半生幾乎都與韋雅朵一家大小的生活交織在一起，以致把
他（她）們看成「我唯一的家庭」（*ma seule famille*）。這個從小被其母親辱
罵、鞭笞長大的中年男士，竟得享韋家男女老少的關懷與愛顧，難怪與他們離
別是如此的痛苦。年僅32歲的他在返回俄國時，樣貌老態，雙頰清瘦，頭髮也
開始轉成灰白。在寄居韋家的的那段時日，孤獨與鄉愁使他更體會沒有自己的
巢穴之孤苦（Cruise 2015）。

30歲出頭的作家屠格涅夫

Великие истории любви: Иван Тургенев и Полина Виардо
伊萬與寶琳的愛情之史實是偉大的

逮捕與軟禁

第五章　逮捕與軟禁

· 送女兒到法國接受歐式教育
· 悍母在莫斯科逝世
· 《鄉居一月》被禁止搬上舞台
· 《鄉下淑女》演出成功
· 與保守派阿克沙可夫父子交往
· 戈果爾離奇的猝死與屠氏的悼念
· 悼詞的刊出與當局的處罰
· 在祖產施帕斯科耶遭軟禁
· 《木木》與《獵人筆記》的出版
· 疑似其血肉的女兒珂露娣的出世

　　1848年歐陸爆發革命，沙皇尼古拉斯一世及其王公懼怕革命的熱火延燒至俄土，皇家及大臣們在驚慌失措中，採用更爲殘暴、嚴厲的方法，對付政治異己，特別是俄國貴族階層中開明與自由派人士的想法和言論，成爲政權要打擊和嚴控的對象（Ripp 1980: 15）。在這種肅殺之氣凝重的氛圍下，屠格涅夫被迫離開心愛的韋家，走海路歸國。

　　在他回國前的1849年，俄境爆發了彼得拉夫斯基陰謀造反事件，35名貴族與文士被逮捕，包括杜思托耶夫斯基（Фёдор Михáйлович Достоéвский; Fyodor Mikhailovich Dostoyevsky, 1821-1881）在內，有21名被判死刑。在臨刑前這些死囚得到沙皇免死寬待，改流放西伯利亞。只因35位有良知的青年人集會討論俄國的政治與社會情況，就遭陰謀叛國罪的指控和定罪。自1848年4月至1855年，亞歷山大二世登基，在其後的七年間涉及言論箝制的文章檢查令變本加厲、嚴格執行。這就是由號稱祕密委員會或稱布突林（Buturlin）委員會，所施予言論自由的限制與檢查。其實，屠格涅夫在法國居留期間，便嚐到國內檢查制度的嚴苛之荒謬。他寫的戲劇，特別是《鄉居一月》居然遭遇扣押不得出版（直至1855年才准許上演）。

　　1850年初，屠氏在聖彼得堡上陸，後轉往莫斯科，住在母親的大宅中，獲悉其兄長不顧其母親的反對，與情人安娜結婚（事實上無結婚儀式，而是同居）。母親裴特羅芙娜不但拒絕資援，還堅持安娜不得入住莫斯科住宅，也不得進入施帕斯科耶農莊，可以說使用各種手段凌辱她的媳婦。

　　回家後伊萬不但與其母相處不佳，還怪罪其養妹〔事實上爲其母裴特羅芙娜與德國人貝爾士（Dr. Behrs）發生關係而生的女兒〕陰險邪惡。之前，他視此女爲母親收容的養女，在母親逝世後，伊萬看了母親的日記，才知道她是他同母異父的親妹妹。但1850年至1880年，兄妹關係幾乎不存在。直至屠格涅夫晚年，見了最後一面，才盡釋前嫌。

　　伊萬與母親的磨擦不只這些瑣事。有一天在莊園停留時，他看見窗外一個衣服襤褸的女孩遭到長工的喝斥，強迫她提一個水桶去附近打水。伊萬加以制止，其母把女孩召入房間，當著在場親友婢僕之前，質問大家這個叫做裴拉潔（Pelagia）的小孩，長得跟在座的哪一位相似。伊萬這時才發現，原來這是他與農奴之女所生的女兒。在得悉親骨肉之後，伊萬馬上寫信給寶琳，指出母親對孫女完全無情無義，並向寶琳請教如何教養女兒。

　　屠格涅夫在寶琳的同意下，決定把女兒送往法國，其初期的養育費用由韋家支付，直到其母裴特羅芙娜逝世後，屠格涅夫拿到一大筆遺產，才撥出

1,200法郎的年金養育此女。1850年10月，屠格涅夫就帶這個改名爲寶琳特（Paulinette 小寶琳）的女兒赴聖彼得堡，由英籍保姆羅勃特夫人隨行照料，前往法國投靠韋家。因爲自己的怠忽，造成女兒悲慘的童年，屠格涅夫深自怨悔。可是這個非婚女兒年紀雖小，智慧充足，但心態冷酷，工於算計，她給屠格涅夫後半生帶來很大的麻煩與負擔。

　　屠格涅夫兩兄弟與母親裴特羅芙娜決裂後，搬至距離施帕斯科耶農莊10多俄里的屠格涅夫農舍，這是兄弟父親之遺產。農舍雖小，但勉強可以住上兩個家庭，加上兄嫂安娜的能幹，把髒亂的小農舍整理得乾淨舒適。屠氏向來對金錢不計較，此時其出版的著作多少有點收入，於是大方地把其父留下的農莊無條件地交給長兄處理。屠格涅夫在鄉下又開始打獵，積極參與農民喜慶的活動。

　　1850年11月中旬，其母逝世於莫斯科，打亂了屠氏在聖彼得堡過冬的計畫。她死後遺留15,000銀盧布與首飾給其兒女。伊萬在母親逝世後四天，才從聖彼得堡趕到莫斯科其母留下的大宅邸協辦喪事。

屠格涅夫的女兒裴拉潔，後來改名爲小寶琳（Paulinette），前往法國投靠韋家，受女主人寶琳的照顧，但是兩人相處不住。後邊出租屋與女教師同住，是一位麻煩人物。

　　有異於常人安靜和平地離開人間，裴特羅芙娜卻安排在熱烈的波蘭舞吵雜聲中的鄰室，讓她的耳朵幾乎吵聾之下脫離人世。她留下紙條，要求上天和其子女原諒她一生的傲慢，但未提她的殘暴。伊萬對母親的病死並無哀痛，僅驚嚇而已，這是屠格涅夫致寶琳的書信上，對母親離開人間最後一刻的描寫。顯然貴族女暴君的統治終於結束，但屠格涅夫還繼續自願地接受另一個異國女人的宰制（Pritchett 1977: 73-74）。

　　到1850年年底，屠格涅夫的劇作不是被禁止出版（如《鄉居一月》、《外

人的麵包》），便是演出後不夠轟動，黯然收場（如《獨身者》與《與貴族管家共進早餐》）。另外兩篇短篇戲劇（如《粗心大意》和《缺錢》，以及戲謔劇《凡是薄的所在，就易撕裂》，只在雜誌出版，尚未搬上舞台。

　　1851年1月，《鄉下淑女》分別在莫斯科和聖彼得堡演出，大受歡迎，轟動一時，先後加演數次。可是親俄派評論家指爲耍嘴皮和諷世之作，沒有看出此劇所代表的社會批判意義。屠格涅夫此時雖然生病，但目睹自己的作品演出有如此盛況，深爲欣慰。

　　此外，屠格涅夫在1851年與1852年分別又寫了兩齣劇作，分別是《大路邊的對談》和《蘇連多之晚》。他自此之後不再撰寫任何的戲劇，卻因而摘下劇作家的桂冠。他遂自己下個結論，撰述劇本非他這一生的使命和職責。

　　1872年《鄉居一月》首先推出，成效不佳，遲至1879年沙維娜（Мария Гавриловна Савина; Maria G. Savina, 1854-1915）飾演女主角韋拉（Vera）才引起轟動。不過這已是屠氏晚年發生的事情，不可能改變他放棄劇作的決定。原因很簡單，一方面是因爲屠氏作品受戈果爾影響太明顯；另一方面他的劇作缺乏深刻性和原創性。

屠格涅夫的莊園施帕斯科耶及其宅邸　　《鄉居一月》舞台劇　《鄉下淑女》1912年在莫斯科演出

　　屠格涅夫此時與戈果爾之後最著名的劇作家歐士托羅斯基（Алекса́ндр Никола́евич Остро́вский; A. N. Ostrousky, 1823-1886）爲主的青年人《原士派》（*Пачвеник*）之劇作者有所接觸，歐氏一生寫作四十七篇劇本，爲19世紀下半葉，俄國劇壇享有最高盛譽的文藝界要角。可是批評者認爲他以及原土派人士對俄國傳統的迂腐與錯誤並無揭發和批判。是故，對歐氏劇作褒貶不一，因之，屠氏難以獲得該派人士的接納，他卻同時出現在自由派常出入的沙龍。該沙龍主持人爲一遭受法國伯爵遺棄的賽麗芭・涂尼米（Countess Sailbas de Tournemire）伯爵夫人。屠氏與伯爵夫人來往親熱，在給寶琳信上，盛讚伯爵

夫人為一位語含機鋒和善直率的人。伯爵夫人曾撰一篇小說〈姪女〉，卻遭屠氏婉轉批評，此舉頗受同僚側目，也因此得罪了沙龍女主持人。

　　歐士托羅斯基　　　阿克沙可夫（父）　　　孔斯但丁（兄）　　　　伊凡（弟）

　　居留莫斯科期間，屠格涅夫與阿克沙可夫（Сергéй Тимофéевич Аксáков; S. T. Aksakov, 1791-1859）往來，後者年長20多歲，但因兩人有共同的打獵嗜好，便透過獵槍與文筆結為好友。阿氏寫了《獵人憶舊》（1856）和《巴果夫孩子的童年》（1858）等文集，讓屠氏禮讚有加。他的兩個兒子孔斯但丁（Konstantin）和伊凡（Ivan）也成為親俄派兩名文人。這對老少配對大自然的禮讚之篇章卻常難逃利剪。就屠格涅夫而言，因留學時代，受德國自然哲學（特別是歌德）的影響，把自然視為包攝世界所有大小事物的容器，是同中存異的巨大力量，同時也是整合零碎的小存在構成和諧的大存在。這個公開的祕密人群明知而故意忽視，裝作看不見（自然分裂各物，又統一各物……只有通過愛心才能把分裂化為統一，它像只關心如何創造個體，但其實個體並非自然所關心的所在）（V: 415-16; 647）。

　　孔斯但丁・阿克沙可夫　　　　伊凡・阿克沙可夫　　　　萬力哥列夫
　　Konstantin Aksakov　　　　　Ivan Aksakov　　　　　Apollon Grigoriev
　　　（1817-1860）　　　　　　　（1823-1886）　　　　　　（1822-1864）

　　在1852年之前，屠氏多次想把發表在《當代人》雜誌，以無名氏的方式作為他獻給寶琳的紀念品，寶琳是否事先答應不得而知。但正式出版時取代筆者匿名用的三顆星卻遭刪改，而露出本名。此外，在序言之後，本來有一篇回答葛力哥列夫（Аполлóн Алексáндрович Григóрьев; Apollon Grigoriev）的答辯也被取消。此一文和〈答辯〉，在1852年初送給莫斯科審查官盧歐夫親王（V. V. L'vov）過目，此君乃為屠氏所熟悉之官員，故能於當年3月順利過關發表。

　　《獵人筆記》8月出版，只半年便告售罄。對此書的出版，教育部曾追究和懲處審查者隨意放行之怠忽。官方的報告指出此書影響識字的農民，喚醒農民受迫害的意識，且陋化鄉紳，把地方警察視為貪污腐化份子。報告書上呈沙皇，不久下令解除屠格涅夫職務，剝奪其退休金。屠氏對逮捕和軟禁，歸因於《獵人筆記》之出版，其實並非正確的推論。原因是遭捕與定罪，在出版之前數月便已發生。

　　《獵人筆記》出版後，獲得普遍一致的讚賞。自由派視它為俄國版的《湯姆叔叔的小屋》〔*Uncle Tom's Cabin*，為美國作家Harriet Beecher Stowe（1811-1896）所撰寫有關反黑奴的小說，出版於1852年〕。親俄派則認為此書為俄國人民生活實狀的描繪。這時，屠氏因與親俄派阿克沙可夫家走得相當近，比較接受親俄派的讚美。不過他不贊成後者對莫斯科公國過度的頌揚，而導致貶抑彼得大帝西化政策對俄國現代化之貢獻。他對親俄派把俄國所持有的農村公社（*мир*）看作改革社會的萬靈丹，頗不以為然，尤其公社中對個體性的摧毀，是他自始至終反對到底的想法（引自Schapiro1978: 88-89）。

　　這時的屠氏似乎對《獵人筆記》的內容與形式，特別是描繪形式頗為不滿，企圖改弦更張，另尋體裁。他在寄給阿克沙可夫信上，指出此一筆記多篇是在外國滯留時受到外頭異域因素干擾所寫下的東西。因之，缺乏祖國鄉居的真實感。在無法找出新心態、新體裁之餘，他對追求文學寫作這條路漸感陌生、膽怯。1852年，思索是否從筆記式的描寫轉向小說的營構，但缺乏力氣與意志去寫好一部像樣的小說。在該年10月，於致安念可夫的信上，極力要避開「宣傳者」的形象，今後不再寫像《湯姆叔叔的小屋》這種說教式的文章。屠氏每一篇未發表的文稿都先寄給安氏閱讀、批評和修改。因之，安念可夫不但是屠氏的摯友，有時還兼導師和批評者之角色。

　　終於在1853年5月，他完成小說三個部分的第一篇，並寄給安氏審核。在此事發生前一年多，戈果爾年僅43歲逝世。他的死因成謎，謠言曾在莫斯科與聖彼得堡文學界傳開。其傳說之怪異、猖狂，有如戈氏的小說。儘管他生病多

時，但不該在盛年時早逝。死前他受到精神異常的折磨，主要爲其與友人通訊的《選擇過的路徑》（*Selected Passages*）和《死靈魂》續篇兩份著作，遭讀者的惡評所引起。他企圖以基督徒作家引導書中墮落的男主角贖罪重生，但沒有達到預期的效果。再加上一位偏激的神父，要戈氏放棄依靠文學追求永生，都造成他的早逝。死前十日，他命令僕人燒毀《死靈魂》續篇（但仍有殘餘幾篇留下來）。據稱在焚毀稿件之後十天，戈氏不肯進食，因此他的死亡可能是絕食自殺所造成。

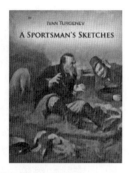

Stowe反對南方黑奴政策的小説　　　　　　屠格涅夫的《獵人筆記》英譯本

　　屠氏也認爲《死靈魂》表現了這位俄國文豪一心求死，其自殺顯示《死靈魂》一書的作者之毀滅，其死亡所掀起的軒然大波不只是文藝界的驚慌。自由派人士認爲他的死亡顯非導引自宗教的狂熱或道德的追求，而是官方對待戈果爾既蔑視與痛恨。因爲他的著作表現了反愛國的思想，而且對俄國極盡詆毀侮辱之能事。但這一官方態度卻無法阻卻廣大藝文界及民眾前往其在莫斯科舉辦的隆重喪禮弔唁。在聖彼得堡聽聞死訊的屠格涅夫，幾乎崩潰。屠氏曾在1841年簡短地與戈果爾碰頭，在戈果爾臨死前六個月，兩人又見面暢敍，聆聽他念著《檢察總長》一書稿。他印象最深的是戈氏如何避開嚴厲的檢查，而伸張作者自由的想法。

　　在聽到其死訊時，屠氏悲慟之餘，分別兩次給寶琳寫信，道出作爲俄國人對戈氏暴露俄國之現狀感慨良深。認爲戈氏是繼彼得大帝之後，最能夠把俄國困境指出的人。但因爲他的卓見，卻導致其姓名都遭官方禁止提及。屠氏在聖彼得堡報上所撰的哀悼文竟然無法刊出，知道無法在首都刊出悼文後，他改寄莫斯科的《公報》（*Ведомость*），此一哀悼文在1852年3月13日刊出。文中提及戈氏「有權利，有痛苦的權利，被稱爲偉大的人物，其名字爲俄國文學史

上一個年代的標記，是我們光榮而引以為傲的作家」。只因頌揚戈氏為偉大的人物，便令沙皇抓狂，下令把屠格涅夫送往警所囚禁一個月，接著無限期流放於其祖居的施帕斯科耶農莊，形同軟禁。

　　屠格涅夫於4月16日被逮捕，囚禁於聖彼得堡警察機關長達一個月之久。在俄境境外發出致韋雅朵夫婦的信上，談及他囚禁的生活並不辛苦，可以隨便閱讀書報，並接受訪客（後來訪客太多，後遭禁見）。他要求為了不觸怒當道，勿在國外發布他遭逮捕的消息。果然歐陸與英倫都沒有這個消息之報導。

戈果爾（Николай Васи́льевич Го́голь）的《死靈魂》　　《檢察總長》　　　《外套》

　　一個月的監禁生活結束後，伊萬得到當局的命令，被放逐到其祖產的農莊施帕斯科耶村，過一年半流放與軟禁的生活。在一部小說中，他曾描述從警署步出返回家鄉的情景：「〔男主角〕拉夫列茨基把頭倚在靠墊之上，雙臂交叉合抱在胸前，凝視著呈現在眼前扇形的廣袤原野。望著在前橫過的一片金雀花叢，望著那些驚愕不安地瞪著馬車的烏鴉和喜鵲，以及那布滿了山艾、苦蓬和野菊的茫茫無際的田界。他凝視著，那新鮮而肥沃的草原上的一片寧靜，那綿延無際的原野上一片青翠蔥綠、那起伏不斷的崗巒、那長滿了低矮櫟樹的山坡、那灰濛濛的小村莊，還有那嬌柔的白樺，所有這些他已好久未見的俄羅斯景色，現在則使他內心滋生出一種愉快，同時又是痛苦的感覺。他的胸膛好像被一種激情壓迫著，而這種激情卻又不無甜蜜的感覺」（引自莫洛亞 2014：37-38）。

　　而在遭拘禁的一個月中，屠氏撰寫了一篇感人的小說《木木》。其後他完成《獵人筆記》中另外兩篇小文：〈鬥歌者〉與〈活屍〉。更重要的是，在1852年被判罪軟禁於施帕斯科耶莊園中所寫的《客棧》一篇寫實故事，以及《三次集會》的一篇神祕幻想的作品。《木木》小說正是其母親殘暴肆虐農奴

的真實事件之描寫。故事中濫權專橫的女地主，破壞了壯碩能幹但卻聾啞的長
工葛拉欣對一位女奴的戀情，還因為作為長工唯一依靠的一隻名叫木木之母狗
某晚的叫吠聲擾她睡眠，居然下令處死小狗。男丁畏懼葛拉欣孔武有力，不敢
以暴力從他手裡抓走小狗，只好把處死令交給這位可憐的長工自己去執行。他
無奈地帶著深懂人性的小狗到附近村莊的酒店，讓牠飽食一頓佳餚後，到河邊
解開小舟的繫纜，讓小舟漂浮於水上，用繩索綁住兩個磚頭，繩索另一頭再綑
綁小狗。在擁吻牠幾次之後，轉個頭把小狗與磚塊滑落於河水中。全文沒有半
句的譴責哀怨之詞，卻道盡人間感情的欠缺與需要。難怪美國作家詹姆士認為
這是他所看過最悲慘的人間故事之一。

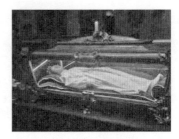

〈鬥歌者〉（歌手）　　　　　　　　　〈活屍〉的真實版

　　屠格涅夫所寫的是農村地主與農奴之間虐待和屈從的故事，反映有權有勢
的俄國統治者對廣大無知無力的民眾的宰制、欺負和壓迫。暴虐女主人的淫威
與葛拉欣對人與動物的愛心，成為極大的對比。這種對比就是對俄羅斯社會最
嚴厲的指摘和抨擊（莫洛亞 2014：37）。

人間至為悽慘之故事：聾啞農奴在女地主壓迫下，溺死命名為「木木」的愛犬

　　經過三次上書陳情，至1853年11月29日，屠氏才被允許可以進入京城聖彼

得堡。在軟禁期間，他曾借別人的護照偷偷跑到莫斯科與在俄境公演的寶琳見面；其他大部分時間則留在祖居，偶爾到鄰近鄉村走走，或外出打獵。

在農莊，他聘請一個年輕詩人費特（Афана́сий Афана́сьевич Фет; Afanasy Afanasyevich Fet, 1820-1892）為經理，其妻和妻妹則以彈琴方式提供伊萬音樂的享受。後來一位居住在35俄里之外的鄰居，竟然聘請整個樂團前來助興，演奏他最喜歡的貝多芬、莫札特、海頓、羅西尼、葛魯克等人的佳作，特別是後面兩位的歌劇令他痴迷。農莊的土壤雖然肥沃，但所託非人、管理不善。年輕的詩人幾乎毀了他的生計。屠氏一度嘗試自行管理，但是經過幾個月的努力，情況並無好轉。後來交給其叔父代管，更是每況愈下。估計每年應有25,000法郎的收成，實際上他只獲得金額的五分之一。反之，經營相等面積的土地之長兄尼古拉，卻收入豐厚。這只能怪他無經營莊園的本領和所託非人。

在施帕斯科耶莊園遭軟禁期間，常有訪客帶給他喜樂，這包括祈力也夫斯基（Ива́н Васи́льевич Кире́евский; Ivan Kireyevsky, 1806-1856）和阿克沙可夫兩位親俄派哲學家，以及年輕2歲的詩人兼管家費特與頗具文學資質的醫科大學生詩人雷翁棋夫（Константи́н Никола́евич Лео́нтьев; Konstantin Leontiev, 1831-1891）。後者被屠氏視為未來文學界，特別是小說界與戲劇界的明日之星。但此君後來的表現令他失望，儘管他們也維持長久的友誼。

這段時期他也與村民、鄰居以及兄長家屬經常來往，並利用閒暇時間看書，研讀俄國早期的傳統與文學。他熱愛歷史勝過哲學，不喜歡體系（傳統）性和抽象的思辨。荷馬、莫里哀和唐吉訶德，都是他一念再念的經典之作。在閱讀歌德《浮士德》之餘，居然產生對盧梭思維之反感。這時他只再三讀戈果爾的作品而很少觸及普希金的著作。

托爾斯泰的《童年與少年》引起他讚賞，同代其他新型的小說他不置可否。有機會讀到戈果爾《死靈魂》續篇未焚毀的殘稿表示他的讚美，但也有所批評。1852年滯留農莊期間，屠格涅夫以超過普通價格50法郎的十四倍，亦即花700法郎，向其表姊購來一名婢女當性伴侶，這位女士後來在1855年懷孕生子。但這時屠氏已離開農莊。因此，否認該男孩為其所出，但仍協助婢女去尋找願意收養棄兒的鄰居，來養育該名男童。

能夠寫出《獵人筆記》如屠格涅夫這種大文豪，居然與農奴之女有幾度風雨，且不談小寶琳託付韋家養育的麻煩，難道不叫他心生畏怯，小心翼翼？奇怪的是他與寶琳・韋雅朵的關係，表面上是友誼，事實上夾有愛情。這是與一般傳統的做法大異其趣。因為他的行為表現是高度嚴肅的道德家之作為。顯

祈力也夫斯基　　伊凡・阿克沙可夫　　　費特　　　　　雷翁棋夫

然，對屠氏而言，有關性的關係之規矩，對男人有他的一套，對女人也另有一套（Schapiro 1978: 101）。

　　1852年1月11日，在回寶琳的信上，屠格涅夫得知寶琳又在春天即將生產的消息後，其反應是希望這個嬰兒是一個男孩，結果卻是女孩珂露娣（Claudie，乳名Didie）。從產期推溯，受孕之日大約爲1851年8月。觀乎屠氏對此女孩特別鐘愛，是否爲他與寶琳發生親密關係的結晶呢？另一方面這段期間他似乎沒有離開俄國的官方紀綠，難道他是持假護照出國去私會寶琳？

　　不過1853年4月，寶琳單獨去莫斯科舉辦音樂會，其丈夫路易生病暫停法國，屠氏曾冒險以假護照從施帕斯科耶農莊經數日旅程到莫斯科私會寶琳。兩人以什麼方式、在何處私會沒有任何訊息的披露。因爲這正是屠氏服刑期間，若消息走漏，他有被重罰與無限期流放之危險。兩人見面後感情似有冷卻的樣子，因爲寶琳此時給友人的信上強調意志壓制激情的必要，以免傷害作爲一代歌后的聲譽。換言之，爲愛惜本身的羽毛，也避免屠氏陷入放逐西伯利亞的險境，她主動地疏離了伊萬（Pritchett 1977: 82）。

　　兩人此次非法（因軟禁不得越離家園一步）的幽會，是伊萬對男女關係新看法與做法的轉捩點。亦即雙方愛慕眷戀的基礎有所更改，也就是在兩人感情的維持方面，不能僅僅依靠激情。他作爲有夫之婦的愛人之角色，似乎也已告終。他準備與這位智慧充盈、高雅幹練的淑女（gentlewoman）重建新的關係（Dessaix 1980: 43）。

　　1853年11月，屠氏獲悉他已獲取解禁，可以自由出入國界，其早日獲取旅行證件係得力於友人托爾斯泰（A. K. Tolstoy，非大文豪本人，而是同姓而不同名的伯爵）和皇儲亞歷山大（其後登基爲新沙皇）的助力。屠氏遂移居京城聖彼得堡過多天。

文學創造生涯的低潮和重尋繆思

第六章　文學創造生涯的低潮和重尋繆思

・《當代人》的編輯者、作家、評論家和讀者群
・龔恰洛夫出版《歐布洛莫夫》
・版稅不善處理
・《當代人》、《祖國年鑑》和《俄羅斯論壇》
・車尼雪夫斯基和多布洛流柏夫
・伊萬與歐爾嘉短暫的戀情
・與托爾斯泰初識與締交
・托爾斯泰伯爵夫人的戀慕

　　從農莊重返首都，意味著他又重回文學的懷抱，尋求創造的繆思（Muse），與同好沉浸在閱讀、評論中，呼吸時代精神的知性與感性的生活。這群文人無疑地是圍繞著《當代人》文壇的編輯者、文學家、評論家和讀者群。自從該雜誌在1847年復刊後，屠氏一直是活躍的投稿者，雖未進入編輯部擔任職務，但能在該著名刊物上發表新作也屬萬幸。兩個編輯之一的聶可拉索夫（Никола́й Алексе́евич Некра́сов; N. A. Nekrasov, 1821-1877），比起屠氏年輕3歲，曾被視為傑出的柔情詩人，因為同情農民的疾苦，而贏得民粹主義者之擁護。後來因為蔽蔭革命者車尼雪夫斯基（Никола́й Гаври́-лович Черныше́вский; Nikolay Gavrilovich Chernyshevsky, 1828-1889）和多布洛流柏夫（Никола́й Алекса́ндрович Добролю́бов; Nikolay Alexandrovich Dobrolyubov），而使《當代人》失掉不少大作家的投稿和支撐。不過在1854年和其後數年屠氏聲望大漲，儼然是聖彼得堡最負盛名的文人雅士。

　　另一位編輯為帕納耶夫（Ива́н Ива́нович Пана́ев; Ivan Ivanovich Panaev, 1812-1862），是一個悲傷失魂落魄的文人。他對《當代人》雜誌的貢獻，在於典押農奴、集資支持該雜誌的經營。由於其在寫作界享有盛名的妻子與聶可拉索夫有染，使當代兩主編既是情敵，又是同志。

聶可拉索夫　　車尼雪夫斯基　　多布洛流柏夫　　帕納耶夫及其作品《她將會幸福》

　　《當代人》雜誌社交圈還包括安念可夫、薄特金、戈李果洛維契（Дми́т-рий Васи́льевич Григоро́вич; D．V. Grigorovich, 1822-1899）和德盧日寧（Алекса́ндр Васи́льевич Дружи́нин; A. V. Druzhinin, 1824-1864）和龔恰洛夫（Ива́н Алекса́ндрович Гончаро́в; I. A. Goncharov, 1812-1891）等著名文人。

　　不過該刊創辦人貝林斯基的影響力在於其個性、人格、文學批判，至於他後期所主張的社會主義，除聶可拉索夫之外，其他人都走避。事實上，貝氏為人正直，批判當道，抨擊官僚，反對審查制度，亦即其自由派的精神是《當代

人》圈裡人所服膺敬重之所在。

　　在圈裡諸友好當中，除了安念可夫之外，要數薄特金對屠格涅夫的作品提供最佳評論與修改意見。戈李果洛維契的才華最先不得屠氏好評，但其後兩人友誼變得深厚，其結果對屠氏的文學生涯產生一定的影響。

　　德盧日寧在1847年便因一部析述婦女解放的小說成名，他也是一名翻譯家，曾大量介紹英國文學給俄國讀者，其風格有如喬治桑。屠氏曾一度質疑文學只是藝術的一種形式，而不帶社會改造的目的。他曾批評車尼雪夫斯基以藝術取代實在和生活的說法之不當（Magarshack 1954: 151-152）。不過車尼雪夫斯基和多布洛流柏夫卻宣稱：文學乃是對社會不公不義的抗議。要之，在1855年至1856年間，俄國文學界、思想界、文化界曾展開文學功能的爭論，雖然表面上只在爭論普希金和雨果作品的得失。德盧日寧在爭論中維護普希金的立場，文學只在尋覓與發揮藝術之靈魂，其他人則視文藝有影響與改造社會的任務。

龔恰洛夫及其環遊世界之故事　　　　　　　德盧日寧

　　龔恰洛夫曾在1847年發表《一個平凡的故事》，引起文壇注目。後來任海軍上將的祕書隨船航遊世界各國，撰寫《歐布洛莫夫》（*Oblomov*）此一作品，受屠氏讚賞。以上為屠氏與《當代人》雜誌諸君子交往的簡述。

　　1854年夏，屠氏在鄉下農莊接待上述諸文人、評論家、編輯。他在聖彼得堡居住期間，早晨起身不久會到《當代人》雜誌社辦公室走一趟，晚上則上歌劇院欣賞歌劇。有時則在雜誌圈中友人中之一（如帕納耶夫或聶可拉索夫）的寓所歡聚；有時則在餐廳聚餐飲宴。這些聚會不同於1830年代施坦克維奇，或1840年代貝林斯基所形成的粗茶淡飯和精神知識上交流的聚會。

　　《當代人》社交圈活動時喝的是香檳酒，吃的是高檔美食。他們談論的主
題或涉及個人作品的優劣，或是私人小道消息。活動中常演出的戲碼爲詩詞的
脫口秀，在這方面屠格涅夫無人可敵。這些脫口而出的詩篇至少有五部正式刊
出。1856年克里米亞俄國戰敗後，這些文人紛紛譜出對尼古拉斯一世沙皇的諷
刺文字與詩詞，引起當局的不快。

　　在聖彼得堡位於運河橋邊，屠格涅夫擁有一幢寬闊的宅第，成爲雜誌圈
人士經常走動歡聚的地點。他身邊有兩個僕人，包括善於烹製美食的廚師，
這是他花掉1,000盧布從其他貴族購來的農奴，其後讓其恢復自由身。他這個
宅第的年租450盧布。根據其母遺留給他的農莊（包括此時僅剩下近2,000名農
奴），每年應有27,000盧布的收入才對。但由於其叔父不善經營，導致虧損甚
鉅，他實得勉強計算才3,600盧布而已。因之，對揮霍成性的屠格涅夫而言，
入不敷出，常常欠錢花用。他對文學作品出版後的稿費、潤筆、版稅等興趣缺
缺。一個明顯的例子是《獵人筆記》第二版版稅，他只從聶可拉索夫手中取得
1,000盧布，而後者在轉售版權之後，卻淨賺2,500盧布。得知此事的屠格涅夫
不但沒有怨言，還在給赫爾岑的信上說：「我把權利金給他的用意，就在讓他
發一筆財」。這不是唯一的例子，他的後半生之作品的收入大多像這個例子，
是在「圖利他人」。這種狀況之所以屢屢發生，與他預支稿費造成的混亂有
關，單單在1856年至1858年之間，他向《當代人》雜誌預支稿費達380盧布。

　　除了《當代人》、《祖國年鑑》以外，後來出刊的《俄羅斯論壇》雜誌亦
成爲屠氏投稿的對象，尤其在1859年之後，屠氏的手稿幾乎都在《論壇》上發
表，最後變成《當代人》和《祖國年鑑》的拒絕往來戶。

　　1854年夏，屠格涅夫與其遠房堂妹歐爾嘉產生戀情。此女年幼喪母，卻受
到家庭教師嚴格的教育，彈得一手好琴，特別是貝多芬的奏鳴曲，令伊萬十分
陶醉。友人知道此事後，大力鼓勵他們結婚，但正如其小說《通訊》、《春
潮》和《煙》所描寫的，男主角軟弱無力，缺乏追求女性的決心與能力；另一
方面伊萬發現歐爾嘉精明強悍，他難以伺候，不禁興起知難而退的念頭，最後
這段戀情終歸煙消雲散。在決心放棄這段短暫的愛情時，他給歐爾嘉寫了訣別
書，痛批自己沒有先覺的眼光：「我要承擔所有的罪過，我年紀比你大得多，
理該考慮到我倆的前途，我不該盲目地受到無意識的激情驅使──特別是在認
識這種激情的原貌之前。我沒有權利可以忘記〔我們這種關係的繼續〕對你的
不利和對我的無損。當我深信對你感情的改變和減低時，我對你的態度變得愈
來愈糟──儘管如此，我們這段關係的發展卻是我此生中最幸福的時辰。目

前我的當務之急在於避免常去見你，以免我倆關係愈陷愈深。我們要把謠言和閒語止住，以免我放浪的行為無法節制」（1855年1月6日之信，引自Troyat 1991: 48）。此時在親朋間盛傳屠格涅夫要娶歐爾嘉的傳聞。這段戀情從1854年夏至1855年春，大概維持不到半年的短暫時間。後來歐爾嘉與別人結婚，育有4名子女，最後不幸於1872年逝世。

屠格涅夫在致好友安念可夫的信上哀悼之餘，禮讚她是世上稀少純潔的好女孩，他帶著憂傷痛心，回憶與她交往的舊情。在向寶琳敘述這段戀情時，寶琳看出伊萬對此女的深深愛意，而難掩嫉妒之意。在其後兩人通信中有所透露，伊萬卻在回信中，斬釘截鐵地重述此一迷戀乃為過去式（「一切俱往矣！」使用西班牙文ya es acabo）。他在給友人雷翁棋夫（Leontiev）的信上，指出對於一個藝人而言，婚姻若是不幸或許可以使他發揮才華，但如果婚姻美滿則無助於其事業的發展。他的結語是「我對少女之陷於熱戀難以理解」。

在1854年，居住施帕斯科耶農莊時，屠氏結識其鄰居托爾斯泰伯爵夫人，她是作家托爾斯泰之妹，其丈夫為托家廣大家族成員之一。此時屠氏勤跑伯爵的宅第，明顯地看出屠氏被伯爵夫人的美豔聰慧所迷住。這就是後來1856年所選述的《浮士德》小說中，女主角薇拉（Vera）的樣本。伯爵夫人對詞詩之無知，正如《浮士德》一書女主角薇拉，唯一的不同是其人並無亡母的幽靈在操縱其日常生活，小說的結局卻是薇拉在亡母幽靈的影響下猝死殉情。

在1854年與1855年之間，屠格涅夫急於與年輕他10歲的文學界新秀托爾斯泰（Лев Николáевич Толстóй; Lev Nikolayevich Tolstoy, 1828-1910）見面。後者的《童年與少年》成為他愛讀的新作。從托氏的姐姐那裡，他聽取有關托氏的為人與才華。1855年11月，托氏從克里米亞前線返回俄京，直接就去找屠格涅夫，並在屠氏寓所居住數週。托氏對伊萬的印象是此人好客迷人，但妒嫉心重，有固執的個性，這些初次見面的觀感，居然為他們後來的恩恩怨怨埋下伏筆。從屠氏的日記也看出，一開始他不喜歡托爾斯泰，他對年輕作者的膚淺十分厭惡。引發兩位作家爭執的焦點為，托氏對喬治桑小說中女主角行為不檢所作的道德評斷。在托氏後來的談話中說出：他對《當代人》雜誌（包括屠氏在內）諸君子的言行不一、小氣和缺乏性格非常鄙視。

《魯金》的出版和兩種
性格的剖析

第七章　《魯金》的出版和兩種性格的剖析

　　1855年夏，屠氏故鄉幾個村莊爆發霍亂，鄰里每日都有人死於疾病。他害怕被傳染，所以不再外出打獵。此時，在克里米亞戰爭中俄軍失利，更使害怕戰爭的他心態失衡、情緒緊張。1854年2月，戰爭爆發前，在致寶琳的信上，他大談俄人團結一致，打算對付西歐列強的挑釁：「沒人理解我們〔俄人〕的力量，連俄國人也不知道，這股力量的升起，只有他們受到挑戰之後，就會像1812年拿破崙征俄一樣，把〔愛國力量〕升高起來」。這是屠氏一生中難得一見的愛國表現。

　　對政局一向關心的屠格涅夫，在聽到沙皇尼古拉斯一世駕崩時（1855年3月2日），居然沒有任何的評論，只間接地表示這是「令人驚惶失措的大事」。

　　在滯留故居三年間，屠氏最重要的作品為小說《魯金》。不過早在1853年5月，他應友人敦促，把三篇合成的小說《兩代》的第一篇完成，並寄給安念可夫、阿克沙可夫、薄特金等人閱讀與審核。這是他嘗試撰述《獵人筆記》小故事之外的長篇大作。不料友人讀後感是認為新作中的人物刻劃不夠深刻，每人的性格未能徹底描繪出來。屠氏答應重加修訂補強，但這一允諾拖了好多年迄未落實。最終他把這部三部曲的《兩代》之稿件撕毀。不過其中的一章和最初的計畫卻躲過被丟毀的命運殘存下來。

《當代人》編輯與作者群
後立者：托爾斯泰和屠格涅夫。坐者為龔恰洛夫、戈李果洛維契、德盧日寧和歐士托羅夫斯基。此相片為列維次科所拍攝，時間為1856年2月15日。

從前線返回　　　青年時代的托爾斯泰　　未脫軍裝的托氏　　青少年時代
（1855年）　　　（1848年20歲）　　　（1854-1855）　　（1848年之前）

沙皇尼古拉斯一世　俄軍在舍瓦斯堡被包圍殲滅，結束了克里米亞戰役

　　《魯金》是新寫作格式下的短篇小說（*повесть*），也是屠氏尋求新的文學表現方式之轉捩點。這是霍亂猖獗下他無法外出打獵，而集中精神和氣力的新作品。在放棄《兩代》稿件後，他注意到其文風為把他社會的分析附屬於人際互動之下，把重點擺在男女主角或配角性格的形塑之上。

　　《魯金》為屠格涅夫由青年而進入中年的35歲之後，改變鄉村小人物的描繪，而嘗試從散文短篇躍進中長篇小說的耀眼力作。他說：「我必須放棄我原來的那種寫作方式，我已花了足夠的時間在混沌的人性中提取菁華，並把它裝入一些小瓶裡。親愛的讀者，我請您去嗅嗅它吧！把瓶塞打開，嗅一嗅吧！它有一些俄羅斯的芳香味，對嗎？——夠了，夠了——但是，問題在於我能不能幹一些冷靜而又偉大的事業呢？我能夠成功地寫出一部線條清晰明朗的作品嗎？對這一點，我無所知，而且直到我動手試筆時，也不甚了了。但是，相信我！您將會看到一些出自我筆下的新穎東西，要不然就什麼也看不到。正因為這樣，我幾乎對我的冬季隱居生活感到很滿意。我會有時間沉思默想，尤其是

《魯金》英譯封面及書內插圖

目前我正遠離一切文學和新聞的影響，處於孤寂之中，更能聚精會神，全力以赴。只有當我身上不再有文人氣息時，我才會成為一個有所作為的人」。

好友兼評論家安念可夫寫信給屠格涅夫：「我期待著您能寫出一部長篇小說。在這部小說中，您將完全駕馭各種性格與各類事件的發展，而且又不陶醉於您的自我之中，也不醉心於讓那些您愛之過甚的稀奇古怪人物倏然發亮起來」。在摯友鼓勵下，屠氏作了初步的嘗試，那部作品幾乎就是他母親的傳記。

他把故事的梗概交給朋友們過目，大家勸他不要繼續寫下去，另找題材為妥。1855年冬季，屠格涅夫的第一部長篇小說《魯金》花了五、六週的時間，終於寫成了。進入中年的屠氏，大筆一揮，這部小說竟然是一部不同凡響的傑作。就寫作的技巧來評論，這是一部迄今為止尚未被超越的典範之作。即使拿最偉大的作家如巴爾札克、施東達、托爾斯泰的作品與之相比，它也完全是別具匠心、獨樹一幟（莫洛亞 2014：40）。這部小說的情節十分簡單，人物也只有幾位；但主角言談與行徑的前後變化，卻顯示作者對書中人物心理解析的細膩與高超。

《魯金》剛好反映了他此時寫作方式的改變，此為他展示新的文學風格開端。剛好當時出現在俄國文壇上的作品，有早期普希金的故事主角歐尼金（Eugene Onekin），以及列蒙托夫的裴秋林（Pechorin），這些主角都是那種浮誇不實、自私自利的男性，把他們視為社會的「剩人」（*Лишный Человек*; superfluous man）來看待似無不可。

普希金所想像的Onekin　　　　列蒙托夫高加索故事中男主角裴秋林

　　1840年代，不少俄國青年有意把所學所能貢獻給社會，卻因爲在沙皇尼古拉斯一世統治下的社會和政治條件的缺陷，導致社會風氣的浮誇不實，造成年輕人只能炎炎大言，卻無行動的決心；導致青年們從社會的菁英墮落爲人渣，荒廢了整個人生。這是屠格涅夫在1850年代中期，所寫短篇小說的主要人物，像《魯金》就是典型的短篇小說中之「英雄」，其實是人渣、是剩人。

　　《魯金》是剩人的代表人物，他作客於鄉紳之家，其巧言令色、辯才無礙，取得鄉紳女地主一家男女老少以及友人、鄰居的讚賞。他戀上女地主的女兒納妲莉，後者也回報以愛意；但他卻不敢向女方提親，甚至狼狽出走，落魄終生。1848年莫名其妙地死於法國巴黎革命的槍砲之下。

　　此小說可謂對友人巴枯寧的調侃與諷刺，這是一個沉醉於黑格爾式辯證法、辯才無礙、喜歡向人借錢、經常介入別人社交的好事者；但自己卻無行動實力，也是社會剩餘人物之鮮活寫照。

男主角在花園裡等候佳人　　　　男主角被誤爲波蘭革命份子，1848年
　　　　　　　　　　　　　　　在巴黎革命中遭射死結束剩人的一生

　　有評論者指出：魯金正是巴枯寧的化身。這有其真實性，因為屠格涅夫
喜歡以真人作為其小說的男女主角和配角，這是他文學創作具有寫實、現實主
義的原因之一。在這部小說中，我們可以重新看到屠格涅夫遇見巴枯寧時，流
露的讚賞和憤怒之矛盾心情。但主人公的魯金也展現屠格涅夫表面熱情，內
心冷酷的身影。一度與他熱戀半年的巴枯寧聰慧的么妹塔琪雅娜，在念完這部小
說之後，對魯金如同對屠格涅夫的評語是：「嚴重的是他冷若冰霜。他明知這一
點，卻又費盡心機裝作熱情。糟糕的是，他所嘗試的角色卻是危險的。這樣做，
對他自己並無危險，既無損於他的財產，也不影響他的健康；而對別人則不然，
可能會使那些對他真心實意的人因此喪魂落魄。我要責備他的是他待人缺乏誠
意，不能肝膽相照。他應當知道他所說的話毫無價值。然而，他卻煞有介事地
說了出來，似乎這些話都是發自內心深處的肺腑之言」（莫洛亞 40-41）。塔
琪雅娜所抨擊的魯金，並非她的親哥哥，而是和她一度相戀，卻中途變卦、棄
她而走的伊萬之化身。

　　此一小說出版的時間為1856年。在1855年秋巴枯寧被捕遞解返俄，被囚禁
於苦牢。對身為自由主義者的屠氏，在此時完成《魯金》此一作品，而於次年
出版，幾乎是對革命份子，反對沙皇專制的親西方派之落難，投下一個震撼
彈，或稱落井下石。剛好同時作為巴枯寧摯友，也是屠氏好友的葛拉諾夫斯基
猝死，使人對屠氏急於出版《魯金》的用意起疑和批判。尤其1856年出版的這
篇小說，只談及男主角最終生活潦倒的故事，而未涉及魯金最後死於革命堡
壘的壯烈行為。這段後言是1860年結集時才添加的，因為那是在屠氏與《當代
人》編輯群吵翻破裂之後的故事，也是俄國革命思想抬頭新時代降臨之際。

　　除了《魯金》之外，短篇小說如《通訊》也說明強烈的性慾與肌膚的接觸
常導致常人失掉寧靜的生活，遺失安謐的幸福。在這篇小說中透露典型的屠氏
愛情觀，不是肉慾的相互滿足，而是兩個靈魂的自由連結。在愛情中人們使用
一套鎖鏈把一方化為奴隸，同時把他方化為主人，兩者之間連結在一起。如未
達成羈綁效應，則愛情又告吹散。

　　此一小說使用十五封信，來描述沒有氣魄的男子怎樣失去美麗聰慧、有文
學與哲思的女孩瑪莉亞。這個女孩堅持要找到可敬的男性才結婚，可是理想與
事實有很大的距離。明明她已愛上男主角的表兄，卻與通訊者的男主角陷入戀
慕中。結果她無法嫁給所愛的人，而不想要的男性追求者一大堆，使瑪莉亞頻
頻掉入戀愛與失望中，最終造成結婚夢的落空。男主角阿列克西也是一個屠氏
喜歡描述的自我異化和缺乏自知的「剩人」。他在與瑪莉亞通訊三年前，已愛

上其妹妹，但是因爲嫌棄該女太「平凡」，不如姐姐瑪莉亞之富有理想性，後來關係破裂。他覺得生活無聊，又怨嘆自己無能，這麼下來愛情怎會持久？偏偏像瑪莉亞這樣敏感的少女需要有人可以信賴和依靠，阿列克西卻像石頭般的冷漠對待，還要靠遠遊朋友對異國景觀的讚賞，引發他重訪筆友的決心。可是重逢之際，兩人又是邊走邊談、既歡呼又嘆息，無法拉近心裡的距離，更不必再談婚嫁了。

其後在1854年，屠氏出版了《兩位友人》，描述鄉下兩個教育背景不同的地主—— 一個是接近傳統俄羅斯文化的鄉紳，另一個則是愛慕西歐文明的紳士。後者在厭倦平凡無知的鄉下太太之後，藉機到西歐旅遊，卻與俄國駐外官員發生口角，在巴黎的決鬥中斃命。那位崇尙傳統文化的友人卻愛上了好友的寡婦，兩人結爲夫妻，婚姻順利美滿，也就是他享受平凡、單純的幸福。這篇小說反映作者此時所受親俄派友人的影響，相信簡樸的、單純的、傳統的俄人生活之道，才是走向完滿人生的途徑。

最能突顯屠格涅夫在國內三年居留中的人生觀、世界觀，莫過於小說《雅可夫·帕旬可夫》（*Яков Пасынков*）。該書的主角帕旬可夫對愛情的堅持和深摯的獻身，影射了貝林斯基的平生。主角出身貧窮，但心靈純潔，他堅信「愛」、「眞」、「生命」、「學習」，也能把他所相信的付諸行動，顯然他是一位虔誠的教徒。不過撰寫該文的屠格涅夫當時並非教徒，以後也不是教徒；不過他屢次向友人說出追求信仰的意願。這可由浮士德的話「我常聽到勸信之福音，內心卻缺少信仰的力氣」（*Die Botschaft höre ich wohl, allein mir fehlt der Glaube*）窺知。帕旬可夫在友人臨終前，聽到一個可悲的愛情故事。臨終友人透露他愛過的女人曾被別人（帕氏）所愛。這篇小說也反映了屠氏早

自認爲正直騎士化身的唐吉訶德，帶著農夫出身的侍從四出闖蕩，以風車爲敵與之決鬥。塞萬提斯此一文學作品如同莎翁的《哈姆雷特》，塑造成兩種極端不同的角色，影響屠氏小說人物的刻劃。剩人有若唐吉訶德的魯莽，也像哈姆雷特的怯懦。

年留德時，所受德國浪漫主義的影響。事實上此篇小說不只反映作者所受浪漫主義的洗禮，主要在顯示貝林斯基和施坦克維奇正直的人格，追求其善美的眞切和爲人的眞誠、坦率。這些美德在其後的《唐吉訶德》一文中透露無遺。

在1856年年初，屠氏構思《擁有土地的鄉紳之窩》（《貴族之家》Дворянское гнездо）一小說，這是葛拉諾夫斯基和歌德影響下的新作。主要在說明一個人只要懷有崇高的理想，奮力而爲，就不會虛度此生。

在這段滯留法國（爲了避免小寶琳與寶琳的爭吵，屠格涅夫離開庫塔維內爾搬遷至巴黎，並爲小寶琳找來一位女家教）期間屠氏雖著作不輟，但心情低落。在這段期間，寶琳另結新歡，是著名的畫家薛佛爾（Ary Scheffer），一位與她父親年齡接近的藝術家。被冷落的伊萬成爲巴黎藝文界的笑柄，他既生氣又沮喪，但卻無法忘懷此生最摯愛的女人，他曾如此形容過寶琳：「我唯一眞正愛戀的女人，也是今後永遠熱愛的女人」。因爲孤獨、被遺棄，加上腎病痛，使他擔心會跟父親一樣因腎結石而早逝。

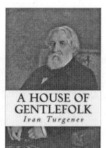

《擁有土地的鄉紳之窩》（《貴族之家》）各種英文譯版之封面　　　青年薛佛爾

這時寶琳對他的態度頗爲冷漠，但又捨不得棄絕這個能言善語，藝文界聲譽抵達高峰的俄國情人。因爲屠格涅夫的忠實緊追不捨，使這個面貌不美的吉普賽婦女，仍把他當成食之無味、棄之可惜的雞肋看待。在嫉恨交加下，屠格涅夫撕毀草擬的故事大綱，幾乎要告別文壇，放棄寫作。

從1854年至1856年，屠格涅夫給寶琳寫了六封信，這表示兩者之間的友情與愛情遭受考驗，呈現緊張的狀況。這大概導因於寶琳不滿屠格涅夫與歐爾嘉的戀情。儘管有這段風流韻事，但是他對寶琳的情意是眞摯不變的。另一個原因爲屠氏私生女寄居韋雅朵一家似乎發生問題，使他不得不安排女兒與保姆遷居他處。他在信上言及要爲女兒設置教育與生活預備金，以免他死後，女兒孤苦無依。

邁入中年（36至38歲）的屠格涅夫

《鄉居一月》劇照　　　　　　　　屠格涅夫的筆跡

Time flies sometimes like a bird, sometimes crawls like a worm, but a man feels particularly well when he does not even notice that the time flies away

~ Ivan Turgenev ~

「時間有如鳥飛神速，也有如蟲爬緩慢。只有不注意時間飛逝的人，才會坦然面對人生」

——屠格涅夫

屠格涅夫的漫畫和繪像

又是離鄉赴歐之旅
（1856年7月至1861年5月）

第八章　又是離鄉赴歐之旅

· 離開寶琳三年後又赴法國與寶琳一家歡聚

· 鳩鵲同巢，寄人籬下的悲歡憂喜

· 與英國文人交往

· 欣賞英國民族寬容的性格

· 《浮士德》和《阿霞》的撰述

· 與俄國西化派留法菁英歡聚

· 托爾斯泰兄弟在歐洲的不同遭遇

· 女兒的叛逆

· 農奴解放的前奏

　　1856年6月10日，屠格涅夫於致藍伯特伯爵夫人的信上表示，不久要出國遠遊，內心又喜又懼。因為像他這種年紀的人，一旦到國外過吉普賽人似的流浪生活，就不可能成家立業（Allen 1994: 185）。可是在克里米亞戰爭結束之後，關懷祖國大局的屠格涅夫卻把心思放在法國，特別是與寶琳分開已經過了三年。1856年7月，他在取得出國同意書之後，預訂搭乘郵輪由聖彼得堡前往倫敦，再轉往巴黎。此時他的心情一方面興奮於即將與寶琳以及在法國成長的非婚生女兒小寶琳重見歡聚；但另一方面又害怕這兩位他所鍾愛的女人，能否回報他愛情和親情，讓他重溫舊夢？

　　1856年7月中旬搭船重返西歐的屠格涅夫，經過斯特丁、柏林抵達巴黎，他又朝聖似地抵達法國的庫塔維內爾鎮（Courtavenel）韋雅朵的豪宅。這是滯留俄國六年來首次再與韋家大小見面（在莫斯科私會寶琳不包括在內）。這次見面既高興又憂傷，因為最先寶琳對他友善、親熱，讓他白天與其丈夫打獵，晚間與她幽會；音樂歌唱、打牌的享受使他覺得「每日都是上帝的賜禮」。但憂傷的是寶琳只顧其事業，對屠氏偶爾給予母愛式的關懷，而不是像熱情的吉普賽女人主動的獻身。屠格涅夫一生因為母親和寶琳這兩個強悍、霸氣的女人在支配他，使他喪失獨立的意志，變成沒有性格的男人。這是導致人在法國仍覺孤獨無依的原因。這點更增強他對俄國故鄉的想念（Troyat 1991: 55-56）。這是鳩占鵲巢，或稱鳩鵲同巢，寄人籬下的悲歡憂喜（Cruise 2015）。

韋雅朵在庫塔維內爾的農莊，以及後人的紀念門牌

　　他於1856年8月離開俄國，在歐洲居留長達三、四年，其間一度又返回俄國住了一年之久，最後於1861年5月重新返鄉。以當時交通狀況不佳（聖彼得堡至柏林的鐵路尚未通車）來加以衡量，這種在歐洲大城小鎮的流轉跋涉是相當辛苦和不適的，可是他卻習慣於異域的飄泊生活，樂此不疲。這次他先抵達倫敦（第二次訪英），休息一個月後再赴巴黎；又為了與寶琳一家聚首，走訪

韋雅朵在庫塔維內爾的莊園。之後，花半年時間暢遊義大利，主要在羅馬停留較久。之後，又去維也納和倫敦，而於1958年6月返俄。在返俄期間，分別在施帕斯科耶和聖彼得堡之間居留。在俄國只停留一年，他又離開祖國再度赴歐。1960年5月他又做了一次長遠的旅行，包括赴德國療養地索登（Soden）、法蘭克福養病，以及三度訪問倫敦。抵達巴黎停留一年，於1961年5月經由慕尼黑和柏林返國。

位於巴黎近郊的庫塔維內爾（Courtavenel）有路易與寶琳及其子女的愛巢。屠格涅夫以第三者的身分居住於此，自得其樂。
"Votre femme, je ne dirai pas qu'elle est grandiose; à mon avis, la seule cantatrice au monde." Ivan Tourguéniev à Louis Viardot, 1843. 伊萬寫信給路易說：「你的夫人我不敢說是何等的優容華貴，卻是全世界唯一傑出的女歌唱家」。

韋雅朵夫婦位於巴黎近郊庫塔維內爾莊園的豪宅，也是伊萬落腳的地方

　　屠格涅夫頻訪倫敦是由於英國人對他文學才華的賞識。在1857年訪英期間，對他欣賞的人有政界人物，包括關懷藝文界的政治家米爾尼（Richard M. Milnes, 1809-1885）、蕭·列費扶（Charles Shaw-Lefevre, 1794-1888）和文化界菁英如卡萊爾（Thomas Carlyle, 1795-1881）、薩克萊（William M. Thackery, 1811-1865）、麥考利男爵（Thomas B. Macaulay, 1800-1859），史學家葛羅特（George Grote, 1794-1871）等名人。他也藉此認識英國政治、社會、經濟和文化方面的進步情況。他也在友人介紹下赴德比（Derby）、漢普夏（Hampshire）等城了解英國鄉紳豪華宅第的生活方式。返回倫敦後，他一度參觀英國西敏士特國會殿堂的開會情況，讚賞國會的莊嚴和樸實，他在給寶琳的信上寫著：「參觀者不難體會這個偉大帝國的心臟以及其歷史不衰的緣由」。

米爾尼　　蕭・列費扶　　　卡萊爾　　　薩克萊　　　參考利

　　滯留倫敦的一個月中，他也與老友赫爾岑和韋雅朵友人主張社會主義的繆勒・斯特律稟（H. Müller-Strübing）暢談。隔了一年（1858年）他在米爾尼的邀請下，參加英國文學基金年會之聚餐，得有機會見到首相帕梅斯敦和300名英國文學工作者和愛好者。他讚賞英國人「有力、堅毅和有效率」。這可以說終屠氏一生，他對英國人採取了「批判性的讚賞」（critical admiration）（Schapiro 127），這大異於他對巴黎的嫌惡，他不喜歡花都的喧囂和浮華，尤其討厭年輕作者缺乏創作能力，也不具批評的精神，只靠吹捧別人來相互取暖。在他心目中巴爾扎克只是一名民俗者，談不上是一位藝術家；拉馬丁只會呻吟哀號，雨果發出的無非高亢的顫音，就算聲名遠播到俄國的喬治・桑，也只懂閒聊胡扯而已（Yarmolinsky 1959: 153）。在討厭法國人及其作家之時，唯一的例外為福樓貝（Gustave Flaubert, 1821-1880）。在給托爾斯泰的信上，他說英國人「羞澀但不傲慢，不善表達和展示自己」。但儘管有此瑕疵，英國人仍舊是「世界偉大的民族〔之一〕」。他在英國人的性格中找到「容忍」，他認為這是英國人最大的美德。在一次英國人討論巴黎公社的研討會上，屠氏發言對英國人不譴責巴黎暴亂的原因，是導源於英人不怕革命的緣故（II: 327-328）。

　　寶琳一家人和伊萬的女兒小寶琳歡聚在一起，是他這次旅歐最快樂的時光。他向友人薄特金（Botkin）透露：「我在此有如居家的感受，享受心靈的輕鬆與寧靜」。在韋雅朵家裡，他們高聲朗誦詩歌、小說、書信，又有他最心儀的貝多芬經典音樂作伴。在多年後給寶琳女兒珂露娣（Claudie）的信上，屠氏透露這些日子是他一生最快樂、最幸福的時光。

　　在歐洲停留的那三、四年間，除了有上述最快樂的日子之外，屠氏卻常陷入憂悒的深淵中。原因是他一直擔心膀胱炎會不會再發作，由此形成他終生的憂鬱症。此時他常懷疑自己是否可以文學為志業，自己有無真正的文學才華，能否達到文學最高的境界。《魯金》的體裁、形式並不令他覺得滿意。1857年

6月至7月期間撰寫的《浮士德》，和1857年夏天所寫稍長一點的小說《阿霞》之外，幾乎沒有其他可稱道的作品，為此他向其好友薄特金坦承：他無力寫作。在1856至1857年間的通訊中也感嘆「因生病之故」，寫作維艱。他患膀胱病固然是原因之一，但其真正原因可能是他正經歷身心與道德危機的沮喪期，或稱40歲早衰的男性更年期，這是他在給安念可夫的信上所透露的。

《浮士德》不同的英譯本　　　　《魯金》　《前夜》

　　其他的原因還包括寶琳對他態度的改變，也就是1856年屠氏滯留法國之時，她表面上與他維持友情，但是兩人相會次數卻減少。儘管屠氏向安念可夫說寶琳是世上他唯一摯愛的女人，也是他永遠愛慕的對象。寶琳態度的改變是否與1857年7月生下一男嬰保羅（Paul）有關？是不是因為寶琳於前年與丈夫重拾舊歡，而有這個寶貝兒子的出世？還是由於她與屠格涅夫於1856年11月在法國祕密相會，因之有一謠傳保羅的生父為屠格涅夫。政治學者與傳記家沙皮羅（Leonard Schapiro）也不敢肯定地下結論（Schapiro 130）。但有人說保羅的外貌似乎有點像屠格涅夫。不過屠氏對這個男孩興趣不大，反而特別鍾愛乳名為Didie的珂露娣（Claudie），因為此女像極寶琳之緣故（Prittchett 1977: 112）。在寶琳大宅第，他常與三個女孩和自己的女兒以及另一個男孩玩遊戲，也常講故事給他們聽，甚至以繪人像來取悅大家。顯然愛好藝術的伊萬在熟諳美術之外，也多少懂得繪畫。

　　可是在致女伯爵藍伯特的信上，屠氏坦言在滯留巴黎期間，他並不覺得快樂，也沒碰上可敬可愛的法國作家。對他而言法國人「冷酷、小氣和世俗」，他之所以滯留在巴黎是要靠近寶琳及其一家人；另一個原因也是探望搬到巴黎居住的女兒小寶琳。

　　不過除了韋雅朵一家和小寶琳之外，他在巴黎最大的吸引力就是與俄國

西化派留法菁英碰頭歡聚。因爲此時的巴黎已取代早期的柏林，成爲俄國知識份子朝聖的麥加。這包括德盧日寧（Druzhnin）、聶可拉索夫（Nekrasov）、龔恰洛夫（Goncharov）、費特（Fet）、薄特金（Botkin）、特路貝次可伊（N. I. Trubetskoy）親王，音樂評論家梅爾古諾夫（N. A. Melgunov）和另一親王歐洛夫（Nikolai Orlov）等人。這也是他首次遇到遠親同姓不同名的屠格涅夫（Николай Иванович Тургенев; N. I. Turgenev, 1789-1871）以及其妹克拉拉（Klara）。這位遠房的親戚曾經涉及1825年十二月黨人的起義，爲躲避迫害而移居巴黎。這位遠房叔父是自由派改革家，主張解放農奴。他比伊萬年長29歲，這對一老一少的兩位屠格涅夫卻相處融洽，其友誼維持終生。

韋雅朵唱歌的模樣

韋雅朵的魅力

Nikolay Ivanovich Turgenev was an early Russian economist and political theoretician who gained renown for his Essay on the *Theory of Taxation* (1818) and *Russia and the Russians* (1847). A relative of the novelist Ivan Turgenev, Nikolay co-founded several reformist societies, notably the Northern Society of the Decembrists.

同姓不同名的遠房叔父

龔恰洛夫與屠格涅夫

托爾斯泰和屠格涅夫

　　在巴黎，屠氏也碰見來訪的托爾斯泰，兩人瑜亮情結未因爲通訊而消除。不過此時的屠氏倒是觀察到托氏變得更爲親切與友好，這是1856年12月之事。次年8月，兩人又在巴登溫泉區碰頭。由於托氏豪賭損失錢財，以及其妹妹婚事出問題，所以在屠氏奔走募款借貸下，托氏得以脫身返回俄國。在巴登附近萊茵河畔的小鎮辛濟希（Sinzig）屠氏與托爾斯泰的兄長尼古拉同住一所民宿。後者生活儉樸，對待下人十分眞摯，使屠氏深爲感動；但不久尼古拉因病死在法國，令伊萬更感受死亡的驟臨與人生的無常。

　　托氏這次訪問人在巴黎近郊韋家莊園的伊萬，姿態放低的原因，除了後悔之前的莽撞輕浮之外，也希望從屠氏口中知道其兄臨終前的情狀。其後伊萬與列夫（托爾斯泰的前名）兩人的碰頭都在俄境，因兩人性格迥異、趣味不同，因此都把對方看成愛表現的虛榮者，因而其交往始終處於緊張狀態下。列夫・托爾斯泰批評伊萬不該把女兒送到國外接受教育，又對保姆的照顧方式持不同看法，遂激發兩人大吵，甚至揚言決鬥。最終（1861）友誼宣告破裂。此一恩怨直到伊萬病危臨死前，列夫前往病榻探視才算和解。

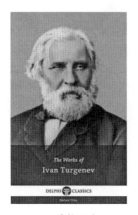

屠格涅夫　　　　　　托爾斯泰

　　在1856年兩位俄國當代文豪碰面時，屠格涅夫曾經對托爾斯泰說：「你的文學創作指向未來，我的成就卻建立在對過去的回憶」。這話使英國批評家認爲讀者在閱讀托翁的小說時，彷彿在體驗時事，與時並進；反之，屠氏的著作則是陳年老事的回顧，有船過水無痕之感。事實上，與托爾斯泰或杜思托耶斯基的文學造詣相比，伊萬不無自卑不如的憾疚。這一生他都生活在狐疑、失掉自信的心態裡，懷疑自己具有大文學家的才華。他對自己剛脫手的文稿信

心不夠，要經友人輪番閱讀和提出修改意見，才敢投稿。稿件發表後聆聽各方意見，很在意負面的批評。很多次他打算放棄寫作，遠離文壇，要不是有其他文藝界的有力人士如貝林斯基、福樓貝、安念可夫，尤其是他崇拜愛慕的韋雅朵女士的鼓勵支持，他不可能繼續創作下去，儘管他贏得「彬彬有禮的天才」（The Gentle Genius）的美譽（Berlin 1983）。

屠格涅夫在1850年把女兒送到韋雅朵寓寄養，當時她只是一個8歲的女童。屠氏此次來到巴黎，女兒小寶琳已是14歲的少女，也是一個叛逆的年輕人。在其後四、五年屠氏走訪法國時，這個叛逆的少女花掉其父不少的匯款。不過向來輕財重義的伊萬，在致女兒的信上一再表露身為父親的關愛。這次（1856）巴黎的停留，讓屠格涅夫看出女兒的真面目。

在與女兒通訊（1856-1861年間有四十八封存留下來）中，屠格涅夫表現了作為父親對流落異域的女兒之關懷。信主要用法文寫成，因為小寶琳自8歲起便寄居韋雅朵家，學習法文，對母語俄文幾乎淡忘，乃至無法說出任何一句簡單的俄語。她是一位自我中心者，帶有幾分虛榮，只喜歡衣著光鮮與集會歡樂，不關心所學的課業。因為嫉妒其父對寶琳痴情，偶爾發怒嬌嗔，卻引不起父親更大的注意。對小寶琳法文拼字的錯誤，或是不認真上課，屠格涅夫偶爾也會責罵。在1859年的一封長信中，他指責她對關心她的人（父親和韋家，尤其是寶琳）居然嫌囉嗦，令人難過。信中雖有責備但仍有充滿父愛的詞句，甚至在十天後補寄的信中，還向女兒說抱歉。

在給摯友藍伯特夫人的信上，屠氏指出父女不睦的原因還涉及女兒不喜歡詩詞、音樂、動物（特別是「狗」），他把她譬喻成其小說《前夜》中的保加利亞人，也是書中的男主角殷沙諾夫對文藝與寵物的厭惡。

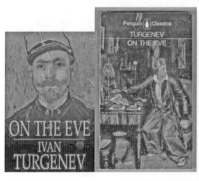

不同的《前夜》英譯本的封面

　　1857年10月屠氏重遊庫塔維內爾寶琳的莊園，然後與薄特金同遊馬賽、尼斯、熱那亞，再前往羅馬。這時透露他不想在歐陸定居的意思。事實上在1856年年尾，他於致托爾斯泰信上表達沒有「窩」的痛苦，打算離開歐陸返俄久住。他寫：「一旦回鄉，我就要與目前的幸福說再見」。但他沒有馬上動身返鄉，改去羅馬，正是企圖藉永恆之都的壯麗古蹟，讓他完成《阿霞》這一篇美麗動人的小說，以及構思《貴族之家》（《擁有土地的鄉紳之窩》）的長篇小說。羅馬之行也讓他欣賞拉斐爾、狄梯安等人的繪畫和雕刻。他對繪畫、藝術的酷愛表達在《前夜》和《春潮》兩作品中。此時在致寶琳的信上，他卻埋怨韋爾第的劇作和音樂不但沒有提升品質，反而有趨向淪落之感，這反映他音樂品味有異於常人之處。

　　1856年3月新沙皇亞歷山大二世登基，主要的新政便是籌思推動社會改革，而社會改革的初步為農奴的解放。雖成立新政推動祕密委員會，工作卻遲緩拖延，直至1861年2月，在經多次諮詢委員會的建議中綜合成農奴解放條規。但對解放後的農奴可擁有多大土地、如何補償地主等棘手問題卻爭論不休，沒有共識。

　　激進份子像赫爾岑和車尼雪夫斯基，最先支持沙皇由上向下推動的農奴解放辦法，但經由五、六年的努力，這一改革效率不彰，使得他們喪失對政治改革的信心。赫爾岑勉強支持和平改革，但車尼雪夫斯基和多布洛流柏夫則公然倡言革命。他們的主張公然出現在《當代人》雜誌上，矛頭主要針對倡言由上而下改革的自由派人士；另一指責對象則為保守派和反動派的地主、鄉紳和官僚體制。

沙皇亞歷山大二世（1818-1881）農民聆聽農奴解放宣告

　　人在羅馬的屠格涅夫也得知關於農奴解放相關的討論文告。因之，他在1857年，會同居留羅馬的俄國人討論農奴解放的政治和社會等主題。一向主張

農奴解放的沙皇姨母巴夫羅娃（Elna Pavlova）女親王與開明羅斯托夫澤夫（Y. I. Rostovtsev）將軍也在此時現身羅馬，使屠格涅夫有機會與自由派皇親國戚見面討論。配合留義自由派俄人成立一個新雜誌，討論農奴解放議題，屠氏起草一份計畫書，卻引發爭議，原因是它的觀點與圍繞在沙皇周圍的自由派謀臣的主張相似。他的論點是認為沙皇改革的目標是真誠的；但反對者，特別擁有土地的鄉紳，多數誤會與不解好意。新雜誌因此胎死腹中。但在巴黎出刊的《北方》（Le Nord）雜誌上屠氏發表一篇文章，反駁有人誤會親俄派人士反對改革。

其母1850年逝世後，屠氏與其弟弟分領遺產，包括土地與農奴。在施帕斯科耶莊園他擁有2,000名農奴。家中的奴僕早被他解除農奴的身分，而成為家中的傭人。不過比起在田莊附近的農奴來比例仍舊嫌小。換言之，他仍用大量遺留下來的農奴從事耕作和收成，而沒有付工資給他們。當1861年解放條規發布後，屠氏為去掉農奴主子的惡名，便率先把農耕奴隸以*оброк*（obrok）的體制，讓農人耕種土地，每年只繳租金。此外，還可以自行在市場上出售產品，賺取販售產品的所得。1858年春，屠格涅夫返俄後，積極要解決他名下的產業與農奴，而放棄再被尊稱為*помещик*（pomeshchik）或*барин*（barin），也就是「農奴主人」的稱呼。1860年2月在給遠房親戚同姓的屠格涅夫（N. I. Turgenev）的信上，他說分給農民付租的土地每1俄畝（2.7英畝），租金每年為3盧布，另外給遷居他村的農人提供建屋材料，而農奴大多接受此一安排。

1858年6月3日，在倫敦俄國駐英大使館的例行宴會上，碰見俄國文學界最嫉恨的法國賀克連（Baron G. D. Heckeren）公爵。此君在聖彼得堡擔任武官時狂追普希金美麗的妻子，導致與普氏決鬥，並把後者殺傷而死。碰到這個法國卑鄙的貴族，照理屠格涅夫應掉頭就走才對，但他仍全程參與宴會。這與他怯懦的個性，避免大動作引人注意的心態有關。有可能是他認為這個狂人的出席表示對俄國官方污辱賤視，也可說屠氏藉此對圍繞在普希金周圍的反動派（而偏偏又標榜自由主義者）的不滿之表示。

《前夜》（*Alla Vigilia*）義大利文譯本封面

《前夜》英譯本

與《當代人》編輯群的
來往與絕交

第九章　與《當代人》編輯群的來往與絕交

- 《阿霞》刊出後反應兩極
- 車尼雪夫斯基鼓吹「新人」
- 滯留祖產莊園的十多月戀慕藍伯特女伯爵
- 《貴族之家》（《擁有土地的鄉紳之窩》）的寫作
- 死亡、恐懼、命運、神祕、幻思成爲小說主題
- 《父輩與孩輩》（《父與子》）的構思
- 《前夜》的出版同兩種性格對照
- 屠氏解放農奴建議要點

　　1858年6月，屠格涅夫經由海路返回聖彼得堡，再經陸路回到施帕斯科耶莊園。他在此地停留了十個月，努力寫作，此時他好像已經克服文思枯竭的創作低潮。他把在羅馬完成的《阿霞》交給《當代人》雜誌發表（1858年1月），另把〈寄自國外首封信〉交給新發刊的《阿切內》（Atenei）雜誌發表，本來要繼續發表第二封、第三封的系列書信，卻因故中斷。《阿霞》刊出後反應兩極，托爾斯泰表示不喜歡這個故事，但就文學的表現而言，卻不失為一篇傑作。這個作品代表作者又回歸文學，不再對文學創作失望，甚至絕望。從文稿的再三修改、補充、潤飾等功夫，看出作者對此文極為用心。顯然這是一篇無關社會政治、民生的力作，只道出男女主角巧遇、戀慕、欲迎還拒的愛情悲劇而已。故事裡頭又多了女主角同父異母的哥哥，使三角問題更趨複雜。但三人心理的刻劃和解析卻十分細膩，使戲劇性更為加強。車尼雪夫斯基認為它是俄國激進思想發展中的里程碑。這種評論深獲其後革命者（包括列寧在內）之讚可。

施帕斯科耶莊園的宅第

Turgenev's *повесть* (novella) *Asya*, of 1858, has a Rhineland setting. Asya, the illegitimate daughter of a Russian landowner, is travelling abroad with her half-brother. The narrator falls in love with her, but cannot bring himself to propose marriage until it is too late. Asya with her half-brother has gone.

《阿霞》英譯簡介

　　事實上，這本著作反映了作者對1840年代流行的剩人的看法及抨擊。這些受到社會背景的影響，只動口不動手，只會空口說白話，卻猶豫不前、缺乏決心和行動的時代廢人、剩人，是造成俄國社會死水一灘的主因。為此緣故，車尼雪夫斯基乃為1860年代和1870年代鼓吹「新人」的誕生，以取代「剩人」的式微。在此所謂的新人應當是起而行，有決心、有氣魄，肯身體力行的革命激

進份子，它是屠氏心目中的唐吉訶德，以取代1840年代和1850年代的哈姆雷特（剩人的代表人物）。也因為抨擊剩人，迎接新人，車氏與多布洛流柏夫發出賤視自由主義者的聲音，認為他們只會替權貴由上向下的改革盡力，而忽視廣大民眾，特別是農奴的貧苦。這間接批判屠格涅夫的人格與作品。

停留在祖產莊園的十個多月裡，屠格涅夫心情愉快，身體病痛減輕，健康狀況改善，他也經常到莊園附近打獵，享受自然的清新。另外，他與鄰居的友誼也逐漸恢復，包括後來替他管理莊園的詩人費特（Fet）。不過他發現費特不像從前勤快精明，莊園在費特的經營之下，收成不佳。屠格涅夫注定無法從莊園的收成獲取利潤。

在莊園重溫舊夢的屠格涅夫，其後數年間與他往來比較密切的女性為藍伯特女伯爵，其夫為沙皇的襟尉，她可以說是聖彼得堡官夫人圈裡頂尖的人物，宗教信仰虔誠又致力行善。她小屠格涅夫3歲，與屠氏通訊始於1856年，一直到1883年兩人皆逝世為止，長達十七年之久。他們的相識於1858-1859年冬天，當屠氏決定在莊園避寒之際，兩人無所不談，連同他對寶琳的愛情也向她傾訴。他倆的關係是*Une amitiè amoureuse*（戀慕之愛）。在通訊中流露女方對屠氏的仰慕情意，不過兩人的關係似乎未超越友誼的界線，因為女伯爵終其一生都是一個賢妻良母、虔誠教徒。事實上兩人彼此可以交心，但未逾越男女的界限。

《貴族之家》（《擁有土地的鄉紳之窩》）這一小說可以說是屠格涅夫與女伯爵重逢深談時期的作品。此書背後潛藏的宗教意味濃厚，就是屠格涅夫受到女伯爵信仰虔誠影響的表現。女伯爵自小就是一位東正教的誠摯信徒，她成為屠氏小說女主角的寫照。這段交往的日子應當是他一生中對宗教採取嚴肅思考的時期，儘管他所崇拜的神明乃為維納斯這一美麗的文藝之神。1858年復活節，他首次進入教堂參與禮拜，而深受感動。他幾乎終生對宗教採取遲疑的態度，因為這不是他專注與興趣的所在。在1861年11月底，他給藍伯特女伯爵的信上，坦誠自己是個缺乏信仰的人，發現人生一無所得，然後提及死亡。他寫著：「死亡的自然屬性超過了害怕，主要的原因是死亡無預期地突然降臨，只有宗教可以克服這種害怕。不過宗教應當變成人類自然的必需。凡是擁有宗教信仰者將會坦然面對、或避免以驚慌失措的眼光去看待死亡」。

"Death is like a fisherman who has caught a fish in his net and leaves it for a time in the water: the fish still swims about, but the net surrounds it, and the fisherman will take it when he wishes."
– Ivan Turgenev, *On the Eve*
「死亡像漁夫張網捕魚，讓魚兒在浸水的魚網中自由浮沉。不過魚兒的四周都是網子，一旦漁夫興之所至，可以從水中把網子高舉，魚兒的生命便告完結」。
——取自屠格涅夫作品《前夜》

　　提到死亡，令人想到屠氏最重要的著作，如《父輩與孩輩》、《初戀》、《魯金》、《前夜》、《珂拉拉‧米麗琪》（《死後》）、《鬼魅》等男女主角的死亡做結局，而這一人生終局的形塑無不和命運、愛情有關。是故死亡、恐懼、命運、神祕、幻思和屠氏的愛情小說緊密連結，也是他的哲思與人生觀的寫照（Asma 2010; Kellog 1993）。屠氏後半生活在死亡陰霾的恐懼之下，因爲他患過肺病、霍亂與膀胱宿疾、脊椎骨痛、風濕，但最重要的是經歷他所敬重的俄羅斯三大文豪英年早逝（普希金和列蒙托夫死於決鬥；戈果爾死於絕食）。而與他交好的施坦克維奇、仰慕的貝林斯基，還有多位他讚賞的年輕文學工作者大多英年早逝，使他哀嘆生命的脆弱、人生之無常。

　　《貴族之家》　　　女主角麗莎　　聲譽日隆的39歲之屠格涅夫

　　讀完帕斯卡（Blaise Pascal, 1623-1662）的《思想錄》（《沉思錄》）之後，屠氏認爲此書是令人震撼、引人傷心的作品。書中提供的宗教觀是一帖苦口良藥，也讓人放棄世上一切珍貴之物。宗教不是知識可以接受，但卻是痛悔求取赦免的心態。基督教把人的信仰轉化成狹隘的、狂熱的個人罪惡之赦免的道理，無異於轉化成人自私自保的學說。這點與常人的性格相反。

　　顯然帕斯卡的想法此時已滲透到屠氏的宗教觀之上。其後《父輩與孩輩》（《父與子》）書中男主角無神論者巴札洛夫對個人在宇宙中的渺小，引發對宗教救贖的絕望，從這點看出帕斯卡（也是此時屠氏）的觀點，認為：比起宗教的慰藉，人類種種反思冥想顯得空洞與無用。屠氏對宗教持懷疑的態度，從他寄給好友兼畫家朴隆斯基（Яков Петрович Полонский; Yakov P. Polonsky, 1819-1898）的兩篇祈禱文，可以看出他因患膀胱炎病魔纏身而求神明保佑，以及身體復原後對求助神明的無力感和懷疑。這也表明他難以接受宗教信仰的心路歷程。

　　在這種情況下，屠氏完成了《擁有土地的鄉紳之窩》（《貴族之家》）、《前夜》和〈哈姆雷特與唐吉訶德〉新作品。這些作品他坦言屬於「純藝術」之著作，不涉及政治和社會大事。事實上這批著作是時代氛圍——特別是農奴解放的前夕下——的作品；也就是他在一方為擁護沙皇新政的改革派自由主義者的想法，和另一方主張採用激烈手段包括革命的急進派之間，無法找出第三條道路的困惑。

屠氏晚年好友畫家兼作家的朴隆斯基　　　　　案牘勞形的屠格涅夫

帕斯卡《思想錄》原著及其中譯本和德譯本

　　在《前夜》出版的同時，他也刊出講稿〈哈姆雷特和唐吉訶德〉一文。此一演講稿以簡單對比的方式，指出兩篇故事（戲劇與小說）的主角所代表的不

同人物性格。唐吉訶德代表一個不屈不撓的革命者之言行，哈姆雷特則爲前面所提「剩人」的先驅。

　　這兩種人類的典型在現實社會中難以尋覓，只能說是一種「理念類型」（韋伯所說的*Idealtypus*；Ideal type）而已。唐吉訶德對眞理有信心，爲了追求其理想不惜遭逢失敗挫折。他的理想雖然充滿幻思、夢想，甚至幾近瘋狂，其心意卻是純樸與眞摯，顯示了意志的堅決和力量。反之，哈姆雷特是一位以自我爲中心的悲劇性人物。他經常關懷的是他的處境，他對任何事物，包括他自己心生疑惑、躊躇不前。他被其父的鬼魂所羈束，一心一意要報復，但生性猶豫、膽怯、疑慮，最後居然在意外中殺死篡位的叔父，等於替冤死的亡父報仇。

　　《唐吉訶德》及其荒謬行徑　　　　　　　《哈姆雷特》及其懦怯本性

　　屠氏評論哈姆雷特的性格時，指出：「凡是只用心機計算行動得失的人，是無法做出任何犧牲的動作」。唐吉訶德尊重業已建立的社會秩序、宗教信仰與政治制度，但也尊重別人的信仰、做法，可以說是有很大容忍精神的人。對照之下，哈姆雷特對君王詆毀，斥責宮庭臣僕，既不寬容，更顯暴虐，經常易怒懷怨，而不抱希望。唐吉訶德堅信自己最終的勝利，他的怪異行徑，雖屬可笑，卻促成人群向前行進。最後，屠格涅夫稍微收斂他對哈姆雷特的批評，特別指出哈姆雷特雖然優柔寡斷，卻也在教育僕人霍拉秋（Horatio），使僕人獲得自我成長與發展的機會。

　　儘管唐吉訶德無法辨識眞實與幻相之不同，而做出愚蠢可笑的傻事。但進一步思考，有幾個人眞正懂得分辨實在與理想？最重要的是展現意志的眞誠和信心的力量，至於採取行動的後果只好等待命運來裁決。後果會顯示我們的行

動究竟是對抗幻想，還是對付眞正的敵人。我們的任務只是起而行之，勇敢去奮鬥而已。

結尾指出，兩人對死亡的看去，無論是行動失敗者的唐吉訶德，還是不採取行動的哈姆雷特，兩人在生的言行，皆可以歸結到善良、仁慈和服從。

　　屠格涅夫的《浮士德》英譯本　　　　歌德的《浮士德》

　　就像《浮士德》這篇簡短的小說開頭所引歌德原作一句話：「該斷念之時（entbehren），就要斷念」。在適當時機斬斷情絲，才不會導致所愛的人受苦、甚至殞命。如今在《擁有土地的鄉紳之窩》中，故事的男主角也展示這種「斷念」的美德，對愛好虛榮的太太的寬容，以及對純潔善良的遠房表妹的摯愛之捨棄，把個人的愛恨置之度外，而善待其土地管轄下的農奴，成爲鄉下模範地主。女主角麗莎的忠貞不渝、犧牲貢獻，也成爲屠氏諸小說中女主角群（所謂的「屠格涅夫的女娃」）一個突出的楷模。難怪此一小說深獲廣大女性讀者的讚賞。與此相比，讀者對《前夜》的反應則大爲不同，甚至導致他與《當代人》雜誌社社友的磨擦，終至絕交的地步。

　　《前夜》這小說的書名被誤解爲屠格涅夫在暗示俄國反抗外軍（土耳其）的侵略，同時也是人民愛國意識高漲，甚至革命份子即將號召國人反抗沙皇暴政的起義之前夕。其實它是表示俄國農奴解放之前夜，因爲在1871年通訊中，作者揭露此小說出版之時（1860），剛好爲農奴解放的前夕。從而說明作者關懷的是改革、改良，而非革命。他認爲革命的勇敢和犧牲精神值得讚揚，但對他們鼓吹階級鬥爭不表贊同。這個時候的屠氏致力的目標，在團結俄國上下，專注農民解放，使作爲整體的俄國能夠在積弱數百年之後重新振興，而與西歐先進國度並駕齊驅。

屠氏的《浮士德》開頭引用歌德原著中的一句話：「你該斷念之時，就要斷念！」（Entbehren sollst du, sollst entbehrren.）引自歌德德文著作《浮士德》（Faust）第一部分。

　　《前夜》書中男主角保加利亞人殷沙洛夫絕非俄國革命家，愛他而獻身的女主角艾麗娜更非女革命者。屠氏描寫女主角忠誠、犧牲，為理想而不惜失去家庭，失去祖國，隨著所愛的人前往異域受苦受難；最終以服務革命軍和反抗者的戰地護士身分，失掉了祖國俄羅斯與貴族家庭的連繫。就其無私的貢獻、堅決的意志、理想的追求而言，女主角艾麗娜與《貴族之家》的女主角麗莎都是同樣堅貞勇敢、忍受折磨苦難的女性典範，她們無疑是屠格涅夫最欽佩的義大利建國先驅加利保迪之夫人（Anita Garibaldi, 1821-1849）的縮影，都是對一個志業的堅持擁抱至死不渝的典範。

克里米亞戰爭發生時為《前夜》的背景與原稿

巴西裔義大利開國元勳加利保迪夫人

　　但是，與屠氏私交密切的藍伯特女伯爵則不做此想。她在看完稿件後，甚至與夫聯袂拜訪屠格涅夫，斥責此一小說，批評作者對女主角的「女性」塑造不夠鮮活，缺乏深刻描繪，是全書的一大敗筆。這種批評一度刺激屠氏想把全稿毀掉，幸有好友安念可夫（幾乎屠氏每一著作出版前都會交給他審視，提供

意見）的勸阻，此一小說才能出版與讀者見面。這些偉大女性之具有唐吉訶德的性格，為理想不計毀譽，剛好與屠氏筆下男主角的木訥遲疑、瞻前顧後，少有驚人的動作等等，成為鮮明的對比。

對《前夜》一小說的出版，當代人的反映參差不一，褒貶兩極。托爾斯泰認為該書劇情太平凡與媚俗（banality），不知所追求者究竟為何。薄特金則大為讚賞，認為書中充滿詩情畫意，可以補償理念不夠深沉的缺失。批評者或是對男主角殷沙洛夫性格描繪不足，或對艾麗娜的絕情與失德（拋棄父母、鄉情與其他追求者的友誼）大為失望。顯然作者致力於剖析男女主角和其親友的社會心理及其表現，而疏忽了他們所處的社會環境與社會關懷的解析。此外，這篇小說是在其鄰里無法成名的年輕人的舊稿上，由屠格涅夫改寫而成，除了女主角的堅毅形象刻劃清晰之外，看不出男主角的英雄行徑，這是這本書的瑕疵之所在。

不同版本的《前夜》英譯本

《前夜》本來是要交給《當代人》雜誌發表的，因為伊萬在1856年就表示今後的作品都要由該雜誌刊載。後來，卻由於該雜誌社改組，屠氏與編輯人員意見不合，使這部新稿改由卡特可夫（Mikhail Katkov）所主編的《祖國年鑑》於1860年年初刊出，這代表屠格涅夫與《當代人》之前的合作關係中斷，甚至反目成仇。

《當代人》雜誌社辦公室為聶可拉索夫的住屋，讓另一編輯帕納耶夫及其家眷同住。這兒成為愛好文藝的人士談天論地的集會所。當伊萬在1858年從國外返鄉時，發現氣氛不對。在那裡他碰見一個曾經發表不少評論短文的年輕人車尼雪夫斯基，此君曾對文藝和美學有所評論，坦言不喜詩詞和音樂，他揚言要把繆思（文學之女神）轉化為改革社會的推手。對此伊萬極感憤怒，車氏讚

揚戈果爾，屠氏則美化普希金。車氏後來雖修改其偏激觀點，但與伊萬的文學觀有基本的不同，彼此的敵意難消，這也種下屠格涅夫與《當代人》諸編輯和投稿人的疏離和絕裂（Yarmolinsky 1961: 179-179）。

　　批評《前夜》這篇小說最激烈的人，應當是《當代人》雜誌社的多布洛流柏夫以及車尼雪夫斯基。該雜誌社編輯部的人員，經常聚會、飲宴和評論，正如前面所敘述。他們的友情源自於出身背景相似（貴族子弟），人生觀與世界觀一致，對文藝的喜愛相同，更重要的是對貝林斯基的景仰。即便是後者逝世（1848）之後，這份對貝氏的尊敬和懷念，讓其創立的雜誌依然維持不墜。但這種熱絡的友情關係隨著車尼雪夫斯基1855年進入編輯部，以及1857年其得意門生多布洛流柏夫加入該社，成為主要的評論家之後，情勢有劇烈的改變。車氏不失為文藝的誠摯追求者，但多氏則為憤世嫉俗狂熱的革命份子。由於出身低微，他對擁有土地的鄉紳兼作家的屠格涅夫一開始便懷有敵意。

　　此外，前面所提龔恰洛夫出版其名著《歐布洛莫夫》（Oblomov）時，剛好屠格涅夫也出版了《擁有土地的鄉紳之窩》（《貴族之家》）小說。後者的轟動使前者失色，這也是引起龔氏嫉妒懷恨的原因。他甚至以其著作男主角歐布洛莫夫的慵懶來嘲諷屠格涅夫在做歐氏的幻夢，這是貴族之夢：貴族言談優雅、品味高超、批評精彩、著作迎合時尚。貴族有閒暇，能在一年之間創作好幾部長短篇小說，但相對的龔氏在案牘勞形之餘，則要花費數年的時光才能寫出一部像樣的作品（Pritchett 1977: 133-134）。

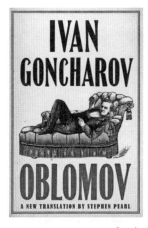  

《歐布洛莫夫》及其作者龔恰洛夫

　　年近48歲的屠格涅夫，其文學才華與成就終於獲得俄國學術界的承認。他於1860年12月29日被皇家科學院選爲準（通訊）院士。這無疑是對其文字工作的輝煌成績之肯定。

　　接著他聯合一批社會改革的開明士紳和貴族，籌組一個「識字和基本教育推廣協會」，俾幫助無知的農奴認識文字、接受基本教育和增廣知識。但籌辦工作得不到有權有勢的上層社會之貴族、地主、知識份子眞心的支持，整個計畫最後胎死腹中。

　　儘管沙皇解放農奴的方向在1860年年底業已決定，屠氏也有機會預聞官方的想法和做法，他仍起草一份呼籲書上呈表面上贊成改革的沙皇。這篇上書包含六點：一、徹底取消體罰農奴；二、是非曲直由法庭公斷；三、政府每年公告預決算，並接受檢核；四、地方（省）議會的活動空間應擴大；五、縮短服兵役年限；六、寬待宗教異議份子。這些被西方國家幾乎或多或少載入憲法或人權宣言的政治主張，在專制獨裁、愚昧落後的俄羅斯，還被視爲極端危險的想法。起草上書的屠氏知道在俄境之內找不到幾位敢簽名的支持者，遂把請願書託人帶到海外先徵求赫爾岑的簽字。流放倫敦的赫氏懷疑送信者爲俄國祕密警察，於是拒絕簽名。由於信差嚴守承諾，沒有透露這封請願書的作者，因此無法證明赫氏的疑慮是必要的、愼重的。做事一向膽怯小心、瞻前顧後的屠格涅夫，在1861年把這份請願書燒毀，以免再被逮捕。這些改革運動的推行失敗，證明終身遠離政治的伊萬是政治的門外漢，難怪亦友亦敵的巴枯寧要嘲笑他是政治「不入流的小咖」（nit-wit）（Schapiro, *ibid.*, 175）。

巴枯寧　　　　　　　　　　赫爾岑

第十章

農奴解放與父輩和兒輩的代溝

Kirinuke

第十章　農奴解放與父輩和兒輩的代溝

- ‧沙皇宣布農奴解放
- ‧赫爾岑在倫敦辦革命刊物《警鐘》
- ‧歐嘉略夫與革命祕密組織「土地與自由」社
- ‧《父輩與孩輩》無法避談政治
- ‧屠格涅夫的政治理想
- ‧西化派和親俄派的爭論
- ‧赫爾岑和屠格涅夫對俄國農民不同的看法

當1861年2月19日沙皇農奴解放詔書簽字後，延到3月5日才公告，安念可夫於3月6日以電報方式告知人在巴黎的屠格涅夫，居留海外的自由派俄人大為振奮。但保守的貴族害怕財產收入短少，相反的感到憤怒。

保守與反動地主和貴族的驚慌失措不難理解，但偏激份子的憤懣卻認為解放是保衛政權的幌子，也是欺騙平民大眾的手法，因而呼籲群眾此時乃為推翻沙皇體制與政教不分的東正教之契機。事實上，沙皇在宣布農奴解放詔令前舉棋不定，還在與貴族討價還價，在宣告後因政策推動發生困難而有退縮跡象。這種反覆引發激進派進行密謀、準備造反。

沙皇在1861年春天宣布農奴解放，翻轉整個俄國

1861年夏天，一個號稱「土地與自由」（Земля и Воля）的祕密結社出現在俄境，其名稱來自放逐在倫敦的赫爾岑之同志歐嘉略夫（Николáй Платóнович Огарёв; N. P. Ogarev, 1813-1877）。他與赫爾岑在內的一群偏激者，在英倫發行了《警鐘》一雜誌。7月1日該革命刊物上發表了「人民要求什麼東西？」一文，文中開門見山指出：人民迫切要求「土地與自由」。其實早在1859年俄國統治階級醞釀農奴解放的計畫之際，車尼雪夫斯基和赫爾岑便密謀鼓動農民起義，但密謀工作延續數年沒有結果。這次「土地與自由」祕密組織利用《警鐘》雜誌連續三期的號召，希望在1863年發動大規模的農民革命，把俄國沙皇體制推倒，建造立憲君主國或共和國、進行徹底的土地改革、保障人民基本權利、政府向國會負責、保障信仰自由和宗教容忍、各種族實行民族自決，以及建立包括俄羅斯、烏克蘭、波蘭在內的「大俄羅斯帝國」。當然這些都是流亡海外的激進俄人的幻想，革命最終只會招來專制高壓的沙皇政權更殘酷的反擊與壓制（Ripp 1980: 1）。

歐嘉略夫及其逝世七十五年紀念郵票　　　歐氏與赫爾岑

在1860年代初正是俄國政治、經濟、社會、文化歷經空前大轉變、大危機的時刻，一方面有地主與剛解放的農奴之階級對抗；另一方面有自由改革派和偏激革命派的爭執；此外，還夾雜幾十年來西化派和親俄派的吵鬧不休，導致俄國知識界的混亂。自命是西化改革派的屠格涅夫，一度以自由主義者的身分支持沙皇的農奴解放，但因經年在海外飄泊，思念故土的一草一木，加上曾經和阿克沙可夫父子往來，因此被視為親俄派份子。其實他痛恨專制獨裁、厭惡東正教、嘲笑親俄派賦予俄國拯救歐洲文明乃至人類前途之狂妄。他最多可以說是汲取西化派與親俄派的精華，將其融會在其文學表現之上。

由於保守的地主、鄉紳、貴族大多為既得利益集團，也大多是年紀稍大的父執輩；而財富權勢相對薄弱的直接生產者之各行各業的勞動者年紀相對小，屬於兒女輩。父輩與兒輩的代溝世界各處皆然，但在沙皇統治下的俄國，這兩代除了歧異、爭執、磨擦外，還多了時代的精神和民族的特性，包括意識型態在內。

評論家一般指出，屠氏遠離政治、避談政治，不贊成甚至反對友人介入政治，他把農奴問題看作觀感、道德、人道的問題，而非僅政治與社會問題來看待，因此念茲在茲、身體力行並大力鼓吹，促成沙皇公布農奴解放的宣言。他對暴力革命的厭惡和對和平改革的寄望，顯示其青壯年留學與居留西歐期間，所受自由主義的影響深切，也成為19世紀俄國貴族中帶有布爾喬亞心態的高級知識份子之典型。

另一方面研究他所著小說《父輩與孩輩》的構思、布局、內容和角色的刻劃，含蘊了某種政治立場，可以說是避談政治的屠氏一大轉變。這是1861年農奴解放政策推動不力、沙皇改革步調的遲緩、貴族地主的抗拒、農民選擇的猶

豫所引發的經濟衰退和社會動盪。更令他不安的是政局趨向保守、甚至反動。這本小說被視爲屠格涅夫最偉大，也是引發俄人爭論最多、最大的作品，是針對親俄派的短視之批評，雖然西化派（特別是其中的激進和革命份子）認爲他對小說中男主角早逝的安排，有違時代的要求。換言之，此一作品對俄國當年的讀者最大的衝擊不在文藝境界的高超、故事的寫實，而在政治意識的激發。

歐嘉略夫　　　　　　　　　　　赫爾岑

　　當年俄國知識份子中比較保守、愛國的親俄人士，認爲俄國比西歐更具優勢，俄國的文化將會取代西歐衰敗的文明，成爲領導全人類邁向未來的動力。這種自我膨風、自我輝煌的幼稚想法，遭受屠氏嚴厲抨擊。因之，有人認爲，假使屠格涅夫在俄國政治思想史上扮演了任何角色的話，那就是他以文學的耕耘和小說的營構，發揮和鼓舞知識份子參與公共事務的精神。當然這與推翻腐敗的政權和顛覆落伍的體制之政治實踐不可以相提並論，儘管他改造社會和重建國家的理念基礎薄弱、論述空洞（Ripp 1980: 9）。

　　屠格涅夫的政治理想可以說是俄國19世紀自由主義和激進主義的交叉點，也是這兩種意識型態的分水嶺。蘇聯建國後，由於偏袒激進主義而抨擊自由主義，因而對屠氏政治立場有所批評。反之，西方評論家都讚賞他自由寬容的人生態度，而對他身後的自由主義在俄境被打壓乃至式微，極爲惋惜。事實上，屠氏固然擁抱西式自由主義，但其內心也多少存有偏激革命的念頭，只是對流血暴力深懷恐懼而已。他藉人物的刻劃和形塑，把小說中的主配角歸類爲各種光譜的人物，再從他（她）們的舉止言談展示各種不同政治理念的競爭磨合。這引發了當代人對政治立場的爭辯。由此可知自由主義和極端思想的爭論，是屠格涅夫所提供的出發點和踏板。因此，硬指他是自由主義的精神代表，顯然沒有看出他對俄國土地與人民的熱愛並不亞於親俄派的主張。只能說他的小說

忠實地描繪這兩股思潮的互相激盪，以及彼此升沉與交流的狀況而已。

19世紀俄國情勢演變中的政治，可以說是屬於這個專制落後的國度，轉型時期文化體系的一環。向來俄人只有沙皇政制、東方教會和廣大不識字的農民（奴）組成群島式（孤立無援的群體所形成）的社會。經過19世紀上半葉，尼古拉斯一世的高壓統治，在有識之士的貴族呼籲下，農地改善和農奴解放已逐漸浮出檯面；及至亞歷山大二世成為新沙皇之後，經濟的衰敗和社會的紊亂，以及文化的落後尤其令知識階層憂急。過去勉強還有「國家」或「祖國」的觀念，而幾乎沒有「社會」的想法。就像18世紀蘇格蘭啓蒙運動的思想家亞當‧斯密和費居遜，主張市場對抗政府以及民間社會對抗政治國家一樣，慢了一個世紀才覺醒的俄國思想界、輿論界，也開始浮現「社會」（*общество*）此一理念。這一「社會」或「社群」的理念，把不同信念的左右派知識份子聯合起來對抗腐敗專制的政權（洪鎌德 2014：325-330；359-360）。無疑地，受到歐陸和英國思想薰陶的屠格涅夫，也是最先注意和倡導「社會」概念的先鋒之一。他雖對此概念缺乏系統性、明確性的析述，但在其小說中卻激發讀者去想像社會是什麼？社會要往哪裡走？什麼是公平合理的社會？屠氏的天才在於轉化其所處的時代和情境，成為男女主配角的日常生活和談話舉止（Ripp, *ibid.*, 10）。

蘇格蘭啓蒙運動大師亞當‧斯密（1723-1790）和亞當‧費居遜（1723-1816）

《父輩與孩輩》主要在描述農奴解放後俄國社會爆發的危機，也就是俄國社會瀕臨崩潰的危機所呈現各種各樣的問題，以及解決方式的不妥，而非僅僅涉及年老與年輕兩代之間的磨擦和爭執而已（*ibid.*, 11）。

　　亞歷山大二世在農奴解放的詔告上正式簽字之前的五年，就浮現了農奴獲取自由的念頭。但在這五年之間，要把理念付諸實踐卻遭遇重重困難。即使已在1861年2月19日於詔告上簽名，還是一直延遲到3月5日才正式發布，可見擁有土地的鄉紳、貴族和地主的攜手頑抗；地方政府的怠惰和抗命；知識份子的冷漠；以及農民的猶豫徬徨、無所適從都是解放的難題。詔告宣示後，人們發現政府無力推動新政策、地主反抗更爲劇烈、農民空有自由的頭銜，所受壓迫卻有增無減，更多農民流離失所，生計維艱。因之，對關懷國事的開明份子而言，解放帶來的是社會紊亂、危機和瀕臨崩潰。直至1865年地方議會才稍有動作，而使地方政府朝改革方向邁步，但中央政府仍抓緊權力不放，企圖操縱各方勢力以求自保，這種反動的做法，導致溫和理性的中間知識份子往左派偏激，甚至向革命勢力靠攏（Ripp, *ibid.*, p.188）。

　　赫爾岑因爲對西歐1848年革命失敗的沮喪，遂在其主編的《警鐘》雜誌上，再三呼籲俄人切莫重蹈西歐失敗的覆轍，要相信俄國傳統的「農村公社」（*мир*）和農民聯合耕作的「阿切爾」（*артель*），不但是解決俄國農業危機的妙方，也是拯救西方免於淪爲布爾喬亞統治的良藥（關於「農村公社」和「阿切爾」之進一步的分析，可參考洪鎌德 2014：328-329）。但是，屠格涅夫對這種看法嗤之以鼻。他說俄國人種、語言、宗教、文化、習俗，無一不淵源於歐洲，就像鴨子無法和水中的魚一樣使用鰓來呼吸，儘管牠可以自由地浮游於水上。這表示俄國民族與西歐各民族，同屬禽類（鴨子）有共同的性質，而與另屬他類的生物（在這裡譬喻爲「魚」）完全不同調。

　　對屠氏而言，俄國農民的愚昧無知、自私保守、含有布爾喬亞的胚胎、躲避文明的責任、缺少倚靠制度的信心，容易墮落。他們沒有理由作爲改革社會的楷模。是故屠氏主張政治行動的焦點，在於改變當前俄國既存的生活方式，在於培養獨立自主的人格，促使人民找出自己的人生目的，才能改善或解決農民目前遭逢的困境。他反對赫爾岑提出鄉紳會議（*земский собор*）的主張，號召全國不分身分地位選出代表共商國是。赫氏以爲這種鄉紳會議可以讓農民代表加入，擴大與會人數的基礎。但屠氏卻認爲這種國是會議只會使貴族與地主的勢力膨脹，農民的權益減損。換言之，想要煽動保守而又自私的農民造反，無異緣木求魚。古往今來搞革命的群眾成功者寥寥可數，其關鍵仍舊要倚靠少數受過教育的上層階級之操縱、之捭闔。

正確翻譯應為《父輩與孩輩》　　　　　　　俄文原著

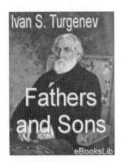 

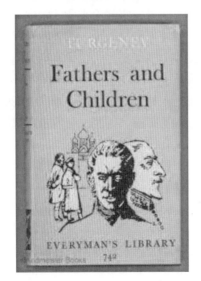 

英譯直接承受俄文原著《父親們與孩子們》，本書作者則建議譯為《父輩與孩輩》，其理由本書後面會申述。

第十一章

小說《父輩與孩輩》之
出版與反響

第十一章　小說《父輩與孩輩》之出版與反響

· 《青年俄羅斯》與米海洛夫

· 「虛無主義」和學潮

· 《父輩與孩輩》的寫作與出版

· 巴札洛夫之死 —— 白髮人送黑髮人的哀慟

· 皮沙列夫欣賞巴氏的堅決勇敢

· 右派視巴氏爲妖魔鬼怪

· 那波可夫視《父輩與孩輩》爲俄國不朽文學傑作

　　1861年屠氏在巴黎憂煩其女兒的婚事，父女的不合不僅由於代溝，更是因為女兒嫉妒父親迷戀寶琳，無法自拔。流亡倫敦的好友赫爾岑，敦促屠格涅夫應當返回祖國，吸收故鄉的靈氣，並發揮作家的社會功能，才不致成為失根的浮萍，像他一樣滯留倫敦無法返鄉。屠氏也在當年9月，參與俄人的祕密刊物《警鐘》（Колокол）雜誌在倫敦的出版與發行。第二期標榜俄國〈青年世代〉，次年出了《青年俄羅斯》專集，為此執筆者之一的米海洛夫（M. I. Mikhailov）被判刑六年，流放西伯利亞。這些新人物的勇敢出現，贏取不少自由派人士的同情。伊萬在同情米氏受拘禁與流放之後，也參與募款，資援米氏家族。

　　《青年俄羅斯》為至今海外刊行最劇烈、最具暴力之鼓吹革命的刊物。當年年輕人在街頭巷尾手持鐮刀、棍棒、鼓噪吶喊，頗有起義抗暴的聲勢。這種抗暴活動，不只限於俄境，也蔓延至波蘭，最終釀成1863年波蘭的起義。俄境內也爆發學潮，聖彼得堡大學於12月底關閉，因為學生拒絕上課；1862年大學四個場所同時失火。他們顯然受到屠氏《父輩與孩輩》一書男主角巴扎洛夫「虛無主義」的影響，在該小說中把虛無主義反抗傳統、權威，與敵視當局與教會的反叛精神，激化為年輕人的暴亂縱火行徑。為此屠格涅夫在數年後曾表示，後悔不該把這個「虛無主義」的頭銜送給「反動的雜種兒」去倡亂（Krutikova, N. E. [ed.] 1961），足見其對暴亂之嫌惡，也透露他保守的心態。

1863年1月波蘭起義失敗後軍警搜捕革命者

聖彼得大學校務中心

　　把注意力從俄國的歷史現實轉移到屠氏的理念，亦即他在1860年代醞釀的理念，聚焦於其1862年出版的《父輩與孩輩》（過去漢譯為《父與子》不夠精確）此一小說上。

　　就像有閒有錢的俄國貴族一樣，屠格涅夫在1860年前往英國南方濱海小島

歪特（Wight）度假；他在該年8月6日於致藍伯特女伯爵的信上，告知要寫新書和撰述稿件的消息。就像之前的做法，他在《父輩與孩輩》完稿後，交給好友輪流審讀，並聽取意見。9月底全書連同細節都經過安念可夫、薄特金的同意。但出書的計畫進行緩慢，其上半在1860年與1861年進行撰稿，完稿大概為1861年7月底或8月。8月底，他將稿寄給莫斯科《俄羅斯記事報》，但要等到安念可夫、藍伯特夫人和薄特金均閱畢和評論後才允許刊載。

歪特島位於英格蘭南端南漢浦頓（Southampton）之南，為旅遊與療養勝地

　　《父輩與孩輩》這一長篇故事，是從兩個年輕的大學生返鄉渡假開始談起。作為擁有土地的貴族後裔阿卡季，帶著比他年長7、8歲，亦師亦友的同窗巴札洛夫，回到父親尼古拉的莊園探親。這兩位青年宣稱自己是天不怕地不怕的年輕人。他們不把俄國傳統的風俗文化放在眼裡，特別對俄國的宗教、婚姻、家庭，以及政府組織和廣大人民的生活方式，感到相當的不滿。他們倡導「虛無主義」（нигилизм; nihilism），不相信俗世所謂的原理、原則，尤其忌諱權威和主從關係，更輕視禮儀、婚姻關係等制度。他們唯一擁抱的是科學、數理，其他如藝術、文學、音樂等都加以鄙視。偏偏阿卡季的父親尼古拉，是一位溫和而傾向改革的鄉紳，其兄長保羅更是西化派的標竿，一生愛慕英國上流社會的生活方式，儘管年輕時曾活躍於俄京社交界，卻因失戀於一位女親王，而返鄉倚靠弟弟。阿卡季的母親早逝，父親在阿卡季前往莫斯科求學的幾年間，與農婦的女兒費契妮發生關係，產下一子。阿卡季攜友回鄉，也第一次看到和他年紀相差近20歲的繼弟，及其美麗、羞怯、純真的繼母費契妮（暱稱費妮卡）。

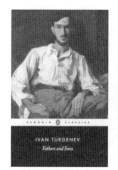

《父輩與孩輩》不同英譯本的封面　　　男主角巴札洛夫

　　巴札洛夫是醫學院剛畢業尚未完成實習、獲得證照的青年醫師，他可以說是喜歡批評、態度偏激的《當代人》編輯多布洛流柏夫的寫照——一個自視甚高、不滿現實、極爲憤怒的年輕人。全書小說的第一部分，在描述巴札洛夫寄住阿卡季祖產莊園前幾週的經過，尤其著重與阿卡季伯父激辯衝突的細節。第二部分則爲兩位青年學子從鄉下進入市鎮，結識一位美麗、聰慧、冷靜的寡婦阿金綽娃及其妹妹。兩位年輕人同時愛上寡婦，表示愛慕、追求，人性戰勝道德、制度的規範。一向賤視家庭、婚姻、小孩的虛無主義者巴札洛夫，對戀愛的沉湎和他宣示的理念（不屈服於別人的指揮、操縱、權威，視戀愛、家庭、婚姻爲世俗不值得掌握之物）完全相違背。這促成阿卡季提早離開阿金綽娃的宅第，返回父親的莊園，並與好友巴札洛夫，以及過去盲從的虛無主義告別。

　　小說的第三部分爲敘述追求阿金綽娃失敗的巴札洛夫回到鄉下故居，眼見生活素樸的年邁父母對他熱情和愛心有增無減，而自己卻無力回報父母這份無私的摯愛，於是在家僅僅三天之後又出走遠行，充分反應兒輩的不孝和絕情。重回阿卡季故居的巴札洛夫，爲了宣洩與阿金綽娃無法完成的戀情之失意，竟因一時衝動，偷吻阿卡季的年輕繼母。沒想到，這幕無禮的情景被私戀這個未合法進門的弟媳之伯父保羅窺見。保羅妒恨交加，萌生挑釁之意，宣示要與巴札洛夫決鬥。結果巴札洛夫手下留情，不但沒有致保羅於死地，還幫他敷藥送醫，並自覺愧對好友阿卡季及其善良的父親尼古拉。在羞愧下又走上漂泊之途。離開時，經過阿金綽娃住處，停留向其告別後，直奔父母鄉下住所。他在故鄉進行鄉間的生物學考察，兼醫療農村的傷寒病患。在設備不佳的情況下，因替農民開刀驗屍不愼傷到自己手指而感染病毒。最後因病毒感染，在阿金綽

娃探視下，結束他這一生唯一的戀情，死在病榻上。另一方面阿卡季務實地放
棄對阿金婷娃之迷戀，而與其溫柔聰慧的妹妹結婚，並促成父親明媒正娶年輕
的繼母，而讓童稚的繼弟認祖歸宗。

富孀阿金綽娃

巴札洛夫示愛

　　此一小說爲白髮人送黑髮人此一人生最悲哀情結的鋪述。這裡顯示屠氏最
深沉的宗教情懷之展露，描述年邁的父母在唯一的兒子巴札洛夫墓前祈求與嚎
啕。作者說：「難道他們的祈禱和哭泣毫無結果？難道愛情、神聖和獻出的愛
情完全喪失力量？不管激情的、犯罪的和反抗的心靈被墳土覆蓋，但在黃土上
長出的花朵，卻靜謐的以天眞無邪的眼光迎風飄舞。它們不再告訴我們永恆的
和平，也不告訴我們『不計較是非』大自然之偉大的安寧，它們訴說永恆的和
解與生命的綿延不絕……」（Тургенев, *Отцы и дети*, 2011: 170）。

巴札洛夫並非憤世嫉俗的狂妄之徒，而是想爲貧苦農民改善生活的理想者

　　屠格涅夫一開始便體會到，要對年輕偏激份子加以公平的描繪，會得罪保守集團，也會激怒革命份子。前者要求對傳統秩序之黑白分明的寫實和刻劃，非把革命份子當成惡人看待不可；後者則剛好相反，應當把巴札洛夫塑造成革命英雄，不該讓他因偶然的受傷罹病早逝。屠氏一方面認識到農奴解放後政治與社會的動盪；另一方面體會到此混亂局面所造成社會各階層的看法分歧。因此，備妥三種版本，第一與第二種版本為提供給出版者卡特可夫（Mikhail. N. Katkov, 1818-1887）《記事報》的樣稿，第三版本則為完整版付梓的內容。為了忠實地、系統地將巴札洛夫的性格呈獻在讀者面前，屠格涅夫甚至以巴氏的名義，將他每日的言行寫成日記，把他對政治、藝術、道德與社會事件的看法完整記錄，可惜這份每天詳載的重要日記，在借給朋友閱覽後，卻告遺失。從這個日記的存在與消失，說明了作者給男主角的同情和讚賞。難怪一位非革命份子友人皮沙列夫（Дми́трий Ива́нович Пи́сарев; Dmitry Pisarev, 1840-1868），大大讚揚屠氏對男主角虛無主義者的同情，遠勝於對心存厚道、卻無效率的自由派父執輩尼古拉和其虛矯的兄長保羅之賞識。他甚至預言俄國未來的希望是寄託在這類出身平民、擁有智慧、勇敢、堅決的青年輩之上。他們的熱忱和力量，表現在不受腐化的精神之上，這種力量與精神可以導引年輕人走上正途（Schapiro 1978: 186）。

　　屠格涅夫與皮沙列夫的見面為1867年，前者對後者印象至佳。這大概是皮氏出身鄉紳與屠氏具有相似的出生背景，以及兩人同樣對傳統的盲目禮讚。遺憾的是兩位年輕的鄉紳見面後隔年，皮沙列夫不幸溺斃。對屠氏而言，在現實中無法追求偉大的、理想的完美主義，只能在日常生活、平易的真實生命中，人們才會體會和表現的現實主義。

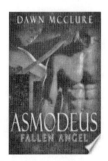

魔鬼之王的神話中之怪物Asmodeus

　　在右派的眼中，作為虛無主義代言人的巴札洛夫是一個怪物，是猶太教的魔王（Asmodeus），一個令人難以折服的大妖怪。在1862年之後，俄國文藝界、輿論界便展開對屠氏《父輩與孩輩》一書激烈的爭辯。這是從《當代人》雜誌評論員安托諾維奇（M. A. Antonovich）粗暴惡口的指責，認為巴札洛夫是對該雜誌兩位編輯車尼雪夫斯基與多布流洛夫的影射。反之，有人認為巴氏的原始圖像乃為貝林斯基。事實上，巴氏為物質主義者、自然科學家，他對神學的忽視、對藝術沒有實用價值的批評，像極了車氏和多氏。他不像1840年代剩人的大言炎炎、毫無作為；反之，巴氏近似唐吉訶德式的人生，是屠氏讚賞的對象。巴氏代表的是1860年代的青年人，為追求科學真理，打破傳統的社會絆腳石。他們是掃除社會髒亂的清道夫，而非改革家或革命家。他們認為其職責在破壞、清除，並於大破之後，把大立（建設）的艱鉅工作留給1880年代的後繼者去承擔、去操作。

　　政治及其觀感可以來去自如，但生命及其價值卻存在於每個時刻裡，巴氏不適時的死亡，正證實這種看法。儘管屠氏說他在某次旅行中遇見一個鄉下的醫師，兩人在長程火車旅行中，有非常仔細深入的談話，而巴氏便是這名鄉下醫師的化身。但屠格涅夫的小說人物常是眾多現實人物的集合融會，主角不可能只有車氏或多氏，或貝氏的轉型而已。

　　克魯泡特金指出年輕一代的人，對巴札洛夫之不同情，在於屠格涅夫的負面態度，尤其對虛無主義者僅會破壞，而不追求更崇高理想的做法使人失望。比起車氏《我們能做什麼？》巴札洛夫的表現不符合年輕一輩的期待。屠氏的回應在於他寫作的對象非為年輕的一輩，而是針對擁有土地的鄉紳而寫的，亦即批判鄉紳中雖具知識與理想，卻對俄國的前景未盡個人與群體改革的努力。這是鄉紳父輩不如虛無主義的兒輩、侄輩之所在。

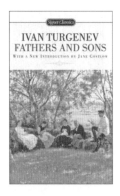

《父輩與孩輩》不同版本的英譯封面

卡特可夫

皮沙列夫

　　年輕一代的兒輩批評屠格涅夫長期居留國外，迷戀於韋雅朵的歌唱，對俄國的情狀一無所知，才會創造這一位不夠完美（不夠英勇、不夠十全十美）的巴札洛夫，居然會世俗地陷入戀愛、失意之中，甚至不小心死於傷害病毒這種小兒科的意外裡。

　　對於20世紀美籍俄裔文學家與評論家的那波可夫（Vladimir Nabokov, 1899-1977）而言，屠格涅夫的文學成就雖比不起托爾斯泰和杜思托耶夫斯基，但仍舊是一位卓越的文豪。就其著作《父輩與孩輩》而言，不但是屠氏最偉大的愛情小說，也是19世紀西洋最了不起的文學傑作之一（Nabokov 1981: 71）。從屠氏與反叛的女兒寶琳特（Paulinette 小寶琳）不平靜的關係來分析，應當看出這本小說不只涉及父輩與兒輩的關係而已，也可以反映他對女兒之無法親自教養的歉疚，支付那麼多金錢與愛心，最終得到的回報居然是女兒的怨懟、憤怒，難道這不是父與女的反目？從1860年代青年人對屠格涅夫此書的反映，我們甚至可以說，作為父輩（作者當時為40歲不到的年紀當成父叔輩是綽綽有餘）的屠氏居然喪失了對子女下輩的接觸和理解，實在令人扼腕。

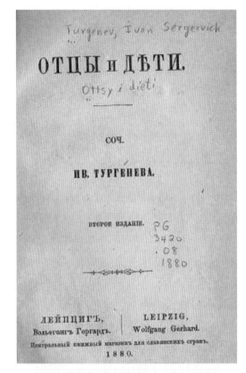

《父輩與孩輩》俄文原著華文譯爲《父與子》未能達意

第十二章

在巴登享受歡樂的歲月

第十二章　在巴登享受歡樂的歲月

・韋雅朵一家遷居巴登城
・屠格涅夫也追隨韋家決定長住此一溫泉鄉
・與女兒租賃房子住了五年之後決定購地建豪宅
・普法戰爭發生韋家離開德國遷居倫敦
・伊萬只住半年豪宅也搬往倫敦與韋家比鄰而居
・女兒與寶琳不和出走巴黎嫁給法國玻璃廠商爲妻
・與赫爾岑及歐嘉略夫交惡
・協助流放西伯利亞的巴枯寧夫妻在西歐團聚
・俄國參議院召回屠氏返國澄清他與海外反俄團體之關係
・《煙》的出版導致與杜思托耶夫斯基的絕交
・女婿經商失敗、女兒索款頻繁、屠氏財政亮起紅燈

　　1863年，韋雅朵家決定出售巴黎近郊庫特維內爾的大宅第，準備在德國西南著名的溫泉療養市兼旅遊賭博聞名的巴登市置產久居下來。這與寶琳在1860年初聲帶的破損，唱作生涯瀕臨危機有關。這種可能失聲的危機促使她從巴黎的歌劇院與歐洲各大城市的巡迴演唱的鼓掌、歡呼中急流勇退，轉而在德國小城表演，如此至少可以贏取未來十年左右的聲譽。除此之外，丈夫路易對當時法國政局紊亂，尤其是路易・波拿帕・拿破崙的昏庸最感痛心。韋雅朵夫婦遂決定在巴登城近郊建築一所華麗舒適的別墅。

巴登爲德國西南黑森林的旅遊與療養勝地

　　不久這座新居成爲德法邊陲社交名流的集散地，不僅德國的王公貴族，就連歐洲有頭有臉的人物，也聞風而至；詩人〔如德國皮奇（Ludwig Pietsch）〕、藝人、音樂家（像布拉姆斯）更是絡繹不絕。寶琳一度是華格納音樂迷，曾大肆宣揚華氏的音樂成就。但在屠氏眼中，華格納音樂是「哀鳴學派」的創始人，他私下批評華氏的歌詞和旋律令人難受。但音樂水準是好是壞，不是他說就算了，喜愛與否最後的定調人仍舊是寶琳。屠格涅夫一度返俄，他滿心歡喜和激情，與寶琳往來的信中使用向來屬於兩人暗通款曲的德文，寫出思慕之情。

　　在韋家遷居巴登的前一年（1862年），寶琳對屠格涅夫的態度有明顯的轉變，這是由於她隨著年紀漸增，愈覺得倚靠一位友誼長達二十多年的老朋友之需要。屠格涅夫當然樂意接受這個天上飛來的禮物，擔任這個喜愛藝術的家庭之密友的角色。1862年夏天，從俄羅斯傳來的三、四封信，透露他對這樁三角戀情，以及他對韋家三姊妹和一個小弟（尤其是次女珂露娣）的關愛之情。

在韋家從巴黎遷居巴登後，屠氏也跟著從施帕斯科耶直奔德國，於1862年8月21日到達巴登，停留到10月26日才離開。這期間他身心都處於健康又快樂的狀態，爲之前未曾有過。因爲此次短期的巴登之遊，他下定決心要追隨韋家之後，遷居德國黑森林渡假勝地，準備與韋雅朵一家比鄰而居。這決定使他於1863年5月3日，帶著女兒寶琳特（小寶琳）與英籍保母兼女管家殷內絲（Mrs. Innes）遷居巴登。落腳處位於巴登席勒街277號，離韋家別墅僅有幾分鐘的腳程。此棟建築類似俄國式夏天別墅，屋主爲製造鍋爐之德國人，他們夫婦住一樓，讓屠氏父女與保姆住二、三樓。女主人像母親般照顧伊萬及其女兒，贏得寶琳特長期的愛戴。直至1865年屠格涅夫在附近購得一華廈，才離開這個住了三年的房子。

屠氏在巴登城郊林中邊散步邊看書怡然自得

　　華廈由法國建築師起草藍圖，並監工三年才完成。當時由於屠氏收入不佳，所以別墅建成後，無力購買傢俱，搬進其中住不到半年，又因普法戰爭爆發，韋雅朵全家遷居倫敦，迫使屠格涅夫把這間外貌殊異，規模浩大的新建別墅拱手讓人（莫斯科的銀行家），他又匆忙渡過英吉利海峽到倫敦與韋家大小比鄰而居。

巴登屠氏豪宅外觀

　　根據種種跡象顯示，屠格涅夫住在巴登的七、八間，為其一生最風光、最快樂的歲月，附近林園密布，河川、湖畔相連，為打獵的理想場所。鄉下又極安謐，加上韋家經常舉辦各種大小音樂會、饗宴和沙龍式的聚談。幾乎每個星期日上午都舉行私人樂團演奏會，由屠氏協助籌辦。

　　直至1866年，因為幾乎每場禮拜日音樂會的介紹，都出於這位大作家的手筆，而被保留下來。每次都有寶琳獻唱的曲目，包括俄語發聲的歌曲、民謠。1866年3月10日，有寶琳自作的鋼琴小曲演出，不但有她彈鋼琴，還有其子保羅拉小提琴，以及三個女兒的打擊樂器之伴奏。此時屠氏不但與韋家大小關係密切，他還養了一條專供打獵使用的獵犬裴嘉蘇（Pegasus），此犬成為巴登城尋獲獵物最出名的打獵好伴侶。

皮奇
Ludwig Pietsch
（1824-1911）

布拉姆斯
Johannes Brahms
（1833-1897）

華格納
Richard Wagner
（1813-1883）

巴登城公園裡屠氏石雕

　　由於巴登城的溫泉水質舉世聞名，氣候宜人，所以屠格涅夫此時的健康狀態處於巔峰，在其通訊中，鮮少提到大小病痛。唯一的例外爲其宿疾膀胱結石和睪丸發炎。除此之外，令他不安的是女兒小寶琳在巴登的不愉快，因爲她常與寶琳爭吵，但伊萬卻大多站在寶琳那邊，使這個非婚生女兒更爲嫉恨怨懟。屠格涅夫也曾多次責備英籍家庭教師殷內絲的「愚昧和陰險」，害小寶琳養成沒大沒小，不懂遵守禮儀的壞習慣。最後父女又告分離，寶琳特及保姆返回巴黎舊址的租屋居住，直至1865年寶琳特結婚爲止。寶琳特的夫婿爲出身布爾喬亞（小資產階級）的29歲青年，曾任玻璃工廠的經理，介紹人就是工廠老闆的母親，是屠家的熟人，也是對寶琳特友善的德勒舍夫人（Madame Valentine Delessert）。屠格涅夫的女婿一向沉默寡語、性格平順、外表冷靜斯文，但是後來卻成爲家庭與事業兩皆失敗的魯蛇（loser）。

　　兩人的訂婚雖然令屠格涅夫高興，但此時屠格涅夫想在巴登與韋家比鄰而居，得花錢購地、蓋房，加上女兒訂婚的大筆花費，此時不免顯得捉襟見肘。幸有韋家慷慨借貸鉅款，稍緩燃眉之急。此外，由於其叔父管理農場不力，收入短少，且要支付農奴解放後的遣散費，可謂入不敷出。屠格涅夫一向不善理財，加上揮霍無度的浪費行徑，因此財政上日漸短絀。除了女兒高達10萬法郎的嫁妝外，婚後還要付新人生活補助款5萬法郎，可見他財力之吃緊。但不管情形如何糟糕，屠格涅夫還是四處籌款，終於付清嫁妝以及安家費（1873年付清）；此外，在女兒結婚之日，還送上一座大型鋼琴，可謂善盡父職，也不失爲慷慨大方的父親。屠氏財政的困窘主要因爲後來女婿經營的玻璃工廠失敗，他之前給寶琳特的嫁妝被濫用一空。這位慷慨的父親，每月還得匯款400法郎補助女兒一家的日常開銷。女婿不聽岳父勸告覓人接手工廠，結果弄得血本無

歸，整個事業崩潰，身陷絕境。此時屠格涅夫因為撤換叔父尼古拉為莊園管理員職，得付出一大筆補償金，可以說負債累累。在此財務吃緊的時刻，他又要支援這個脾氣暴躁、嫉妒心重（嫉妒父親偏愛藝人寶琳）的女兒，使得繃緊的父女關係更形惡化。六年後他被迫售出多年珍藏的繪畫。拍賣會於1878年4月20日在巴黎的Hotel Drouot舉行，僅收回5萬法郎而已，損失慘重。

屠格涅夫在1870年代後半，頻頻返鄉的原因是莊園管理再出問題，取代尼古拉叔父的新管理人，也是無能貪財的傢伙。早在1876年春，屠格涅夫便發現新經理貪瀆無能，因而改聘鄰居的兒子，本意是暫時僱傭，卻聘至屠氏逝世為止。究竟他被侵占多少資產，他自己也搞不清楚。新經理大刀闊斧整頓，可是補救效果有限。1879年，屠格涅夫兄長尼古拉逝世。伊萬對這位貪財無義的兄弟之驟逝，頗為傷心。在給安念可夫與福樓貝兩位最親密的友人之信上，他說：「我與兄長見面次數不多，兩人沒有共同的嗜好，但畢竟血濃於水」。對他的死亡極感困惑與憂傷。他對其兄死前掩蓋病痛不讓他知道，感到不可思議，原因可能是早死（1872）的嫂嫂親戚，有意將屠氏能繼承的財產減縮到最低程度。尼古拉的總財產為52萬盧布，其中10萬囑咐應交給伊萬的，但實收只有6萬盧布而已。

屠格涅夫兄長的遺產加上自己版稅的收入，應有大筆金錢可供屠氏使用。單單出版《處女地》的友人施塔修列維契（Mikhail Stasiulevich 1826-1911）所付版稅就有9,000盧布，這是刊載在雜誌上的稿費，出書會再給付2,000盧布。此外，1875年5月他的著作全集第四版本，共可收22,000盧布。但因為莊園管家的浪費竊取，使屠格涅夫的財政狀況陷入困境。

生活起居與女兒婚事都說明人在巴登的屠格涅夫之快樂得意，更令他高興的是1862年《父輩與孩輩》這本主要的作品之誕生。唯一令他困惑不愉快的是他和赫爾岑以及歐嘉略夫關係的惡化，最終甚至與赫爾岑絕交。之前，屠氏曾赴倫敦停留三日與赫爾岑會面，但似乎無法挽救他們之間日漸消失的友誼。在倫敦時，屠格涅夫也碰見學生時代的好友巴枯寧，此時巴枯寧正深陷債務泥淖之中。雖經屠氏向友人募款，自己也捐出500法郎，卻仍無法濟助巴氏脫離窮困。後來巴枯寧從西伯利亞流放中脫逃，經日本抵達英國，巴枯寧的妻子卻仍居住西伯利亞伊庫次克。在向屠格涅夫求救時，巴氏請求屠格涅夫返俄設法協助其夫人脫身，期望她能夠從西伯利亞返回俄境特維爾（Tver）城的巴枯寧祖居。這一個讓「叛徒」之妻得以安遷的協議，當然要取得俄國官方的允許，同時也要巴氏兄弟姊妹的首肯，可以說是十分艱鉅的協調工程。在1862年夏，

屠格涅夫實踐承諾，在返俄後克服層層困難，達成官方與巴氏兄弟（因陳情沙皇被囚禁於聖彼得堡與聖保羅監獄中）的諒解和同意，巴枯寧在兩封信中誠摯地感謝屠氏的真情協助，之後巴枯寧夫人也離開俄境至倫敦與丈夫團聚。儘管巴氏感激屠格涅夫的仗義相助，但之後卻變臉，大肆指摘和攻擊屠格涅夫。這次倫敦的三日居留，屠氏與赫爾岑仍因對俄國的時局與前程有不同看法而爭議不休，爭論的結果為赫氏在其主編的《警鐘》雜誌上，發出一系列致好友公開信（題為〈始與末〉），指責貴族階級的自私和膽怯。屠格涅夫本有意撰文反駁，卻畏懼反駁會招來沙皇和警察把他打成海外異議份子之可能。

　　另外，赫爾岑的文章指出西方文明已沉淪到粗俗、可鄙、布爾喬亞的自我滿足中，完全喪失其創造性的潛在力量。宗教與科學的緊密勾結，令人懷疑新藝術何處可以尋獲？「民主共和國的烏托邦喪失在稀薄的蒼穹中，西方的希望在哪裡？它消失在自由主義裡，一面不斷地向政府抗議，他方面不斷地降服它、聽從它。唯一的希望寄託在俄羅斯，在俄國的人民之上」。俄國人的生活之道不是師承西方失敗的例子，而是必須開拓新的道路。

赫爾岑
Алекса́ндр Ива́нович Ге́рцен
（Alexander Ivanovich Herzen）

巴枯寧
Михаил Александрович Бакунин
（Mikhail Aleksa Bakunin）

　　有異於赫爾岑把希望寄託在俄國農民的身上，屠氏認為俄國人民已帶有布爾喬亞生活習慣的原形，其無法消化的胃腸中常吐出不文明、不負責任的氣味。俄國人民的特徵遠遠超過赫氏所描繪的西方布爾喬亞的自大狂妄。過了一個月，屠氏寫信給赫爾岑：「你再三搬弄東西〔俄歐〕文明之對立，居然把西方人看成外表亮麗，內部陰狠；反之視俄人外表奸險，內心善良。這是錯誤的看法與判斷」。

　　兩位友人的通訊從1862年到1863年愈來愈尖酸刻薄，愈顯敵意。赫爾岑與
歐嘉略夫準備向俄皇建議，召開全俄鄉紳會議，商討農奴解放後留下的亂局，
邀請屠氏連署參與，卻遭屠格涅夫嚴厲的拒絕。

　　沙皇不滿滯留海外、自我流放的俄國子民之抗議，開始進行反撲。於是俄
國參議院成立一個調查委員會，審問屠格涅夫與《警鐘》撰稿和編稿的偏激份
子之關係。這一新情勢的出現，導致屠格涅夫與赫爾岑的關係更為緊張，終於
瀕臨決裂的邊緣。

赫爾岑及其編輯的《警鐘》合訂本（1857-1861）

　　為了躲避參議院特別委員會的查詢與審問，屠氏曾透過俄國駐巴黎大使轉
達致沙皇的信函，信上提及他身體欠安且不良於行，懇求當局讓他改以書面方
式答覆政府的疑問。在沙皇准許下，特別委員會列出九條疑問，屠氏都一一答
覆；重點在於說明與赫爾岑和巴枯寧的關係，特別強調他結識兩位分別在1840
與1850年代，但因政治意見不合，早已分道揚鑣。1863年秋，參議院不滿意屠
格涅夫書面回答，要求他回國並出席參議院的詢問。他終於在1864年1月4日踏
上俄土，當日見到議長，三天後接受委員會的質詢。他於該年1月16日獲知他
無罪，可以自由離開俄境；但正式通知卻遲至6月1日才發布，他早已於3月11
日回到巴登租屋。屠格涅夫在參議院審問中，與滯留海外20餘名友人的關係之
撇清，顯然是在避嫌與卸責，對此赫爾岑非常不滿。滯留倫敦的俄人譏笑屠氏
就像一位白髮與牙齒掉光的老太婆在向沙皇搖尾乞憐。屠氏向赫氏抗議，要求
不可污辱其人格，從此兩人宣告決裂。這份友情多年後才勉強修復。

赫爾岑（1812-1870）

赫爾岑流亡異域

Kolokol's (*Колокол*) political platform included several democratic demands, such as liberation of peasants with land, abolition of censorship and corporal punishment. At its base was a theory of Russian peasant socialism, elaborated by Alexander Herzen. Besides the articles by Herzen and Ogaryov, the *Kolokol* published a variety of material on living conditions of people, social struggle in Russia, information about abuses and secret plans of the authorities

《警鐘》的主張

　　此次返國停留兩、三個月，是屠格涅夫享受故國溫情的快樂時光，但他與藍伯特夫人的重聚似乎不如之前的坦率親密，因為藍伯特夫人不贊成屠氏在巴登購地建造別墅，她認為這些舒適會使一個離開祖國的作家喪失土地與人民的滋養。對此屠氏認為作家無祖國，到處可以為家，不影響他對俄國民情習俗的理解。顯然，藍伯特夫人對屠格涅夫沉迷於韋雅朵一家心生妒意，但卻沒有言明。屠格涅夫在重返巴登之前，路過巴黎與幾位法國作家碰面，包括翻譯他《鬼魅》為法文的作家梅里美（Proper Mérimée, 1803-1870），可惜他未見到此時不在巴黎的福樓貝（Gustave Flaubert, 1821-1880）。屠氏首次碰見福樓貝為1863年2月，福樓貝對屠格涅夫的作品推崇備至。屠氏曾在日內瓦見過後來與人決鬥而早逝的德國社民黨創辦人拉沙勒（Ferdinand Lassalle, 1825-1864）（洪鎌德 2015：146-150；192-194）。

梅里美　　　　　福樓貝（福樓拜）　　拉沙勒（拉薩勒）

在屠氏完成《父輩與孩輩》（1862）至《煙》（稿子完成於1865年11月）這三年間，他的文學創造力似乎陷於低潮，這豈不證實藍伯特伯爵夫人的說法：舒適、快樂會妨礙漂泊異域的名作家發揮才華？這三年間他僅寫出三個小篇故事《鬼魅》、《夠了！》、《狗》。

 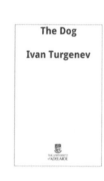 

1867年屠氏繪像　　　　《狗》英譯　　　　《鬼魅》

在巴登逗留的快樂歲月，屠格涅夫於1865年開始著手撰述他另一部涉及三角乃至四角的愛情小說《煙》。這部小說不只是男女間舊情復燃、纏綿恩怨的愛情故事，其中還穿插對俄國紳士和貴族階級的冷嘲熱諷，和對社會紊亂及時局衰敗的嚴厲抨擊。故事開始撰述於德國，全稿完成卻是在故鄉莊園，而於1867年3月在《俄羅斯記事報》刊出。讀者的批評此起彼落，保守份子認為此書在攻擊俄國上流社會，企圖動搖統治菁英。親俄派視此書為對俄國超越歐洲固有傳統文化論述之侮蔑。西化派則認為人物的刻劃、劇情的鋪陳，未吸收西方文明與文學菁華。年輕激進者對於男主角在國外失戀返國後，只投身家園的建設，而未加入革命行列，撼動專制統治，反映出作者溫和改革的幻想，深感

不滿。尤其作品中諷刺海外異議與反對人士（如赫爾岑和《警鐘》圈內人）的俄國文化獨優論，更引起昔日同志極大的憤懣。

事實上，這本小說除了描述男貪女愛的舊情新戀之外，還大力抨擊兩個貌似相反，實則相似的兩群滯留歐陸與英倫的「高等」俄人；一方為享受醇酒美人的退休將領，另一為高喊俄國文化優於歐洲文明、倡導社會主義的海外異議人士和知識份子。在屠氏眼中，這兩隊人馬都是夸夸其詞、大言不慚的享樂者，都不似腳踏實地的鄉村苦幹實踐的改革者和實行家。

《煙》法譯本封面　　　　　　　《煙》英譯本封面

故事是從出身平民的主角李特維諾夫路過巴登市說起，在這個歐洲王公貴族冶遊養身的溫泉勝地，他遇見昔日在莫斯科的熟人，受邀參加舞會，而認識批評俄國時局與民情的政治活動家谷巴略夫，和對俄人空談不務實的性格大肆抨擊的退休工程師朴托金，從其對祖國民性的批判中看出西化派人士不滿現實的端倪。在舞會上無意間碰見一位似曾相識的貴婦，在返回旅館房間後，發現一束向陽芹花，勾起他十年前追求一位沒落貴族少女伊莉娜的回憶。原來伊莉娜曾與他陷入愛戀，並以身相許，他們示愛的信物就是向陽芹花。其後卻因遠房長輩收伊莉娜為養女，且成為唯一遺產繼承人，而讓這位美麗少女進入豪門。男主角李特維諾夫遂嚐到失戀喪愛的傷痛。他痛苦地單獨生活，也知悉戀人後來嫁給貴族出身的將軍，享受人間的榮華富貴。男主角這次之所以前往巴登，是來此與未婚妻塔琪雅娜歡聚。由於陪伴塔琪雅娜前來巴登的姑母生病，使無未婚妻陪伴的李特維諾夫生活極度無聊，此時竟讓不甘寂寞的將軍夫人伊莉娜趁虛而入。在其誘惑下，兩人舊情復燃。李特維諾夫的變心被塔琪雅娜發現，遂憤而離去。同時，李特維諾夫也發現朴托金之所以這般熱心幫助他與伊莉娜重燃舊情，原因居然是朴托金也愛上伊莉娜，雖不獲青睞，仍癡情愛著。

只是落花有意流水無情，就像其他無聊的貴族們一樣，成爲伊莉娜眾多的追求者、崇拜者之一。

故事的高潮爲幽會於巴登城外廢墟古堡這對男女，女方本來答應男方的要求放棄貴婦的身分，跟他私奔。但在緊要關頭卻改變主意，讓男主角狼狽不堪，二度受創。在搭長途火車返國的途中，李特維諾夫心力交疲：

> 風朝著火車迎面吹來，團團的蒸氣，時而像白霧茫茫，時而像黑煙滾滾，在車窗前翻滾而過。李特維諾夫開始望著這些蒸氣。它們無休止地湧來，時而上升，時而下降；纏在草葉上，掛在小樹上，延伸出去，消失在濕潤的空氣中。——李特維諾夫凝望著，靜靜地凝望著，突然湧起一陣古怪的念頭。他孑然一身坐在車廂裡，沒有任何人來打擾他。「煙！煙！」他重複了好幾遍。忽然覺得他的生活、俄羅斯的生活、人類的一切，尤其是俄羅斯的一切都只是煙〔而已〕。（華文翻譯見：莫洛亞 2014：67）

一改過去的作風，這個故事並未以悲劇收場，而是敘述李特維諾夫返鄉後，以苦幹實幹的精神重整家園，最終與未婚妻破鏡重圓，重修舊好。在小說《煙》中，屠格涅夫把俄羅斯思想的混沌，和俄國爲進行一次目標不明確的改革（解放農奴）所做的雜亂無章之努力，比擬爲火車吐出的黑煙和田野上的霧氣。這些煙霧隨風而逝，消失得無影無蹤。這就是他以理性來看待時局所做的判斷。無論如何，身爲俄國人的屠格涅夫經常感受到這種繚繞的煙霧之包圍（前揭書，75）。

在《煙》出版後，屠氏與赫爾岑之友誼雖告破裂，但這位作家仍期待赫爾岑給予好評，不料赫爾岑對此一小說沒有特別讚賞，尤其討厭書中人物朴托金對俄國的批評。屠氏要求赫氏看在二十多年的情誼，不要因一時的誤會中斷，希望能夠恢復昔日的友好，這個要求總算得到赫爾岑善意的回報。但兩人依舊爭論不休，直至1870年1月赫氏病逝，才結束兩人之間的恩怨。過去兩人爭論的重點在於，屠氏不認爲俄羅斯與西歐可以看成截然不同的歷史傳統與文化。他尤其看輕《警鐘》周圍的流浪俄人，對俄國農村公社（mir: мир）組合共管的阿切爾（Artel; артель）制的盲目宣揚，以爲這兩套制度可以拯救西歐文明的衰敗（洪鎌德 2014：325-330）。赫爾岑逝世之時，屠氏曾致電給赫爾岑的兒子表達哀悼之意，也在給安念可夫的信上，大大讚揚赫氏。赫爾岑生前遺

作，亦即後來出版的《我的過去和我的想法》，屠格涅夫認為這作品呈現出一個聰明絕頂的俄國作家之成就，儘管其語法紊亂，但這並不影響屠氏讀後的感動。

杜思托耶夫斯基　　杜氏在巴黎（1863）　　德國巴登杜氏旅居紀念銅標

另一方面，《煙》出版後，導致屠格涅夫與杜思托耶夫斯基（Фёдор Михайлович Достоевский; Fyodor Dostoyevsky, 1821-1881）的絕交。酷嗜賭博的杜氏曾向屠氏借過錢，但鄙視屠格涅夫為一個重視衣飾精美的炫耀者，認為出身貴族世家的他是一個法利賽人，表面溫文有禮，和悅可親（還在見面時吻頰以示誠意），但卻軟弱虛偽。1867年夏天兩人在巴登見面，屠格涅夫給杜氏三項不佳的觀感：一、他是無神論者；二、他對俄國的沉淪潰敗不關心；三、他已置產定居於德國，自視為德國人，而非俄人。這三點經過傳記作家兼政治學者沙皮羅的分析，其實錯不在屠格涅夫；反之，都是杜氏自己的偏見，不能怪罪到屠氏身上（Schapiro 1978: 214-215）。

兩人不只言語衝突，還可以從杜氏此時精神狀態看出，他正成為如對抗《魔鬼》（《著魔》）的男主角般，已瀕臨精神崩潰階段。屠氏對杜氏的《罪與罰》第二部分宗教氣氛的濃郁感到反感，儘管他對第一部分加以讚可。對亞歷山大二世改革抱有所期待的屠格涅夫，後來也對改革腳步的緩慢表示不耐與不滿。他也深覺自己在海外流浪太久，對俄國局勢的接觸與了解逐漸疏遠，不利於其著作的深化。杜氏曾勸屠氏要購置一座望遠鏡，從德國的療養地觀察俄國發生的大小事。這種調侃與揶揄對屠格涅夫的打擊很大，深深感受屈辱。

其實兩人的爭吵歸根究柢，是對俄國應該依賴西方文明來更生，還是靠其本身的特質來獲救。進一步不但使俄國獲得自救，甚至還可以拯救西方與全人類。因為對貝林斯基的紀念文章，使杜氏把屠格涅夫描繪為《魔鬼》（Бесы；英譯Demons，又釋譯為The Possessed，漢譯《著魔》）小說的主角

卡馬齊諾夫。這種諷刺相當殘忍，不過該小說（《魔鬼》）主角的某些特徵、性格，都是不喜歡屠格涅夫的同代人對他之共同感受。

貝林斯基紀念郵票　　　　　　杜思托耶夫斯基的《魔鬼》

在1868年至1870年當中，屠氏除了出版《煙》之外，也寫了五篇故事；這些故事連同1874年之後所撰的六篇，加上其他兩篇，共十一篇以《文學與社會回憶錄》先行出版，在1884年他過世後又加上一篇，共為十二篇小說。

屠格涅夫此時（1860-1870）的著作收入相當可觀，其全集也出版過三次。不過他作品的各種語文翻譯沒有版權的收入，譬如他全部德文翻譯沒收半毛錢，法文版翻譯他頗為不滿，銷路不佳，版稅收入有限；英文翻譯也不佳，其好友賴士敦（William R. S. Ralston, 1828-1889）還公開批評英譯之錯誤。

此時，屠格涅夫雖收入可觀，但龐大的巴登豪宅建築費，故鄉農莊經營不善，女兒小寶琳夫婿經營事業不順，瀕臨破產，屠格涅夫給女兒的嫁妝早已用罄，再加上他揮霍無度，這些都使住在巴登過著快樂日子的屠格涅夫蒙上陰影。

雪上加霜的是替屠格涅夫管理施帕斯科耶的叔父尼古拉，因管理不當被他開除，叔父竟要求高達28,000盧布的賠償金，後經人調解，降為2萬盧布。早已負債累累的屠格涅夫，只好把巴登的豪宅出售給莫斯科銀行家，改以房客身分住在該屋，從這裡看出他本身對金錢處理的馬虎無方。

1867年春，屠格涅夫第一次出現痛風，其後不定期發作。最糟糕的是1869年5月爆發心臟病，導致醫師勸他不得再出外打獵，飲酒與肉食必須減少，不得有性生活，這些都令他十分沮喪。直至過了一年四個月，巴黎醫生診斷屠格涅夫非患心臟病，而是痛風引起的心律不整。之後，他又恢復打獵、飲宴，重享男女魚水之歡。

路易與寶琳把俄國詩導入音樂中，也採用屠格涅夫的詩詞。1866-1868年寶琳第三本俄語唱集在俄京出版。報上曾有不利的評論，屠氏請安念可夫代為

辯解。事實上他與寶琳的合作不限於歌唱而已，在1867-1869年間，他們出版了四部小歌劇，三部在巴登首先推上舞台，就在屠格涅夫豪宅加蓋的戲台上演出。表演皆受到前來欣賞的王公、貴族、藝人所喝采；第四篇劇作《鏡子》則未曾演出。演出者除寶琳之外，還包括她的兩名女兒以及兒子，屠氏則飾演劇中的丑角和可笑的人物。曾有一次，他扮演丑角倒在舞台上，只見普魯士王及王后略微笑容相對而視，而非哈哈大笑，這點令屠格涅夫深覺狼狽。

　　演出的戲碼符合當年德國上層階級的口味，以調侃德國政局爲劇本的內容（或稱主題）。因之，這些自製、自導、自演的戲碼，不過顯示外行人的胡鬧，談不上是藝術演出。

賴士敦　　　　　　費特　　　　　　伊萬
William Ralston　　Afanasy A. Fet　　Evan Turgenev

И. С. Тургенев на даче братьев Милютиных в Баден-Бадене, 1867 год
1867年屠氏在巴登城友人米留欽兄弟的別墅中喝下午茶

　　屠格涅夫在巴登生活的七、八年間，其重心都擺在韋雅朵一家之上。除了寶琳的友誼與愛情比以往更爲堅貞之外，在使用德文給寶琳的信上，屠氏表示不僅要吻寶琳的腳，更坦承沒有寶琳的存在，他的生活會陷入孤絕與失意。除了寶琳之外，便是其第二個女兒珂露娣，此時已長成亭亭如玉的少女，是一位

大有前途的畫家，屠格涅夫寄給她的讚賞信函，其中的肉麻句子不亞於給其母親寶琳的翻版。為了珂露娣，屠格涅夫居然準備31,000法郎的嫁妝（1870），之後激增至5萬，最終達到8萬法郎（1871年）。由此可見他對珂露娣鍾愛的程度超過自己非婚生的骨肉小寶琳。

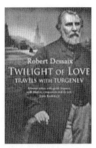

寶琳彈鋼琴與屠格涅夫彈豎琴　　與屠格涅夫同旅（德賽近作）

屠格涅夫非婚生女兒寶琳
特（1842-1919）嫁給法
國人，後來玻璃工廠倒閉
而破產，成為屠格涅夫經
濟上一大負擔（1870年代
照）。

　　終於屠格涅夫驚覺到久居異域，會使一位作家難以寫出偉大的作品；此外《煙》所引發俄人青年一代的嫌惡，也使他突然醒悟其文學路線終究要改弦更張。

　　改變寫作方向的例子，就是描述聳動聽聞真實故事。一般讀者與評論家都讚賞屠格涅夫「鎮靜」、「自制」、「中庸」等為人處世的態度。但他這些美德卻也是遭受批評和打擊的因由。這要從他在1870年所撰述的一篇紀實文章〈特羅普曼行刑記〉說起。該年剛好普法戰爭法國大敗，巴黎政治和社會混亂之際，特羅普曼犯了殺人罪被判死刑。巴黎民眾聚集刑場，觀看行刑的血淋淋情景，屠氏也應邀觀看。他從行刑的前夜到行刑的當日，都在場詳細觀察犯人、行刑者和群眾的一舉一動。但當鋒利的斷頭刀落下的頃刻，他把頭轉向別

處，不忍目擊鮮血四濺的恐怖景象。這是不是表示屠氏心軟或心虛，不敢面對
殘酷的現實？還是這是他對號稱文明的法國，竟然採用殘忍、野蠻、公開的做
法，來教訓民眾不可違紀犯法的抗議？

　　屠氏在行刑最後一刻不敢觀看，是他一生溫文謙讓、中規中矩的表現嗎？
對此，杜思托耶夫斯基大加嘲諷，認爲是屠氏虛矯、假文明的惺惺作態。近期
的研究顯示，屠氏因好奇受邀觀刑，在刀落頭斷的片刻無法原諒自己因爲好
奇，而參與這野蠻的遊戲，所以把眼光投向他處，避開血淋淋的現實，這是他
中庸、溫和、自制的作風體現，也是一種自我贖罪的方式。不過，公開行刑乃
是文明之恥，一向被視爲落後野蠻的俄國，還可能在臨刑前終止（杜氏因沙皇
一紙命令而離開刑場，流放西伯利亞）。屠氏在文末提起故國，可能是鄉愁的
表露，而非對落後野蠻的俄國在行刑方面，比起文明的法國高明的頌揚。這
也是〈特羅普曼行刑記〉標誌了作者的爲人與其文風，以及其聲望式微的原因
（Lieber 2007: 667-681）。

死囚特羅普曼接受神父的告解

　　賈可遜（Robert Louis Jackson）提及特羅普曼行刑的那一瞬間，屠格涅夫
之所以轉頭不直視，正顯示紳士型的中規中矩（gentmanly decency）。這構成
其作品倫理學上和美學上的基礎，根源於道德和藝術上最深沉的性質：「這種
性質視溫和、適度和自我節制是文明的保護措施」（Jackson 1993: 54）。

　　1871年普法戰爭爆發前夕，討厭法國拿破崙三世的韋雅朵一家和屠氏不想再搬回巴黎定居，於是三人及其子女在德國卡爾斯魯、威瑪等地暫居一段時間。由於寶琳聲帶轉壞，在德國大城巡迴演唱的收入不佳，全家決定移居倫敦。寶琳在英京教授歌唱、鋼琴的所得，加上演唱會的收入，比在巴登的私人舞台更爲豐厚。遂於1870年10月渡海赴倫敦。屠氏也在該年11月尾隨而至，結束在巴登的幸福日子，又掀開海外移民生活的新頁。

倫敦橋（The London Bridge）

寶琳張口唱歌

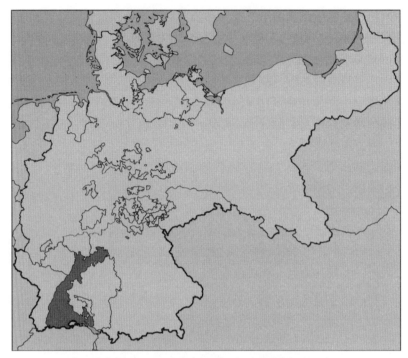

巴登公國的地理位置，溫泉市巴登就在公國狹長領土之中心上

巴登城俄國人常聚集禮拜的東正教教堂

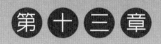

第十三章

鳩雀同巢，巴黎的共居

第十三章　鳩雀同巢，巴黎的共居

・居留倫敦期間與英國作家和政治家交往

・隨韋家遷回法國住布吉瓦別墅，鳩雀同巢

・與都德、左拉、福樓貝、莫泊桑聚會於巴黎

・款待旅遊法國的柴可夫斯基等音樂家、畫家、雕刻家

・屠氏似乎患上「斯拉夫的迷幻」症

・1873年初識符列芙絲卡雅伯爵夫人

・女婿事業破產，屠氏奮力接濟

・韋家女兒與男孩對屠格涅夫的態度

　　1870年10月，寶琳帶著兩個女兒前往倫敦之後，在信上催促屠格涅夫赴英京相會，此時路易與保羅仍在巴登。不久，兩家合住在倫敦。某日，屠格涅夫在寶琳家中看到報紙上刊登有關寶琳逝世的訃文，假如屠格涅夫當時不在韋家，相信他必然當場心臟病發作。英國小報的這種錯誤報導，也曾把居住巴黎的同姓同宗屠格涅夫的喪事當成伊萬死亡之報導，令他啼笑皆非。1871年春，屠格涅夫返回俄國停留五週，又返回倫敦，因為沒有見到寶琳一家對他而言痛苦非凡。

　　在停留英國與訪問蘇格蘭期間（1870年10月至1871年7月），屠氏與英國名作家卡萊爾（Carlyle）、狄爾克（Charles Dilke）、斯溫奔（A. S. Swinburne）、布郎寧（Robert Browning）、艾略特（George Eliot）來往，也受愛好藝文的政治家米爾內斯（Richard Monckton Milnes）邀請，去蘇格蘭參加史考特（Walter Scott）的百年冥誕，並發表演講。但其演講詞及其姓名為蘇格蘭報紙誤報，使屠格涅夫感覺不快。1871年普法戰爭結束，巴黎公社的起義也接近尾聲。法國共和重建，痛恨拿破崙三世（被普軍俘虜）的路易・韋雅朵，決定離開德國境內的巴登城，把其住屋連同屠氏轉讓的華廈，賣給莫斯科的銀行家，重返巴黎定居。屠格涅夫雖討厭巴黎，但與韋家已結成生命共同體，只好也隨著韋家搬回花都。他們冬天住巴黎，夏天則搬往塞納河上布吉瓦（Bougival）市。直到屠氏1883年逝世，他一直住在韋家舊宅三樓的小房間中。因空間小，裡面堆滿雜物，但卻是屠格涅夫最後十多年棲息之處。這時寶琳已50歲，伊萬53歲，路易70歲，他們不像早年避諱，怕別人說閒話，此時三人住在同一個屋簷下，怡然自得。

　　路易從不介意屠氏介入其家庭，覺得每日見到他是再自然不過之事，伊萬與寶琳之間關係的神祕，外人只能霧裡看花，其實簡單地說就是他對她的摯愛與愚忠。他對寶琳及其家人無私的奉獻溢於言表，他的生活方式也深受韋家影響，寶琳的願望乃至其事業生涯的發展，對屠格涅夫而言都是使命必達。她對他的重大影響力，有無濫用之嫌，沒有證據能夠顯示他們彼此之間有無互相利用（Shapiro, *ibid.*, 244）。不過有人卻認為寶琳既滋養（nurtured）他，又折磨（tortured）他。從他們相識至相愛起，伊萬的著作幾乎都經過寶琳的過目、批評、建議，才投稿發表。她不關心內容，只在乎作品的格式和融貫。因她要求改正錯誤，而恢復他堅持的原則：充滿活力和文筆流暢（Hochstein 2002: 648）。屠氏的文學成就可以完全歸功於這位精明厲害的女藝人的循循善導和鞭策提撕，最終才能達到臻境。

　　但他們這種關係，在當年僅7、8歲的長女路易絲（Louise Héritte-Viardot）的眼中卻不是滋味。她在1907年出版的信上，指摘屠格涅夫像海綿一般，多年來吸食其父母的血汗。雖然這種說法有欠公道，但這是因屠氏對其母的畸戀，導致路易絲心理的不平衡（*ibid.*, 234-235）。

　　在停留巴黎期間，屠格涅夫與法國文壇巨匠常有來往，甚至與都德、左拉和福樓貝於1870年3月4日一齊欣賞歐吉厄（Émile Augier, 1820-1829）戲劇：《卡薇樂夫人》（Madame Caverlet）。劇終時女主角的兒女拒絕給未曾正式結婚的生父吻手，觀眾拍手叫好，只有屠氏在包廂上噓聲不斷，造成巴黎藝文界的一椿笑談。在他看來，結婚有兩種，一種是合法隨俗，另一種是未婚同居；是故婚生與非婚生的子女對他而言都應同等看待，而對法國政府一味反對離婚頗不以為然。

卡萊爾（1795-1881）　　布朗寧（1812-1889）　　艾略特（1819-1880）
Thomas Carlyle　　Robert Browning　　George Eliot

　　屠格涅夫在法國同代作家中，除都德、左拉、莫泊桑、喬治桑、田恩（Hyppolite Taine）外，最推崇的是福樓貝，他把他們的作品介紹給俄國的讀者。兩人的友誼來往卻有點似男女的相悅之情；在此親密關係中，屠氏以陰柔「女性」的溫婉，同情與支持落難的福氏（Moser 1972: 36-37）。另一方面他也把同代俄國作家，特別是與他交惡的托爾斯泰作品推薦給法國文藝界。

都德	左拉	福樓貝	莫泊桑
Alphonse Daudet	Émile Zola	Gustave Flaubert	Guy de Maupassant
（1840-1897）	（1840-1902）	（1821-1880）	（1850-1893）

　　屠氏對音樂、繪畫、雕刻等藝術，樣樣都很喜愛，也有相當程度的造詣。他接觸的外國畫家、雕刻家，有很多位對俄國柴可夫斯基的作品推崇備至，也讚賞林姆斯基－科薩可夫和穆索斯基（Modest Mussorgsky, 1839-1881）的作品。俄國朋友對屠格涅夫隨韋家搬遷各地，長期居住異鄉，而脫離他生長的故鄉那麼久，以致其創造力不若之前旺盛，不無微詞。不少友人甚至譴責法國的文學界、藝術界，剝奪了他們祖國偉大的作家之才華。

　　這種對愛情盲目地屈服，其實屠格涅夫偶爾也會覺得孤單，彷彿人生缺少什麼東西。這個有悠久文化與傳統滋養的俄國人，居然迷戀異國的女子至此地步，實在令人匪夷所思。只能說他在異鄉的孤獨感、疏離感，使他不計毀譽當起第三者。他在與友人的通訊中，不時流露沒有歸宿的悲涼，以及寄居別樓的感嘆。也許是與寶琳的打情罵俏、思慕之戀，讓他能暫時跳脫被別人「奴役、操縱的苦境」（Cruise 2015）。

喬治桑	田恩	柴可夫斯基	林姆斯基－科薩可夫
George Sand	Hyppolite Taine	P. I. Tchaikovsky	Nikolai Rimsky-Korsakov
（1804-1876）	（1828-1893）	（1840-1893）	（1844-1908）

Застолье классиков. А. Доде, Г. Флобер, Э. Золя, И. С. Тургенев
與都德、福樓貝、左拉一起閱讀、暢談和喝酒的屠格涅夫

　　在巴黎的韋宅，每星期四有音樂會，參與者有上述法國作家，還有雷農（Renan）、古諾（Gounod）、聖薩翁（Saint-Saëns）和龔庫爾（Edmond de Goncourt），甚至還有來自俄國的盧賓斯坦（Rubinstein）、Wieniawski、Sarasate等人。每個禮拜日則有牌戲、詩歌、朗誦，其中屠格涅夫的健談、愛說笑以及唱作俱佳的詼諧表演無人可及。夏天韋家住在布吉瓦（Bougival）宅第，可以俯瞰塞納河全景，另在旁丘陵高處，屠氏另蓋了一間木屋，可以遠眺附近的山巒與河流，他在此享受人間難得的悠閒與清幽，難怪他樂不思蜀。不過，一般而言，他雖身處異鄉，心卻始終牽掛著祖國。

　　無論是巴黎還是布吉瓦，來訪的俄人絡繹不絕，不是慕名好奇前來拜訪，便是俄國流浪海外的藝人來借錢求助，就連革命份子的籌款也登門「求援」。屠格涅夫總是來者不拒，盡力幫助，明知借出的錢可能無法討回，他還是慷慨解囊、不求償還，熱心接待來訪客人。

　　由於他住二樓，特別裝了一個傳達聲音的「孔道」，讓寶琳在樓下彈琴、唱歌的琴音或歌聲，能傳到他的房間。有時在與訪客交談時，樓下傳來樂音或歌聲，屠格涅夫就會沉醉於樂音之中，直至他回神後，才向賓客道歉，繼續中斷的談話。

　　所有法國友人都評論這位53歲的「偉大老人」，身材魁梧、雪白雙鬢與鬍鬚、灰色頭髮、大而尖的鼻子、深懷長思的眼光是那般神祕、憂傷的鄉愁。這些引人入迷的魅力，似乎都來自他斯拉夫的種族與源起（Troyat, *ibid.*, 106）。

　　在福樓貝的心目中，這個在巴黎文壇被戲稱為「善良的莫斯科佬」之屠格

涅夫，對文學的細節鉅細靡遺都熟知能詳，而他的舉止優雅，與人相處愉快。難怪韋雅朵全家不稱呼他的姓名，而稱「軟梨子」（soft pear）。福樓貝則認為屠格涅夫對韋家大小的乖順，正顯示他性格的軟弱。

　　由於伊萬精通西歐各種語言，有一次在法國作家集會的禮拜日，他把歌德的〈普羅米修斯〉（Prometheus）德文原作，即時用法語翻譯、朗誦，使在座的都德、龔庫爾、左拉和福婁貝，個個如醉如痴、嘆為聽止。都德說「我們坐著靜聽，天才〔的屠氏〕怎樣翻譯另一天才〔歌德〕〔的作品〕」（ibid., 109）。

穆索斯基	古諾	雷農	聖薩翁
Modest Mussorgsky	Charles Gounod	Ernest Renan	Camille Saint-Saëns
（1839-1881）	（1818-1893）	（1823-1892）	（1835-1921）

　　屠格涅夫常陷於精神恍惚中，甚至白日還有夢幻（hallucination）的目擊怪事體驗，這可以稱為「斯拉夫的迷幻」（Slav mists）。就像他曾在韋家走下樓時，見到路易一身獵裝打扮，可是進入餐廳卻又看見路易危襟正坐在客廳中。此外，他還曾見到女鬼用法語與他交談。他奇怪的雙重人格，不但表現在對祖國鄉土、民俗的熱愛，也同時出現在對西方文明（特別是法國的文學與藝術）的偏好上。他對傳統東正教的教會之教規的排斥，反而助長他對另一個世界的存在之深信，為此他才會寫下《夢》、《鬼魅》、《狗》、《錶》、《咯、咯、咯》、《阿列克西神父的故事》等怪誕不經的著作（Troyat, ibid., 111-117）。

布吉瓦12世紀的聖母教堂

屠氏在布吉瓦的別墅

聾庫爾

都德

左拉

福樓貝

　　1873年後期，他在祖國莊園逗留，與符列芙絲卡雅（Юлия Вревская; Julia Vrevskaya）伯爵夫人相識。符列芙絲卡雅美麗、充滿智慧，熱情如火，她喜歡與名人攀談，因之對名作家屠格涅夫之愛慕，做了某種程度的友好反應。不只在施帕斯科耶兩人有所來往，後來在德國溫泉鄉卡爾斯巴特（Karlshad）和巴黎兩人還再度碰頭。伊萬在給符女士信上，坦言若非年歲大增，他必然向她求婚，還再三寫出「多麼期待吻妳那漂亮的手指」，甚至露骨地說出想做出「愚蠢之事」、「妳能不能幫我一下忙？」其實此時他已覺年老體衰、心有餘而力不足，要享受魚水之歡，只能靠想像幻思。這位伯爵夫人後來在土耳其和俄國爆發戰爭時，與兄長赴保加利亞前線協助看顧傷患士兵，在前往保國戰場時罹患傷寒而病逝。屠格涅夫聞訊幾乎癱瘓崩潰（*ibid.*, 116-117）。

俄土戰爭　　　　　　　　　俄羅斯人與保加利亞人所禮讚的女伯爵
　　　　　　　　　　　　　　優麗雅・符列芙絲卡雅

Баронесса Юлия Вревская. На свои средства снарядила санитарный отряд в годы русско-турецкой войны, где она была сестрой милосердия и где умерла от сыпного тифа. Ей посвящено «Стихотворение в прозе»
優麗雅・符列芙絲卡雅伯爵夫人參與俄土戰爭前線救援團，不幸壯志未酬身先死，染上傷寒而香消玉殞，令屠格涅夫傷心欲絕，哀悼之念出現於其後結集為《散文詩》中的一篇。

　　1871年秋以後，屠氏的痛風頻頻出現，造成他無法如約去探視女兒寶琳特生產的女兒；後來寶琳特在1875年產下一個男嬰，屠格涅夫連探視的意願也沒有。反之，對珂露娣臨盆以及產後母女均安，屠格涅夫的關注遠遠勝過自己非婚生女兒。小寶琳的信上埋怨父親對她及其女兒和兒子平安的誕生關心不足，作為阿公之屠氏，也屢次以生病為藉口，遲遲沒有前往法國小城路格蒙（Rougemont）探視。

　　由於不滿意《俄羅斯記事報》編輯卡特可夫（Mikhail Nikiforovich Katkov 1818-1887）仇視自由主義而趨向反動，屠氏決定不再向此一雜誌投稿，而改投稿給施塔修列維契（M. M. Stasiulevich）所主編的《歐洲記事報》（*Вестник Европы*）。1869年該刊物刊出屠格涅夫所著〈貝林斯基的回憶〉，1870年又刊出〈特羅普曼行刑記〉；甚至在他逝世之日，屠格涅夫的小篇文章都發表在此強調社會與文化問題討論的雜誌之上。在普法戰爭開始前，屠氏與該雜誌都站在德國人一邊，其後德國的霸權湧現；而法國拿破崙三世潰敗，恢復共和，他與該社轉而支持法國，抨擊德國的霸權思想。相同的看法也反映在抨擊俄國執政者，包括另一位名叫托爾斯泰（Dmitry Andreyevich Tolstoy, 1823-1889）的俄國教育部長身上。此君的教育改革不夠徹底，不符合民粹之要求，徒令自由派失望。

　　1870年代初期屠氏的文學著作乏善可陳，直至《處女地》（1876）的發表，才又恢復文學家的聲譽，因為此一小說不愧為大師級的傑作。這中間唯一可數的成果為《春潮》（1872），另外便是刊載在《歐洲記事報》的三篇短文〈咯、咯、咯〉（1871年1月）、〈普寧與巴布林〉（1874）和〈錶〉（1876）。此外，在1872年年底，他又為《獵人筆記》增加另一篇題為〈戚爾托普哈諾夫的末路〉和〈那不過是馬車輾地的咯咯聲！〉（與前面〈咯、咯、咯〉的不同的小故事）都出版在1874年。

　　在寶琳的三女一子中，如前所述，長女路易絲（Louise）不喜歡伊萬，也是性情孤僻的女人。次女珂露娣（Claudie）為屠氏所鍾愛，因而厚賜嫁妝。三女瑪莉安（Mariane）也得他的歡心。這三位女兒多少遺傳其母親的音樂細胞，么兒保羅（Paul）曾是出色的小提琴家。屠格涅夫曾推薦他赴俄表演，但表演不算成功，似有酗酒、脫序、行為不端之嫌。他也不受伊萬所喜愛。但他的誕生（1857年7月20日）卻引起多方的猜測，包括韋家後代都懷疑他是屠格涅夫再次返回法國，重新投入寶琳的懷抱時，兩人歡聚之傑作。儘管屠格涅夫對此始終不肯承認，一生沒有對其表現他向來所樂意和負擔的「作為人父」之角色（Troyat 1991: 61）。

普法戰爭

寶琳為女兒珂露娣所繪的側面素描

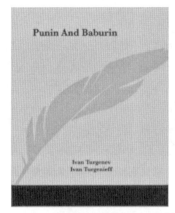

《普寧與巴布林》之英譯本

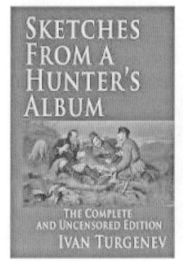

《獵人筆記》英譯

中年邁向老年的伊萬

屠格涅夫冬天住巴黎寶琳公寓，夏天則在巴黎郊外布吉瓦消暑

伊萬・屠格涅夫與寶琳・韋雅朵譜出終身非凡的愛情故事

位於倫敦市中心屠格涅夫的石像 　　　伊萬給寶琳的情書

第十四章

《春潮》的撰寫與出版

第十四章　《春潮》的撰寫與出版

・《春潮》的內容與特色

・此一暴露女性大膽欲求的小說居然未經寶琳審閱

・哈特曼與叔本華哲學的影響

・屠氏預知佛洛伊德的性心理學？

・對符列芙絲卡雅的迷戀與狂思

・〈咯、咯、咯〉一篇怪誕的故事

・〈活屍〉與〈夜行記〉增強其後新版的《獵人筆記》

・《煙》一小說所引發的抨擊已稍歇

・《處女地》的主角──符列芙絲卡雅

・「屠格涅夫的女娃」

・《處女地》（1876）的構思和資料蒐集

・虛無主義和民粹主義

　　《春潮》內容敘述一位年近52歲的俄人，回憶自己三十年前在暢遊德國、義大利的某日，在法蘭克福街道漫步時，突然看到一家餅店的少女奔出家門，尖聲求救。原來這位少女名叫葛瑪（Gemma），她的弟弟突然昏迷，全家不知所措，幸有這位正好路過的俄人及時伸出援手，化解危機。這位意志薄弱但心地善良的俄國青年，名叫沙寧（Sanin），後來著迷於葛瑪的美麗，決定延期返回聖彼得堡，而在法蘭克福暫時居住下來。葛瑪17歲的弟弟艾迷羅（Emilo），及其寡母羅惜麗（Roselli）爲義大利人，家中還有一位幫傭。葛瑪全家大小都十分歡迎沙寧留下。但是葛瑪原本已經決定要嫁給一位名叫柯履薄（Klüber）的德國年輕人，他是一位木訥不解人意的某商店雇員。

屠格涅夫《春潮》的英譯本封面

　　故事高潮之一爲葛瑪一家出遊，在飯店吃午餐時，碰見鄰桌一群德國年輕軍官，當中有一位身材壯魁者，企圖調戲美麗的葛瑪，同行的未婚夫卻只能把憤怒發洩在飯店服務生身上。此時，只有沙寧訓斥那位德國軍官，甚至向他挑戰，結果雙方言明要求決鬥，後來軍官自覺理虧而取消一場生死決鬥。

　　對這場決鬥的始末，屠格涅夫的描寫似乎不夠深入，這與列蒙托夫在《我們時代的英雄》中，裴秋林決鬥之血淋淋的敘述，不能同日而語。沙寧的勇敢贏得葛瑪的歡心，決定與柯履薄解除婚約，但寡母堅持葛瑪婚後還要繼續住在娘家，要求沙寧回聖彼得堡出售其家當土地，再來法蘭克福定居。在決定回俄前，沙寧碰見昔日同窗柏洛左夫（Polozov），他答應幫助沙寧出售家產。柏氏那時剛與富裕、美艷的女人馬莉亞（Maria Nikolaevna）結婚，住在威斯

巴登城。在同窗邀請下，沙寧抵達威斯巴登，卻受到這個妖豔縱慾的馬莉亞之蠱惑，變成這位性慾無節制的女人之玩物。由於馬莉亞的色誘，使沙寧對葛瑪純眞的愛情煙消雲散。而馬莉亞的丈夫柏洛左夫對太太的淫蕩視若無睹，只要有吃有喝，能享受飲宴之樂，什麼禮節、廉恥、道德都拋到腦後。意志薄弱的沙寧受騙，成爲財大氣粗的淫婦的眾多玩物之一而無法自拔。諷刺的是那位不敢與沙寧決鬥的德國軍官，居然也是這位蕩婦的情夫，身上佩帶與沙寧相似的「愛情信物」。

屠格涅夫《春潮》不同的英譯本封面　　　　海明威的小說《春潮》

　　這一故事是屠格涅夫所有小說中，對於男女縱慾最大膽的描寫，連他自己都向德國友人皮奇（Ludwig Pietsch）坦承「這是我最不道德〔的一本著作〕」（L. IX, 157）。故事的結尾爲沙寧無顏回法蘭克福與葛瑪一家再見，沙寧成爲馬莉亞眾多縱慾的男人之一，可是不久他便被馬莉亞所遺棄。從此沙寧的人生喪失光彩和快樂，最後得知葛瑪一家移居紐約，葛瑪也與美國人結婚，生活美好圓滿。於是沙寧賣掉家產，跑到美國，企圖在曾經心愛的女人住處附近，尋找一處新窩，度其殘生。

　　屠氏花了整整十八個月撰寫思考，爲這篇小說一改再改，可見他對此作品非常看重。此篇小說既不涉及政治，也與社會問題無關，純就男女的關係加以描繪。此篇在寶琳未閱讀之前便交給出版商，令人懷疑他是否有所忌諱，深怕寶琳懷疑故事女主角的淫蕩有影射她之嫌。從寶琳的丈夫（路易）對《初戀》一小說的情節有所批評，可以看出他不可能同意《春潮》的故事發展與人物安排。可惜沒有證據顯示韋雅朵夫婦對此篇小說的反應，儘管屠氏堅稱曾得到兩

位的稱讚。

　　不過成為激情的囚犯這一主題在屠格涅夫的小說中屢見不鮮，只是沒像
《春潮》那樣地暴露男女的縱慾過度而已。但隱藏在此小說背後的觀念是，
性是無意識的巨大力量，足以蓋過人們的理智，只是這種佛洛伊德（Sigmund
Freud, 1842-1939）的說法，在1870-1871年間尚未流行在俄國知識界，儘管哈
特曼（Eduard von Hartmann, 1842-1906）的《下意識的哲學》（*Philosophie des
Unterbewußtseins*）在1869年出版，但屠氏似乎未曾閱讀該書。他把性當成世
界的能量之看法，在人有意識的存在之外，大肆活動的力量，書中沙寧受誘惑
和馬莉亞的縱慾，都是受此力量的迷惑與宰制。至少女方的這種偏好狂妄是受
到叔本華（Arthur Schopenhauer, 1788-1860）哲學的影響。叔本華所著《意志
和理念化身的世界》之第四卷，涉及兩性愛慕的形而上學，似乎是屠格涅夫這
一靈感的泉源。這裡頭暗示弱男與強女的配對，和「激情產自第一次眼神的接
觸」（一見鍾情）等等念頭之上。

哈特曼
Eduard von Hartmann

叔本華
Arthur Schopenhauer

佛洛伊德
Sigmund Freud

　　《春潮》俄文版出版後，法文、德文和義大利文譯版也相繼推出。1874
年在美國出現英文版，不久之後屠格涅夫的聲名，在美國比英國更為響亮。
1874年4月，年輕的詹姆士（Henry James, 1843-1916）強力的讚賞屠格涅夫之
作品，接連刊出屠氏的書信，於是屠格涅夫在新大陸藝文界聲名大噪。屠格涅
夫一度有意訪問美國，但一直未成行。他和詹姆士在1875年相會於巴黎，兩人
從此奠立深厚的友誼基礎。

　　福樓貝對此篇小說推崇備至，但龔庫爾（de Goncourt）卻嚴厲批評。

德國文學界則視此書爲對德國人的攻擊，德國友善的批評家施米特（Julien Schmidt, 1818-1886）認爲，書中對德國軍官的囂張（因普法戰爭，德國對法國表現的粗暴）寫得有點誇張。對此作者曾表示些許的歉意，不過也指出比起德國人，他對俄國人的愚昧、自私、高傲批評得更爲厲害。此一小說引發了俄國評論家，不論左右派（尤其是激進人士）都極力地批評。

　　另外一篇小說〈咯、咯、咯〉是敘述19世紀初，俄國一位年輕軍官自殺的因由、經過和結局。其起因是一位早已死亡的女人陰魂不散，一直糾纏他的緣故。屠格涅夫號稱理性主義者，但他多少有些迷信的看法，所以鬼魂的出現都可以合理地加以解釋。這也成爲19世紀俄國知識份子共同的性格的一部分。他曾向友人透露本身經歷不少靈異怪誕的碰撞。他曾嘗試對自殺做出說明，認爲自殺爲自我愛惜的過度表現，是宿命論與致命論的綜合。

福樓貝　　　　　　　龔庫爾　　　　　　　詹姆斯

　　第二篇小說〈普寧與巴布林〉則是19世紀中葉裴特拉雪夫斯基（Petrashevsky）激端派份子反叛鬧事之故事。第三篇〈錶〉則是保羅一世與亞歷山大一世統治時代發生的故事。故事中的錶爲兩個小孩企圖要丟棄擺脫之物，因爲這錶爲人們帶來噩運，造成連小孩都要嫌棄走避。

И. С. Тургенев, 1871 г（1871年的屠格涅夫）

　　加到新版《獵人筆記》三篇之一的爲〈威托普哈諾夫的末路〉，這是涉及一匹馬的精彩故事。〈活屍〉則是描述農家少女不慎墜樓，後來成爲一個終身臥床植物人的動人故事。這是一篇對命運的服從與信仰的堅持的寫實文章，據說這是17歲的屠格涅夫在母親的莊園暗戀的不幸少女之寫照。另外，〈夜行記〉（原題爲〈那不過是馬車輾地的咯咯聲！〉）一文，則敘述在路況不佳，盜匪猖獗的俄國鄉間旅行的恐懼遭遇，雖主人與車夫未遭盜匪搶劫傷害，卻也因爲後面由遠而近的馬蹄聲，而感到害怕，弄得主僕兩人緊張萬分。這是一篇深刻描繪有關驚悚恐懼的心理學分析之佳作。

　　1870年代初（1871-1876）屠格涅夫返俄次數只有三次，或處理產業留下的事務，或是找尋其著作的靈感，因爲他正在籌思小說《處女地》的人物、主題、布局等事宜。這三次返俄旅程，他頭一次沒有返回施帕斯科耶農莊，因爲他準備把土地連同建物出售。最後售地不成，改爲出租給鄰居，租期從1876年算起，長達十二年。在他三次返俄短期停留期間，於給寶琳和珂露娣的信中表示：他不但思念韋家大小，且急於返巴黎與他們同住。

　　這幾次返鄉之行，除了尋求寫作的靈感，主要也把寶琳所譜的法文與德文歌詞譯爲俄文，出版成歌集。出版費大多由屠氏負擔，他不曾向寶琳索取分毫的費用。發行後銷售情況不如預期，他也不敢向寶琳透露實情，特別是俄人對她新歌集沒有什麼熱烈的迴響。

　　前面曾經提過，屠氏一度在施帕斯科耶莊園附近出資蓋過學校與老人院。他曾經吩咐農場經理更換學校不適任的校長，另外出資修繕校舍，並付教員薪資（每年200盧布）。至於救濟院部分，其兄罕見地捐出1,000盧布（1870年），顯示兄弟兩人的善行義舉。只是身爲農民子弟的學生從原來60多人減爲17人，人數雖減，但他們似乎都接受了良好的教育，能讀能寫，不再是文盲。

　　1871年，返俄另一原因是因爲痛風纏身，想要尋求故鄉的撫慰，吸收故鄉的空氣使他精神大振。1874年再度回鄉，發覺氣氛有所改變，因爲年輕一代的俄國青年，對他不若前人懷有敵意和憤恨，反而釋出不少的善意。這時《煙》所激出的震撼已稍歇，而他的作品重獲讀者群的擁戴，使他信心大增。

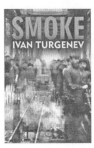  

《煙》這部小説有不同的英譯本及其封面

　　屠格涅夫的平生受個人性格和身分的影響，這次（1874）返鄉之所以深覺愉快，與他的際遇、感情、生活分不開。這次，他經歷另一女性的「愛慕之意」（*amitieés amoureuse*）。這位女士乃為前面所提到的符列芙絲卡雅（Julia Vrevskaya）伯爵夫人。這是一位在高加索戰死的將軍之遺孀，她嫁給將軍時年僅17歲，不久便守寡。她是一位知識淵博的大美人，屠氏與這位出色的女人交往長達四年，直至1878年伯爵夫人逝世為止。伊萬曾經寫了三百五十封信給伯爵夫人，他在信上透露愛慕之思念。但符列芙絲卡雅卻似乎從未透露對屠氏有超過友誼的愛情，這也是造成屠格涅夫抱怨的原因，責怪女方始終保持神祕和不肯吐露隱私，特別是不理解男人的感受。

　　這位伯爵夫人的莊園就在施帕斯科耶附近，她曾要求這位聲名遠播的鄰居前來造訪。但屠格涅夫卻很少來拜訪，這是由於他痛風發作而不良於行。1874年6月，伯爵夫人與兄長到巴黎逗留五日，與屠格涅夫見面暢談。但伊萬卻告訴寶琳這對兄妹只作短暫的醫療之旅，就怕引起寶琳不快。這大概是之前與藍伯特夫人的暗戀曝光，引起寶琳的嫉妒，屠格涅夫必須小心應對，才不會引發寶琳及其女兒珂露婏的猜疑。

赴前線照顧傷患身先死的伯爵夫人　　　年逾55歲的屠格涅夫仍性趣不衰

　　1875年屠氏與女貴族因養病，而在卡爾巴德（Karlbad）碰頭，這次見面增加了他對伯爵夫人美麗的胴體之幻想。但女方似乎有所疑忌與戒備。因之，屠氏的狂想無法得逞。在1877年1月26日致伯爵夫人的信上，屠氏強調對夫人的友誼之真摯，愛慕之深重，對於女方的矜持和不肯透露愛戀的感受，他表示遺憾。最後強調兩人的友誼將會長存云云。不過可以理解的是，屠氏期待女方做出示愛的第一步，最後兩人才會嚐到肌膚之親的快樂，其情節一如《春潮》男主角沙寧一樣，受到充滿情慾的馬莉亞引誘，而喪神失志最終沉淪。

　　一如前述，1877年6月俄土戰爭爆發，符夫人上前線當護士，卻在保加利亞因染上傷寒而逝世（1878年1月24日）。在《散文詩》中，屠氏有專篇紀念這位亂世佳人。他寫道：「兩、三個男人私下熱愛她⋯⋯但為幫助需要幫忙的人，她〔毅然走上前線〕尋找她的快樂。在真實中只有這種助人為樂的心志，使她勇於承受生命之重」。她獲得受難者的冠冕，這是她靈魂所嚮往的。這位勇敢女士的作為，成為屠氏下一部著作《處女地》主角之模型。顯然，屠氏善於與少女在精神上、思想上、知識上做溝通，這群少女通稱「屠格涅夫的女娃」，這包括只活二十六年便香消玉殞的歷史學家卡威林（K. D. Kavelin）的女兒索菲亞（Sofia），以及韋家長女路易絲（Louise）的摯友蒲蘭貝（Elena Blaramberg）。後者以筆名撰寫在布吉瓦度過晚年的屠格涅夫的點滴。

　　1876年開始撰著的《處女地》，是涉及他研究俄國政局演變後的成品。這牽連到1861年農奴解放後俄國的政情發展，特別是革命勢力的膨脹。故事大要是在1870年草擬，全書的初稿完成於1872年和1875年年初，準備工作包括他在1871年至1874年之間的三次返鄉之旅。為了增進現實理解，他花了不少時間參觀俄國法庭和處罰青年犯罪的監獄，以及刑事機構，同時也與俄國和法國革命份子交談。這是繼《父輩與孩輩》之後知識性的轉變與嶄新的敘述。

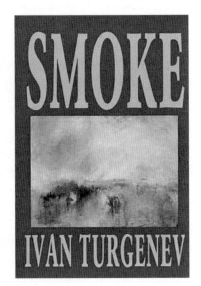

《春潮》和《煙》的英譯封面

《處女地》的出版及其反響

第十五章　《處女地》的出版及其反響

・《處女地》係對俄國革命勢力和活動的分析
・此小說不把俄國的振興寄望在自由主義之上
・《處女地》刊布兩年後，各方評論大爲改變
・「五十人大審判」
・1879年返俄受到大學生邀請演講大受歡迎
・沙皇亞歷山大二世遭刺殺而亡
・激烈革命理論家特卡切夫

　　《處女地》爲屠氏晚年最長的小說，內容和結構都很複雜。在某一層次上，這似乎只是一個羅曼蒂克的愛情小說；但在另一個層次上，則是對俄國革命勢力的崛起和活動做深入的分析。故事雖描寫1868年俄國激進青年的社會運動，事實上更符合1874年至1875年間的民粹革命情勢之鋪陳。就像他之前的小說一樣，屠格涅夫小說中的角色大多是眞實的個人，再配合他想像與改造的技巧，呈現出的活生生之人物。

　　小說《處女地》的開始爲幾位富有革命精神的青年男女，在一位不露面的背後領袖指揮下，討論怎樣向農民分發傳單，準備起義。其中一位意志堅決、生活清苦的婦女馬淑莉娜，正等候她愛慕的熱血青年聶茲達諾夫的出現。聶氏爲貴族非婚生兒子，是一位敏感、會反省的積極份子，受聘於政府官員擔任家庭教師職。這位官員是自由派官僚的縮影，表面上開明、溫和，內心則追求私利與顯達。高官家中寄住一位漂亮、氣質非凡的少女，是高官太太的姪女，她名叫馬莉亞娜。高官的小舅子對馬莉亞娜一見鍾情，但遭這位少女的婉拒。這位小舅子是狂熱的革命份子，曾因散發革命傳單，被農民出賣而遭到逮捕，其勇敢無畏、從容就義的精神令人感佩。

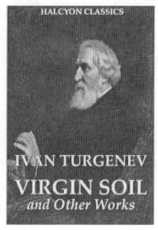

《處女地》各種不同英譯本封面

　　聶茲達諾夫不久後與馬莉亞娜發生感情，兩人協議逃出高官森嚴冷酷的宅第。他們受到附近工廠廠長索洛敏的庇護，讓兩人躲藏在工廠附近的宿舍裡。由於聶茲達諾夫具有哈姆雷特瞻前顧後、疑慮膽怯的個性，因之無法確定自己對馬莉亞娜的愛情是否眞實，也懷疑自己獻身革命的意義所在。在政府圍捕

的緊急時刻舉槍自殺,結束其短暫的一生。在遺書中卻勸告馬莉亞娜要與索洛敏結爲夫婦,比起聶氏的猶豫缺乏自信,索洛敏不但能幹,認眞解決廠內工人的紛爭,掩護遭政府追捕的革命青年,還進一步以務實的態度來改善農民的生活。他在作者的心目中,才是一位新時代有守有爲的青年。他認眞務實,以言教與身教鼓勵其妻馬莉亞娜下鄉,指導農民子弟學習,這些奉獻的表現,是屠格涅夫理想中的革命者之寫照。

　　一開始務實苦幹的索洛敏這個角色的塑造,便是與滿懷革命幻想卻只是一時興起,對現實欠缺認識,對自己毫無信心的聶茲達諾夫之描繪,成爲明顯的對比與區隔。索洛敏的英勇作爲可從一位農業專家的話中得到梗概,他說:「處女地的開發不再靠一把表面上木製的耕犁撥開土層,而是使用〔鐵〕犁深掘」。後來在與通訊的友人說明時,屠格涅夫指出「犁」非指革命,乃是「啓蒙」之意。

《處女地》各種英譯本之封面

　　看過這部小說的人,如果認爲這是屠格涅夫由擁抱改革走向革命之途,是一種錯誤的解讀。他這一生拒絕暴力,認爲此舉既無實效,反而造成重大的傷害。更認爲俄國的改革由下而上是無法達成,只能由上而下逐步推動才有可能。正如《處女地》的配角在批評索洛敏時所說的話:「他最了不起的所在,不是治療社會病痛立即奏效的神醫,我們環顧當今俄國的百病叢生,哪一個人

可以施展魔術，讓這些病痛立刻解除？哪一位可以稱作神醫、術士？難道是達爾文主義？還是農村公社？還是對外戰爭？」雖然神醫難找，但在小說裡，作者仍把希望、同情放在真誠坦率和自我犧牲的年輕一代革命家之身上。

這種同情和期待特別集中在少數卓越的女性身上，1877年2月至5月的審判期間，被控告的革命份子多達52人，其中17位為婦女。在這本小說中，蒼白虛弱的馬莉亞娜雖不如之前其他小說的女主角，像麗莎和艾列娜那樣強壯。但她的作為配合書中行徑與言談怪異的馬淑安娜，也足以顯現女性革命青年的智勇雙全。屠格涅夫的一生十分讚賞女性，認為她們比男人更為卓越、更為精明，他曾讚賞婦女為指引世界走上「燦爛的前途」之領導人；不僅婦女要與男性平等，更要比男性地位高，其明證為英、美、澳洲社會，女人出頭天的機會比落後地區高得多。這些小說中精明強悍的女性構成了屠格涅夫的女娃。

在《處女地》一書中，作者比較新穎的觀念，為不再把開明、溫和、飽含自由主義的地主，當成社會改革的主要力量看待。回顧1860年代，他與赫爾岑的通訊中，強調受過教育的地主階級為拯救俄國沉淪的救星。他本身為貴族中有識之士，曾在當年大力催促農奴的解放。農民獲取自由身曾增強他的信心，認為隨之而來的各種社會改革運動會像巨浪般，無法抵擋。但十年過去，這些希望卻全都落空了；此時他把期待改放在出身其他社會階層，受到截然不同生活磨練的年輕一代，這些像索洛敏這種務實吃苦、不高喊理想口號、懂得經營企業、具有雄心壯志的年輕人，才是俄國振興的希望所在。

他們有效的基層服務建立在雙腳踏的土地上，贏取廣大農民的信任。只要他們不變成貪婪、謀取私利的布爾喬亞階級一份子，俄國自救、改良、振興之夢想才有成真之時日。

經過深思熟慮寫下草稿之後，1876年2月1日在巴黎的屠氏，開始下筆撰述《處女地》。寫下初稿後，他發現文思枯竭，有返回俄羅斯尋求靈感（inspiration）之必要。回到施帕斯科耶停留六週之間（1876年6月6日至7月15日），他全力在寫作，有時甚至工作至凌晨。此時，他完成了302頁，大概是全書的三分之二。後來，他返回法國布吉瓦夏居，在別墅裡增刪文字，直至10月才大功告成。完稿後先給安念可夫過目，再轉送出版社編輯施塔修列維契（M. M. Stasiulevich）審查，終於在1877年年初於《歐洲記事報》頭兩期刊出。由於分兩期刊出，作者和安念可夫擔心俄國內政部檢察署在上集刊出後，會阻止下集的刊登；果然檢查委員會對是否刊出續集意見紛歧，幸而內政部長明快裁示既有上集，必然要刊下集，以免貽笑各方。

　　安念可夫批評此一小說不少處呈現傳單的性質，這點屠格涅夫同意而大加修正。根據屠氏在1879年自道：此一小說刊載之初，讀者反應平平，不如想像的好。原因是讀者責怪故事內容與角色安排都是作者自創，而非俄國現實情況。這是作者遠居異鄉，脫離俄國現實之故。接著批評者改變態度，不再強調這個小說的虛構性，轉身懷疑作者參與各種密謀活動，才能把陰謀造反的宣傳活動寫得栩栩如生。換言之，《處女地》這一小說刊出兩年後，各方評論有了很大的改變，這點令作者非常吃驚。小說刊出之初，反對、敵視的聲音像海浪排山倒海而來。右翼俄人對書中批評俄國的嚴苛大爲生氣；激進份子則抨擊小說中，革命份子的言行不夠偏激，溫和務實的索洛敏被視爲俄國式「酷拉克」（Kulak 富農），或是一位布爾喬亞。1877年2月與3月的「五十人大審判」，顯示了當前的革命運動全貌，因之同情革命的讀者逐漸理解青年造反的必要，從而改變批評的態度與語調。至於革命者本身對此小說的感受有正面，也有負面。持正面的有老一輩革命者和克魯泡特金與拉夫洛夫，抨擊者則有羅帕欽（German Lopatin）等人。

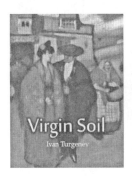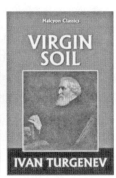

各種不同版本的英譯《處女地》

　　法律史學者卡威林（K. D. Kavelin）及其傑出早逝的女兒索菲亞（Sofia），則非常肯定屠格涅夫的貢獻。特別是索菲亞有一篇很長的評論，是以「五十人大審判」的現實來評析《處女地》。因害怕無法通過審查，而遲遲未發表。評論中指出，此一小說對革命者密謀活動的動機和挫敗有眞實的析述，儘管作者對他們的行動不贊成。「我們每人在一生的某一時刻會傾向於革命，另外的一些時刻則期待改革」。她雖然對索洛敏的存在持疑，卻歡迎這種不尚空談、苦幹務實的新型革命者，因爲唯有這種新型人物，俄國的改變與轉

型才有可能。

　　屠格涅夫在給英國友人，也是其著作英譯者賴士敦的信上指出：俄國有
識的政治家應當從「五十人大審判」中得到結論、接受教訓，要阻擋革命份子
分發給農民起義的傳單，只有採取立憲改革一途。《處女地》在海外的反應激
烈，法文和德文譯版各出現過四種譯版，在原文出版後七、八個月當中，相繼
譯成英、義、波、捷、塞爾維雅與匈牙利文，翻譯者有福樓貝、賴士敦和施密
特（Julian Schmidt）等人。

福樓貝　　　　　　　　　　賴士敦　　　　　　　　　　施密特
Gustave Flaubert　　　　　William Ralston　　　　　Julian Schmidt

　　在出版《處女地》之後數年間，屠格涅夫在與友人通訊中，曾多次提到
不再進行小說的創作，最多是致力於翻譯。在《散文詩》及幾篇小文之後，
他似乎陷於憂鬱沮喪之中，尤其擔憂死亡的即將降臨。這時痛風的出現次數較
以前頻繁，也愈來愈嚴重，這是後來（1883）他死於脊椎癌的病徵。醫生對他
的病痛無減緩的能力，有時只靠「神藥丸」（sodium salylate 水楊酸鈉）減緩
疼痛。在給好友藝術家朴隆斯基（Polonsky）的信（1876年年底）上，他寫：
「我從自己的憂鬱、感傷和疑心這些現象推斷，其根頭不過是害怕死亡而已。
它的自明之理在於隨著年歲的增加，這種死亡的恐懼也在增加」。無論是日記
還是致友人的信，都可以看出1877年與1879年的屠格涅夫，多次擔憂死神突然
的降臨。

　　不過他的憂鬱、感傷常被生活中的享樂，或對政治事件的關懷所掩蓋。
1875年法國政局的演變，特別是君主派政黨與麥馬洪總統的右翼政黨之間的權

鬥，最吸引他的注意。他討厭麥馬洪有復辟波拿帕主義（拿破崙三世君主制）之嫌，對麥氏在1877年10月垮台雖感意外，卻滿心歡喜。

　　他對俄國的巴爾幹半島政策也非常關注，在大斯拉夫主義的心態下，他為俄國戰勝土耳其（1877年4月24日）大為興奮。對於俄土戰事、英法的仇視、俄國的反抗擊發了他的愛國情操。

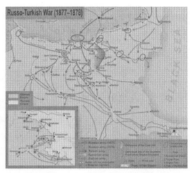

1877-1878年俄土大戰，戰場在巴爾幹和高加索，俄獲勝使保加利亞脫土獨立

　　從1876年後，屠氏幾乎每年返鄉一次，主要在處理其莊園管理不善，所引起的收入短少、開支浩大的問題。1879年他返俄，先被莫斯科大學的教授邀宴，接著受到大學生邀請演講或朗誦他自己的著作。屠格涅夫所到之處萬頭鑽動，歡聲四起，令他高興得快要掉淚；同樣的情況也發生在聖彼得堡大學的盛大集會上。俄國新一代的青年學生和教授，對屠格涅夫的文學成就極大禮讚，他在致寶琳的信上表示聽眾的瘋狂、鼓掌超過二十次以上，要不是一位護衛硬把他帶離人群，他打算與學生廝守在千人大廳中。

　　他這種受人愛戴、擁護的情況，引起當局，尤其是主管國家安全的「第三部門」不得不小心的注意，甚至阻擋他參與更盛大的歡迎會，以免學生釀成暴動。其實屠氏極為節制，不敢觸怒當局，只讚賞大學的開明與學生的認真，認為有異於1840年代新舊兩代的意見隔閡。1870年代末，新舊兩代都站在共同的立場上。

第十六章

暴力、革命和改革運動之失敗

第十六章　暴力、革命和改革運動之失敗

‧屠氏對聶恰耶夫案的關注

‧政府蠻橫鎮壓和民間反抗的加劇

‧與民粹主義女領袖的通訊

‧查蘇莉琪刺殺聖彼得堡檢察總長的始末

‧暗殺事件和「土地與自由」社的抗爭

‧特卡切夫的雅各賓式之暴力主張

　　1870年代初，俄國革命運動發展，有異於1860年代初農奴解放時唯物主義者、虛無主義者、無神論者，致力推翻俄國的政治制體與社會秩序之情況。1870年代底，先是「人民意志」運動的出現，在世紀末期則爲最有組織、力強的布爾塞維主義的走上歷史舞台。

　　1871年7月聶恰耶夫審判使反對革命、暴力的保守份子、反動份子，乃至主張緩和改革的改良派、自由派知識份子大爲吃驚。聶恰耶夫不惜採取各種手段想推翻沙皇政制，其雄心壯志固然有所稱道，但所使用的手段包括對同志的脅迫，卻也使巴枯寧、歐嘉略夫等人寒心，最後終於與聶氏決裂。聶恰耶夫的案件被看成杜思托耶夫斯基《著魔》一書本土主角的現實樣板。

Sergey Nyechayev（1847-1882）聶恰耶夫為19世紀中下葉俄國革命家，隸屬虛無主義派。主張使用暴力乃至恐怖手段推翻沙皇政制。他曾示愛查蘇莉琪，未獲青睞。因與查蘇莉琪通訊關係，被判五年流放。1872年潛逃在蘇黎世的聶氏被瑞士警察逮捕，引渡俄境，遭判苦牢二十年，死於囚房中（1882）。其狠毒造反手段被之後列寧與史達林活用。

　　在1870年代，取代虛無主義的爲民粹主義，也帶有暴力的傾向，主要在致力革命運動。在精神內容方面，有異於虛無主義把宗教的奉獻移向「服務人民」。這是貴族子弟在發覺其奢侈享受建立在廣大民眾的貧困痛苦之上，於是懷著贖罪心態，走入民間服務群眾，補償以往權貴安享尊榮的過失。1860年代末與1870年代初，青年們不再受車尼雪夫斯基的鼓舞，而改接受拉夫洛夫（Piotr Lavrov）的指引。拉夫洛夫向知識份子發出「直接的訴求」，這是後來聶恰耶夫強烈行動的意識型態之來源。拉夫洛夫訴求之中，包括大力改善廣大民眾的無知，鼓勵年輕人下鄉教育群眾，這個理念在1874年形成青少年下鄉，進入廣大民眾的運動，讓年輕人到鄉下與農民共同生活，吃粗陋的飲食，睡沒有床褥的地板，與農民同甘共苦，一方面改善農民生活，另一方面激發他們造反、起義的精神。這是極富浪漫、理想的運動，但結果卻是一大失敗。這種類似宗教獻身的狂熱群眾運動，以理想開端，以悲劇收場。

　　屠格涅夫在運動高潮時，人在俄國，成爲《處女地》的主題（雖然故事提前到1868年發生的故事）。聶案審理期間雖然他人在巴黎，不過整個審判過程

與判決，他都十分關注，以作爲小說材料的部分。在1874年返鄉渡假時，他在俄京目擊民粹派偏激份子被審判、裁決的經過，心中百感交集。屠氏對革命的態度保持一貫看法，他斥責使用暴力的手段達到政治的目標。這不僅是由於他討厭暴力殘酷，主要是認爲這種手段無法達到追求的目的，只會造成更大的損失。這種看法不只發生在1848年法國失敗的革命，也見證1863年波蘭反抗，遭受俄軍血腥鎮壓，以及1871年巴黎公社受到加利費（Gaston Marquis de Gallifet, 1830-1909）的武力擊潰。屠氏始終不贊成以革命手段，改變帝制的憲政君主制。

俄人卡拉可左夫（Dimitry Karakozov, 1840-1866）於1866年行刺沙皇不果，被判處絞刑，同黨十人遭流放。暴動所造成的群眾憤怒，都使屠氏的政治立場趨向保守、反動。雖是對暴力加以譴責，他對革命者無私的奉獻，爲公義而捐軀，卻讚賞有加。

Piotr L. Lavrov（1823-1900）　　　　　　Dimitry Karakozov（1840-1866）

《父輩與孩輩》一小說中的巴札洛夫，就是他所讚揚的唐吉訶德式敢作敢當的英雄人物。這種勇敢類型的人物，尤其是對女性志士的讚賞在1870年代的作品中更透露無遺。

1874年在滯留俄京的短暫時間，屠格涅夫與女性民粹主義運動代表人物的費洛索佛娃（Anna Pavlona Filosofova, 1837-1912）的通訊中，得悉年輕一代的想法與做法。基本上，他不認爲這批民粹派男女青年足以突出新一代的理念，原因是他們雖然行動積極，但言詞誇張，他們最多只能教農民讀與寫，或是在窮鄉僻壤中設置醫療所，這才是表達眞誠的獻身和愛國主義而已。

　　向來支持1860年代沙皇改革的屠氏，十年後對改革的緩慢無效漸感失望，乃至痛心。事實上解放十年後，農民物質生活稍有改善，但他們分配到的土地小，生產力不高，又要付重稅，以及贖身賠償金額過高等，使他們生活更為艱困。俄國農民公社也因重新分配土地不合理，而失掉傳統共耕共營的精神；為分配土地而設的特別法院審理不公，更遭詬病。改革最終只成空洞的口號，無法服眾。

民粹運動費洛索佛娃及其孫女

Russian intelligentsia had a similar mixture of messianism and intellectual elitism. Isaiah Berlin has described it as follows: "The phenomenon itself, with its historical and literally revolutionary consequences, is, I suppose, the largest single Russian contribution to social change in the world. The concept of intelligentsia must not be confused with the notion of intellectuals. Its members thought of themselves as united by something more than mere interest in ideas; they conceived themselves as being a dedicated order, almost a secular priesthood, devoted to the spreading of a specific attitude to life..." (Berlin 2013: 133)

柏林評俄國知識界之特色

　　對改革的失望，使俄國知識菁英（intelligentsia; интеллигенция）更趨向、疏離、異化和憤世嫉俗，更多自由派人士發現行政機構的腐敗與無能，是造成民眾受苦受難的主因。對於知識份子的不滿和批評聲浪，政府的反應是日漸加重的壓制，亞歷山大二世的高壓政策不亞於尼古拉斯一世的虐政，1871年的教育改革，對文科和理科的分流，也讓他深感失望。由於政府的高壓政策，使屠氏不只批評作為詩人及曾任其祖產莊園管理者之費特的反動思想，更怪罪於費特恢復祖先的姓氏之虛矯。為此，兩人在1876年年底絕交，直至1878年才和解。兩人重新見面則為屠格涅夫逝世前兩年（1881）。

　　1877年，拉夫洛夫從倫敦移居巴黎，對於這個旅外危險人物、革命份子的拉夫洛夫的監視，成為俄國警察的重大任務。偏偏屠格涅夫不但與拉氏通訊密集、來往頻繁，還以金錢援助拉氏的革命活動；屠格涅夫每年撥出500法郎資助拉夫洛夫創辦的宣傳雜誌《前進》（*Bnepëд*）。作為巴黎俄人慈善團體幹事之一的屠氏，曾經邀請拉夫洛夫參加一個協助貧窮俄國藝人的音樂會，引起巴

黎俄國權貴份子的抗議。為此他辭職明志，依屠氏說法，拉夫洛夫表面上是好戰的革命份子（像老鷹），內心卻是充滿理想主義的文人（像鴿子）。屠格涅夫之所以無論如何都要贊助拉氏的組織及其活動，是認為俄國的改革固然要由上而下進行，但由下而上的壓力仍不可少，故應予以支持。

屠格涅夫與其他革命團體及其份子的接觸不限於拉夫洛夫，還包括克魯泡特金和羅帕欽（German Lopatin, 1845-1918）。由於當年駐巴黎俄國大使為歐洛夫（Nikolay Alexeyevich Orlov, 1827-1885）王子，他是屠格涅夫之友人，所以當羅帕欽被巴黎警察逮捕後，屠格涅夫曾說服大使設法營救。

拉夫洛夫（1823-1900）　　　克魯泡特金（1842-1921）　　　羅帕欽（1845-1918）

沙皇政權不認為和平改革的倡議，與暴力顛覆的活動這兩者有所分別，是故一味鎮壓的結果只讓恐怖主義滋生蔓長。另一方面，新生的革命勢力不肯妥協，主張不把現存秩序徹底摧毀誓不罷休，遂發動刺殺沙皇的恐怖行動。這次爆炸行動涉及造反的1,611人中，居然有百分之十五為婦女或為貴族與地主的子女。這說明反抗沙皇進行的不是階級鬥爭，而是政治革命。這也可從193位被控告的密謀者當中，44人為「平民知識份子」（*разночинец*），其餘都是富貴家族的子女看出。另外，帶領革命的狂熱份子，多為平均年紀在25歲之下，受過教育的鄉紳、貴族、官吏後代。

之所以引發一連串恐怖主義襲擊的主因，在於女革命家查蘇莉琪（Bepa Zacyлич; Vera Zasulich, 1849-1919）受審無罪開釋。此女曾與馬克思通訊，詢問俄國傳統的農村公社，是否可以協助俄國社會無需經過資本主義的肆虐，直接由封建主義邁向社會主義（參考洪鎌德 2014：325-330）。她曾近距離持槍企圖殺害聖彼得堡檢察總長，但並未得逞。查女士之所以企圖謀殺總長，其原因為同情探監人竟因沒有向檢察總長脫帽致敬而遭鞭打處罰，所引起的查女士之義憤。為尋求報復，查蘇利琪遂偽裝成政治犯之家屬，於探監時開槍射殺總長。當陪審員以欠缺犯案證據而宣布查女士無罪時，整個俄國傾向自由派的人

士無不歡呼振奮，包括屠格涅夫在內。爲此案得以無罪開釋而歡天喜地的人，卻沒有想到這一事件對剛剛進行司法改革的俄國是一記悶棍。

查蘇莉琪

刺殺聖彼得堡檢察總長未斃命

　　屠格涅夫的評論是「有這種的呼喊，社會就會產生相似的回音」。隨之而來的是一連串暴力事件與恐怖行動，1878年與1879年之間，就有三椿刺殺政府高官的「暴行」發生；1879年內謀刺沙皇就有三次之多。極端組織「土地與自由」居然也成立謀刺委員會，從而肇生此一革命團體的分裂；其中一派改稱爲「人民意志黨」，在1881年3月1日達成刺死亞歷山大二世的目標；另一派爲「全數贖回派」，持續遵守「土地與自由」組織的信條，堅稱只有人民直接參加革命，才能達成推翻舊制，建立新秩序的目標。只靠少數人刺殺政要，會造成以暴制暴的獨裁景象。俄羅斯的馬克思派之社會民主黨乃脫胎於「全數贖回派」的轉型。

Land and Liberty was a Russian clandestine revolutionary organization of **Narodniki** (middle-or upper-class revolutionaries attempting to spread socialism in rural areas) in the 1870s. In Russian, it is *Земля и воля*, translated usually as **Land and Liberty** or **Land and Freedom. Land and Liberty** received its name in the late 1878 with the creation of the printing shop with the same name. Its former names were Severnaya revolyutsionno-narodnicheskaya gruppa (*Северная революционно-народническая группа*) or The Northern Revolutionary Group of **Narodniki**) and **Obschestvo Narodnikov** (*Общество народников*, or **The Society of Narodniki**).

「土地與自由」祕密組織主張俄國要實行社會主義

　　屠格涅夫對當年俄國革命組織中，恐怖主義堅持以不合作、不協調的策略轉變一無所知，但卻對暗殺行動的成功與日趨暴力的情勢，大力排斥；不過

也認為這是政府高壓所造成的結果。他也知道革命一旦成功，摧毀的不只是沙皇政權，也包括他所熱愛的俄國文化、傳統。是故1879年的返國，他對學生等的熱烈歡迎，以及激進派的刺殺政要行動，是以心靈的感受來面對，而非理智的冷靜來評析。青年學生與高級知識份子邀他返俄久居，他深受感動；但考慮到他與韋家形成的生命共同體，要呼應青年學生的要求，當成俄國新希望的「旗手」，使他躊躇再三，難以答應，而陷身於憂鬱與「鄉愁」之中（L, XII, pp.65, 177）。

「土地與自由」社的徽章　　　　　　拉夫洛夫

屠格涅夫俄文《全集》與其英譯本

　　顯然，在《處女地》小說中，屠格涅夫指出：1874-1875年帶動青年人理想主義的「到民間去」之民粹主義運動，其企圖有一部分是非主流的、邊緣的恐怖活動，其目的在激發農民的覺醒。但其背後更重要的是潛藏耐心的、長期的教育與啟蒙活動。另一方面對抗無效的「到民間去」的運動，乃為激烈的、推翻政府的圖謀，那就是「土地與自由」（1861年命名）這個在1876年成立的祕密組織。

沙皇亞歷山大二世遭刺殺而死　　　　　特卡切夫
　　　　　　　　　　　　　　　　　　P. N. Tkachev

　　這個革命團體旨在聯合所有反抗沙皇政府的勢力，來瓦解政府的機構之力量，並吸收不滿現狀的軍人、官吏，有系統地摧毀政府中「秀異份子」（菁英），俾在「總清算」的那天一舉消滅舊政權的支持者和民眾痛恨的政客。套用當年俄國雅各賓主義的革命理論家特卡切夫（Петр НикитичТкачев; Pyortr Nikitich Tkachev, 1864-1886）的話，在資本主義快速成長，以及在布爾喬亞崛起之前趕快把俄國現存政權擊垮。

法國大革命後數年間羅伯斯庇的偏激者（亦即雅各賓份子）濫殺無辜引發民怨

法蘭西大革命的口號是自由、平等和博愛，卻建立在殺戮划害破壞的基礎之上

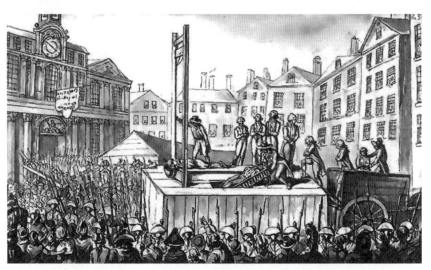

革命後對異議者、反對者的迫害，斷頭台就是白色的恐怖統治之象徵

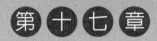

《夢》和其他神祕小說的撰述以及好友的凋零

第十七章　《夢》和其他神祕小說的撰述以及好友的凋零

- 《夢》的主要內容
- 《阿列克西神父的故事》等之靈異故事
- 隨著年歲漸增屠氏對死亡的反思、害怕更多
- 編輯普希金與其妻結婚前的通信
- 福樓貝（1880）的驟逝令屠氏震驚
- 詹姆士大力讚揚屠氏作品
- 任國際寫作人協會副會長
- 牛津大學授予民法博士的榮譽學位

就在《處女地》出版不久，屠格涅夫又發表了兩篇充滿神祕色彩，關於超自然神鬼小故事《夢》和《阿列克西神父的故事》。屠格涅夫早期的《三幅畫像》、《三次集會》、《浮士德》、《鬼魅》、《狗》等作品，便已出現神祕詭異的故事。不過屠格涅夫晚年之文學著作，似乎更朝向這方面發展。他處理這些靈異題材的方法，使人們想起霍夫曼（Ernst. T. W. Hoffmann, 1776-1822）和愛倫坡（Edgar Allen Poe, 1809-1849）的作品，其形式和效果相同，讓讀者在合理的推想之餘，猜測故事的現實性與可能性。

Ernst Theodor Wilhelm Hoffmann, was a German Romantic author of fantasy and horror, a jurist, composer, music critic, draftsman and caricaturist. His stories form the basis of Jacques Offenbach's famous opera The *Tales of Hoffmann*, in which Hoffmann appears (heavily fictionalized) as the hero.

霍夫曼　　　　　　　　奧芬巴哈的《霍夫曼故事》歌劇的主人翁

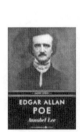

霍夫曼所描繪的克萊斯勒宮廷樂長　　　　愛倫坡及其懸疑驚悚小說《烏鴉》

屠氏一生處在信仰和懷疑兩極的擺盪當中，一方面相信有神明在攝理宇宙和人生，特別在操縱民族和個人的命運。另一方面感受生命的空虛、人生的短暫和生活的苦悶。他開始懷疑上主的存在，而傾向於怪力亂神、超自然勢力的偶現。在信與不信的煎熬中，激發他非凡的文學創意（Dessaix 1980: ix）。

　　對於每人都有其特定的命運，因而影響其人生，這一看法似乎爲屠氏所深信不疑。而構成個人的命運，有部分來自上蒼的安排和攝理，更多的是超自然和非理性的勢力之闖入和干預。在其十部幻思、神祕和怪誕的故事中，命運（fate）和幻思（fantasy）如影隨行，使眾評論者對文學上寫實派大師的屠格涅夫大爲不解，甚至對他這些怪力神亂的作品敬而遠之（Kagan-Kans 1969: 543）。

　　《夢》的寫作時間很長，大概在1875年與1876年之間的巴黎。這個故事不再由施塔修列維契的《歐洲記事報》刊登，而改由《我們的世紀》（*Hau Bek*）期刊發表。故事充滿奇幻、詭異和陌生。小說敘述一個孩童與母親住在海濱小鎮，其父早已逝世，這是小孩所知道且深信不疑的。可是他在屢次出現的夢幻中，卻見到父親的影像，儘管此人與他所了解的父親樣貌極不相似。在夢中生父並未死亡，只是躲起來不肯露面；他外表引人注視，面目猙獰可怕。某日他在街上閒逛，在某咖啡店前見到夢中的生父及其黑人（非裔）奴僕。兩人交談後，這位生父對小孩的家庭（其母親）表示關切與好奇。這時，其母得到嚴重的怪病，特別是兒子告訴她最近發生的事件之後，由於困擾憂鬱而產生精神失常，或稱痛風的怪病。在母親陷入精神錯亂中，某日她告訴孩子她婚姻的始末，包括某夜她的丈夫在外玩牌，一位愛慕她美麗的友人，乘虛而入，誘姦她，並奪下她手指上的婚戒。她及丈夫不久移居外地，不到一年便生下這個男孩。

　　在聽到母親怪異的敘述之後，男孩認爲曾經見過的那個面目猙獰的男人，就是他母親所害怕、憎恨，曾經強姦她的那個熟人。男孩決心去找這個可能是生父的陌生人，他追蹤得知其下榻的旅館，卻聽該旅店的雇員說他們已動身返回美國。在尋人無著茫然地遊蕩於小鎮的男孩，卻在海邊的岩石邊，發現其生父的遺體，手指上還戴有他母親曾描述的那只婚戒。他摘下婚戒急奔回家告訴母親，母子很快返回海灘，但卻已找不到屍體，兩人到處詢問卻無人知道屍體的下落。

《夢》的故事之影片和英譯

　　第二篇小說《阿列克西神父的故事》，於1878年1月底在巴黎完稿。這個作品寫作與修改期間，正是《處女地》引發激烈爭論和惡意批評之際。故事中鄉村的神職人員阿列克西，是一個眞人的寫照，取材自屠氏莊園的人物。神職人員（可結婚生子）的兒子本來也在神學院進修，後來卻改變主意要上大學，做一個世俗之人。其父雖不贊成兒子的決定，卻也同意孩子的做法。在孩子返鄉省親時，父母發現他像變了一個人似的，產生一種恐怖的氛圍。

　　父親找出兒子性情改變的因由，認爲是碰到魔鬼附身，經過禁食、淨身和祈禱，可怕的鬼魂似乎有段時間不再作怪。父子倆決定到附近的主教堂懺悔與祈福；可是兒子在懺悔與接受聖餐禮時，突然像發了瘋似的。鬼魂突然出現，要兒子把含在嘴裡的小塊麵包（聖體的部分）吐出，並加以踐踏，之後著魔的兒子奔離教堂。父親雖然知道兒子怎樣受到魔鬼操弄，卻無力救回心愛的兒子，最終兒子走上死亡之途。

　　這故事在同情與虔誠的筆觸下敘述完畢，屠格涅夫曾經告訴詹姆士，此小說絕非虛構，是事實的敘述。此篇靈異故事先以法文刊出，因翻譯失誤，使得屠格涅夫震怒。後改爲俄文出版，在《新時代》刊出，爲此他向《我們的世紀》之編者抗議。不過《夢》的初次刊行卻是法文版，爲了澄清外界誤認他先外後內，不夠展示愛國精神，屠格涅夫曾爲文宣稱：他除了以俄文撰述文學著作之外，一向未曾使用其他語文。

　　隨著年歲漸增，屠氏對死亡的反思、害怕日增，因此計畫撰寫幾部鬼怪故事，但幾篇殘稿，迄未成篇。他晚年的寫作型態表現殊異之處爲《散文詩》（*Стихотворения в прозе*）。

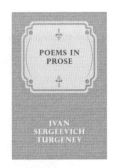

《散文詩》的英文譯本的封面

　　屠格涅夫在晚年還編輯過普希金與其妻結婚前的通信，編輯過程有薄特金、安念可夫等人的協助。因為信中涉及情人中私密的話語，也評論當時俄國文人與政要的私人瑣事，以致出版後不為讀者所欣賞。

普希金及其美麗的妻子

法國大文豪福樓貝是屠氏之摯友

　　此外，屠格涅夫晚年與他走得最近，通訊用詞遣字最誠摯的為法國作家福樓貝（過去翻譯為福樓拜是錯誤的）。屠氏曾為福氏兩篇文章刊載於俄國奔走，還親勸福氏把《簡單的心靈》（Un Cœur Simple）譯為俄文，卻被婉拒。兩人友誼深厚，屠格涅夫常從巴黎赴柯辣謝（Croisset）探視福氏，但卻常因不守時而引起福樓貝的抱怨。

　　屠格涅夫曾協助福氏擺脫貧窮，甚至運用他的社交關係，替福氏找圖書館館員的職位，結果卻空歡喜一場。1880年5月8日，福樓貝驟逝，令人在施帕斯科耶居留的屠氏大吃一驚。他給瑪莉安・韋雅朵（韋家么女）的信上這麼寫著：「除了妳家和安念可夫之外，世上我最摯愛的就是此人」。後來屠格涅夫擔任募款委員會副主席，集資為福樓貝建造一個紀念碑。他在俄國的募款活動卻遭到抵制，不過他並未因此放棄，繼續以平常心推動此事。

　　值得注意是屠氏與福氏的親密友情，並沒有讓其他法國作家友人知道，包括左拉、都德、龔庫爾、莫泊桑在內，都不知道兩人特殊的情誼。屠格涅夫一向愛好社交，尤其得意於在群體中受人禮讚其機智和言談。這也是很多友人認為他輕浮和虛榮的原因。

　　另一位年輕25歲，於1875年初抵達巴黎，便臣服於屠格涅夫魅力下的美國青年作家詹姆士，1884年他在一篇悼念與頌揚屠格涅夫的文章中，把他看成當世第一的小說家（「小說家中的小說家」），為天才型的幽默大師，令人崇揚禮讚。

美國小說家詹姆士（Henry James, 1843-1916）大力讚揚屠氏及其作品

　　在巴黎，詹姆士常被邀請參加韋雅朵家舉辦的音樂會與社交打牌集會，也經常在巴黎俄國人的聚會場所出入。他對屠氏住在韋家似有微詞，認為以大師的才華怎麼會和粗俗的人同住呢？這樣的評論如果被寶琳知道，不曉得會有怎樣的感受呢？

　　1880年初開始，屠格涅夫不再有寫作的計畫，所以大部分的時間花在寫信（屠格涅夫在五十二年間寫了37,000封信，其中三分之一寫於1877-1883年間）。他也參加各種學會的活動，特別是資助流落巴黎的貧困俄國藝人的籌款活動。1878年，他曾主持國際寫作人大會，因涉及著作權事宜，該大會不算成功。不過事後雨果被選為主席，屠氏則為副主席。屠格涅夫在大會上的演講，獲西方作家和與會代表的讚賞，可是在俄國卻遭受攻擊，因為他過度推崇法國文學，對俄國的文學的影響之故；另外也因為在大會演講時，未提及托爾斯泰、聶克拉索夫、歐士托羅夫斯基（Ostrovsky）等當代俄國大作家的姓名與著作之緣故（Troyat, *ibid*., 122-123）。

　　屠格涅夫的六十大壽無任何慶祝活動。他對榮譽頭銜，像聖彼得堡繪家

協會的榮譽會員，或基輔大學的榮譽學位，都沒特別看重。不過唯一例外重視的是牛津大學授予民法博士的榮譽學位。學位授予於1879年6月2日，其實第一次建議牛津大學授予屠格涅夫榮譽學位爲賴士敦在1874年提出，卻延宕五年後才得以實現，後來在語言學教授馬克士·米勒（Friedrich Max-Müller, 1823-1900）大力推薦下，大學授予榮譽博士才成定局。

屠格涅夫獲牛津大學頒予榮譽法學（民法）博士，爲俄人之殊榮

　　英國重要大學授與本國與外國詩人榮譽學位，計有伍茲華斯與郎費羅。屠格涅夫授獎日，法學教授布萊士勛爵（James Bryce, 1838-1922）用拉丁文讚賞他在文藝領域的卓越貢獻，也提及他對俄國農奴解放鼓吹之功勞。但是，俄國新聞對此殊榮毫無報導。在給安念可夫的信上，屠格涅夫自嘲地寫：「紅色的博士袍和黑色方帽，似乎與俄國人的臉型不搭配」。

布萊士
James Bryce
the 1st Viscount
（1838-1922）

英浪漫主義詩人伍茲華斯
William Wordsworth
（1770-1850）

美國詩人郎費羅
Henry Wadsworth Longfellow
（1807-1882）

第十八章

最高的喜樂和病痛的折磨

第十八章　最高的喜樂和病痛的折磨

· 1879年和1880年兩次返俄備受學生愛戴
· 劇壇慧星沙維娜
· 她成功演出《鄉居一月》女主角薇拉的角色
· 交往高峰為1880年和1881年的返鄉之旅
· 沙維娜走訪屠氏祖產施帕斯科耶
· 1882年兩人相見於巴黎算是文豪的暮戀
· 該年年底他患脊椎癌病情嚴重仍思念沙女士

　　在1879年初返俄，屠格涅夫先受到藝文界的熱情款待，接著受到青年學生的簇擁歡呼，再受到學生界盛大歡迎之際，此時是年輕一代對他文學成就的讚賞的高峰。屠格涅夫一度有意接受學生的懇求，打算領導年輕人共同打拚，以拯救淪陷於深淵的祖國，這應是他一生中最具政治雄心的一年。先前青年學子對他著作的排斥、抨擊至此一掃而空，特別是對《魯金》、《春潮》和《處女地》的惡評，皆轉變爲讚賞。他的作品不再只是法國禮讚的對象，而是在俄國的土地上，接受母語的歡呼，證明年輕一代給這位作家最高的讚譽。他一時變成俄京與莫斯科社交界的「獅子」（Troyat, 1991: 129-131）。

　　1880年，屠格涅夫在向摯友透露心聲時，說即將返鄉，要處理私人瑣事。此時，他不再談參與政治的動機。當然更沒有領導學生的雄心壯志，也不再擁有任何浪漫情懷。事實上，屠格涅夫正在面對一生中最後一次，也是最爲細緻的激情衝動。他演出最後一次的愛情戲碼，詩人丘切夫（Fyodor Tiutchev, 1803-1873）指出，這是屠氏一生「最高的喜樂與陷入失望的絕境」的寫照；失望是指馬齒徒增，對青春不再的痛惜。

　　1879年他第一次見到的劇壇新星，名滿俄國的瑪麗亞・加芙莉洛夫娜・沙維娜（Мария Гаври́ловна Са́вина; Maria Gavrilovna Savina）。第一次碰面時，她僅25歲，卻已紅遍俄國。其實在1874年，屠格涅夫便看過她的表演，在致寶琳的信上提到此女漂亮有才氣，其腔調有如「俄國傳統的婢女」（這眞是怪異的評語）。攝影者對沙維娜的判斷只會覺得她俏皮、有魅力，其才華勝過其外表。評論家則指出其聲音足以引發共鳴，清楚地談吐咬字，音韻美妙，令人盪氣迴腸。

美麗慧黠的女歌手沙維娜成爲大作家晚年崇拜的文藝女神　　沙維娜的嬌姿和媚態

　　屠氏與沙維娜第一次接觸，是在討論她即將演出《鄉居一月》話劇中女主
角薇拉的角色。這齣戲劇成稿於1850年，遲到1872年才搬上莫斯科舞台，只演
五次，不再續演。沙維娜主動要求擔任薇拉這個角色，認爲這是自己可以勝任
並發揮才華的機會。不過她認爲這個在短期中由少女演變成婦人的角色，在原
著中有減縮的必要，遂在1879年初致電給屠格涅夫，屠氏欣然同意。在該年1
月演出時大爲轟動，3月在聖彼得堡公演，也是盛況空前。屠格涅夫當時人在
俄國，親眼欣賞到她精彩的表演，也分享她演出的成功。

故鄉有屠氏莊園的曠野、涼亭、他的睡房、工作室和農民的馬車與犁田

　　其後兩人友誼和愛情的發展就無法詳述，但從屠格涅夫給她的七十九封信
中（1918年才公開），看出兩人關係並不單純。按照俄國民俗，屠氏死後，寶
琳應把沙維娜致屠格涅夫的信件奉還才不失禮。可是寶琳卻不肯這樣做，顯見
她心中嫉恨沙維娜橫刀奪愛。
　　兩人所公布的信件中，有不少刪掉文字之跡象，目的在似乎在保護沙維娜

的聲譽。完整的信件卻在蘇維埃科學院1967年與1968年的新版中才見全貌,從完整的信上看出,此時屠格涅夫之愛戀思慕,但卻無法證明他們有肌膚之親。無論如何,年屆60多歲的大作家有時仍有調情的幻想與能力。

兩人往來最密切的時期為屠格涅夫在1880年和1881年兩次的返鄉之旅。1879年兩人見面後,曾相互拜訪,也舉行過一次《鄉下淑女》朗誦會。他在1880年10月27日給她的信上寫道:「攤開妳的雙手,讓我可以深情地吻它們(一方面是像父親式的慈愛,另一半是……)」。這種表述的方式在屠氏給符列芙絲卡雅的信上使用了同樣的措詞,都是愛慕傳情的表達。1880年,屠格涅夫在俄境停留較長的時間,他寫信給沙維娜更勤快、更深情。每當沙維娜從舞台謝幕之後,屠氏必親自前往後台致意。

年近不惑的一代文豪仍著迷於青春貌美的女演員

1880年與1881年之間,屠格涅夫給寶琳和其次女珂露娣的通訊中,很少提起沙維娜,但有證據顯示這對母女對屠氏的移情別戀早已掌握信息,甚至妒恨交加。屠格涅夫一抵俄京或莫斯科,便急於和沙維娜見面;沙維娜每一次演出,他都去捧場,且聲嘶力竭地鼓掌叫喊。屠格涅夫在給珂露娣的幾封信上,曾提到沙維娜答應到施帕斯科耶去看他,但都未實踐諾言。後來沙維娜終於來了,卻只是禮貌性的拜訪便轉身離開。有關沙維娜的婚事,他打算返回巴黎之後再詳細告訴韋家母女。不過「此事不提也是善策」云云,證明他愛戀沙維娜之際,又怕韋家母女不悅。

沙維娜在前往基輔表演途中,曾與屠格涅夫約好於離莊園最近的小鎮母田斯克(Mtsensk)火車站碰面,再由屠氏護送到30英里外的莊園施帕斯科耶。

他倆在莊園逗留的短暫時間，我們看到他用隱語告訴友人：她用木閂把門關閉了，或最終不想關閉。這個木閂是不是暗示他要尋求魚水之歡前，女方抗拒或拒絕行房的訊號呢？又寫：她屢次不肯來莊園，否則在住房的陽台上「我會享受移開木閂的激情，吻她的腳趾」。

兩天之後，他用悲傷的心情寫給她另一封信，提起他送她至奧略爾（Orël）車站的短暫車程中，「他像20歲的青年對她動手動腳，像火焰發出的最後一道光芒，對她無從克制的合體、占有、附從的熱焰，像一絲微弱火光之消失……深感遺憾，只渴望那刻令人快樂的時光，那個美好的夜晚不會永久消失」。他在這封告別信上一再強調：「車窗內神祕和奇妙的那些東西，都隨著車窗的關閉一去不復返」。這究竟是眞事，還是他的幻想？

1880年沙維娜正在辦理與第一任丈夫的離婚手續，她到巴黎的目的是與第二任丈夫碰面，她沒事先告知屠格涅夫抵達巴黎的時間，他們在花都的見面都只是形式上的禮儀而已。兩人舊情復燃是1881年在俄境發生之事，在屠氏返俄前，他寫信給她：「我與妳〔車廂裡的〕熱吻，縱使我能活百歲也是終身難忘……」。

其實沙維娜應邀再度作客於施帕斯科耶的那個夏天（1881），共停留五日，屠格涅夫緊張地、熱切地準備迎接這位嘉賓，那幾日只聞香檳酒開瓶聲與鋼琴共鳴，農民跳舞慶祝的歡呼齊飛，是莊園有史以來最熱鬧的狂歡。這不難想像他此時多亢奮，或許為一生最快樂的時刻。他陪沙維娜上教堂，兩人漫步於農莊廣大的園林之間，在無人窺視下相互擁抱、熱吻。寄居在莊園的好友朴隆斯基（Polonsky）居然偷窺嬌客出浴之美麗胴體（為這位名女演員的沐浴，豪宅的主人特蓋一座泳池與更衣室），而引起屠氏的妒意。他們甚至討論沙維娜又想甩掉第二度婚嫁之事（她一生結婚三次）。但房間的門窗常是關閉的，偶聞裡頭木閂移動與雷電交加的怪聲。

有一晚屠格涅夫在沙維娜和朴隆斯基面前，念了尚未出版的小說《勝利之愛的歌聲》；也私下為沙維娜念出一段他不打算發表的散文詩，這似乎是一篇涉及寶琳毀壞他一生生涯的文章。不過值得懷疑的是，他後來出版的《散文詩》中，有兩篇是頌揚和讚賞寶琳的篇章，不知當時怎麼會傳出（但未公開）指摘她的怨言呢？是否為屠格涅夫為了取悅當前作客的美少婦，而口不擇言呢？在該年10月30日給沙維娜的信上，他這樣寫著：「讓我們想像一下：普通人喜歡到威尼斯或羅馬旅行，他們旅遊最佳月份大多為10月。有一對男女出現在水都，緊密地在大街小巷的水道穿梭，或是搭頭尾弓起的遊覽船

（gondola），男的高大、英挺，但有點笨拙、頭髮白色，雙腿修長、令人喜愛。另一位是嬌小而有黑色的眼珠，同樣黑色頭髮的女性，她一樣也是令人喜愛的女士。兩人參觀藝廊、教堂，晚間則在劇院消磨之後……這裡我的想像虔誠地打住……因為有些事情在這裡必須隱瞞……還是不必隱瞞呢？……」（XIII: 78-79）。

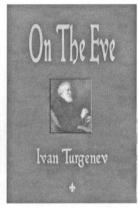

1881年的屠格涅夫

上述水都的愛與死正反映《前夜》一小說的終幕

　　1881年之後屠格涅夫不再返回俄羅斯，也不會有機會見到沙維娜出現在舞台上表演。在1882年6月19日屠格涅夫病重之時，給沙維娜的信這樣寫著：「喔！親愛的朋友，我在精神上自我糾正，不可讓我對你上次來信所提的那幾個字重新咀嚼：『每次在巴黎向你說告別時我都很感困難，因為那時我已體驗到情緒高漲的情況』。不過，我確知我們的生命機會更緊密結合在一起……但是這一切所為到底為哪一樁？像我的著作《擁有土地的鄉紳之窩》主角之一 German Lemm 所言：『我正在注視棺材，而非燦爛的前途』」（XX: 278）。

　　1882年，他們最後相見於巴黎，當時沙維娜生病，屠氏找來法國醫界著名的醫師來治療沙維娜。其後的通訊顯示，他充滿愛心來關懷沙維娜的演藝生涯和健康狀態，也透露愛慕的心思。

屠格涅夫的「初戀」和「暮戀」的憶往（懷念沙維娜）

　　在1882年11月5日的信上，他寫：「我完蛋了，親愛的瑪麗亞‧加芙莉洛夫娜，我完蛋了！」這是他患脊椎癌病情嚴重，最後也是最致命的一次發作。他甚至寫了：「回憶去年在施帕斯科耶莊園的熱吻，難道我就是那位帶有灰白髮鬢的老人，內心燃燒著青年人愛的火焰，在熱吻那兩片嬌美的雙唇嗎？」不過短暫的戀情終於因距離遙遠，以及雙方健康狀況不佳，而逐漸消逝。究竟屠格涅夫是否移情別戀，深愛著沙維娜？依據他臨死前對寶琳一家大小的摯愛來判斷，答案應該是否定的，對沙維娜頂多是孤獨老人一時的迷戀罷了。不過平心而論，屠格涅夫對寶琳的愛戀激情在此時早已消退，畢竟寶琳此時也是接近花甲之年的老婦人了。反之，年輕有脾氣，帶有俄國農村少女韻味的沙維娜，勾起他早年鄉居生活的回憶，和農婦女孩的追逐之童年美夢，難怪他無力抑制對這個藝人的痴戀。

最後返鄉短暫居留的
幸福與光采

第十九章　最終返鄉短暫居留的幸福與光采

・最後兩次回鄉記憶深刻
・鄉居帶來懷舊與思念的補償
・在斷交17年後托爾斯泰至莊園拜訪屠氏
・屠氏也去過托氏祖產莊園回訪兩次
・杜思托耶夫斯基被目為刻薄狂妄的薩德
・普希金紀念雕像前屠氏與杜氏的和解
・《老舊繪像》和《亡命之徒》的發表
・《珂拉拉・米麗琪》一小說談人鬼戀
・屠氏曾經口述寶琳〈一個結束〉的故事

　　不管如何，除了1879年返國受到熱烈的歡迎，所引發內心的激勵之外，1880年與1881年兩次回鄉之旅，是屠格涅夫臨死前最值得珍惜的回憶。1880年停留俄國六個星期，與1881年長達兩個月的故鄉重訪，他往返於俄京、莫斯科與施帕斯科耶之間，社交活動頻繁，包括受邀參與男女親王的餐宴，訪問雜誌社編輯同仁，以及忙於寫信給親友（其中最頻繁的通訊應當是他與韋雅朵一家之間「電報式」書信的來往）。

　　隨著聲望的激升，誹謗之音並未減少，像柯拉特科夫等新聞評論家，便抨擊屠格涅夫表面上同情或參與革命活動，事實上與聖彼得堡的權貴來往。儘管批評之聲此起彼落，但不影響他對革命的關懷；在給寶琳的信上，他擔心謀刺沙皇的波蘭革命份子被處死，必然造成更激烈的反抗，特別是刺客有猶太人的血統。他對反猶太主義大爲抨擊，但當猶太社群的領袖希望他公開抗議政府對猶太人的壓迫時，屠氏卻默不作聲。

　　唯一令他欣慰的是最後兩次的歸鄉，發現莊園的經營漸上軌道，他對新管理員做事的認眞和有效率，似乎很滿意。朴隆斯基這位好友，一聽到他返國，全家便來莊園歡聚合住，給他最大的支持；他們夫婦倆對屠氏的照顧，成爲日後他晚年重要回憶的一部分。朴夫人爲業餘雕塑家，在屠格涅夫從故鄉回法國住所後，兩人有頻繁的書信聯絡。

施帕斯科耶祖產農莊　　　　　屠氏打獵勝地　　　　莊園林蔭大道

　　兩次的鄉居，使他對俄國農村生活的懷舊與思念得到些許的補償。這包括他可以重享吸鼻煙的樂趣（在法國遭韋家老少女士們嚴禁），偶爾有打獵的機會。他更有談俄國現況、革命、農人、童年等的閒情逸致。

　　有一次他問朴隆斯基，有五個俄國字母可以形容他一生，那就是T-P-У-C

和Б，這五個字母合成俄文ТРУСБ，後面Б常被省掉，故爲ТРУС一詞。此字含有畏怯者、儒夫的意思。這雖然是自我調侃的話，但事實上也代表這位身材高大、名滿西歐和俄國的大文豪性格之軟弱、做事之猶疑、行動之緩慢的眞實寫照。

在晚年居住故鄉期間，最親密的友人有前述安念可夫、朴隆斯基、沙維娜，此外，來訪賓客還包括舊友戈李果洛維契、嘉欣（Yevgenii Garshin）及其早逝的兄長（Vsevolod Garshin），後者被屠氏視爲俄國文壇明日之星，也是他文學生涯的「繼承人」，曾著有《四日》，講述俄土戰爭中受傷軍人在被擊斃的土國士兵屍體旁邊，苦熬四天的悽慘故事。這樣才華出眾、前途無限的青年作家，竟因精神崩潰跳樓自盡。

此外，曾經是敵也是友的托爾斯泰，在斷交十七年之後，也至莊園來拜訪屠格涅夫，可算是屠氏死前兩大文豪最後的和解與聚晤。兩人一泯以往的仇視、妒忌、猜疑，而重修舊好。屠氏也去到托氏祖產莊園的所在地亞斯納亞‧波掠拿（Yasnaya Polyana）回訪兩次（Troyat 1991: 121-124）。

屠格涅夫甚至把莊園附近燒掉的酒店改建成教堂，教堂的建立可謂作爲地主的角色的屠氏之凱歸。這是在返鄉兩個夏天之內得以實現的平生快事，儘管屠格涅夫展現了開明、慷慨、大方的地主之角色，其管轄領域裡的農民生活仍改善不多。每個農民所耕種的9.5英畝土地的收成，無法讓他們在寒冬得以溫飽；特別是疾病頻生，缺乏醫師的照顧無法阻卻病魔的進襲。

嘉欣（弟）
Yevgenii Garshin
（1860-1931）

嘉欣（兄）
Vsevolod Garshin
（1855-1888）

戈李果洛維契
Dimitry Grigorovich
（1822-1900）

　　屠氏與托翁自1861年爭吵以來，就沒有來往。但屠氏也認爲托翁不失爲當代俄國最偉大的作家。他曾盡可能地大力推薦托氏所寫的《戰爭與和平》、《哥薩克人》這兩本小說之法文與德文譯本。1878年托氏曾基於基督教的信仰，寫了一封信給屠氏表示後悔先前的衝動與絕交，盼望亦師亦友的屠格涅夫能原諒與和解。心軟的屠格涅夫，在回函中表示欣慰和接受，把兩人過去的誤會解除。自此之後，兩人曾多次碰面敘舊。

托翁的故居

托翁及其馬群

壯年的托爾斯泰

　　通訊中，屠氏向托爾斯泰再三懇求，奉勸他不要再沉迷於宗教的追求與哲學的思辨；應當回歸他最擅長的文學之創作。顯然，這是一個身體日漸衰弱，死亡即將降臨的前輩，對俄國當代最偉大、最卓越的文學家之呼籲和請託。

　　對杜思妥耶夫斯基的小說評論，屠氏不否認其中不乏天才的顯露。他喜歡《蠢貨》和《卡拉馬左夫兄弟》，而不喜歡《魔鬼》（《著魔》，據說此爲

杜氏諷刺屠格涅夫之作）。在1881年杜氏逝世時，他只捐了25盧布供建造銅像之用，把杜氏當成俄國刻薄狂妄的薩德（D. A. F. Comte, Marquis de Sade, 1740-1814）看待。

　　薩德因殘酷和變態性行為被判死刑，脫逃後再被抓，在獄中寫了《索多瑪一百二十天》和《床上哲學家》、《愛之罪》等色情小說，由此得到「薩德主義」（Sadism）者的惡名，這是在做愛時虐待性伴侶而取得快樂的變態性行為之稱呼。

　　薩德不但嫖妓、殘暴地施虐婦女，誘騙其妻妹，做出令人髮指的變態性行為，還以哲學論述，露骨地描繪色情淫亂暴行，甚至詆毀天主教會，並做出攻擊的言行，遭官方判罪，先後入監法國各地囚房，或被關進精神病院長達三十一年之久。配合法國大革命後的新政治情勢，他獲釋加入擁護共和的革命行列，居然被選為議會代表。卻在恐怖統治時期，一度因批評羅伯斯庇而丟官、被囚。總之，這是一位大起大落的失意政客，與惡名昭彰的文人和「哲學家」。

杜思托耶夫斯基後期沉湎於宗教的迷信，最終發瘋斷食而死

杜思托耶夫斯基（1821-1881）　　　《著魔》（《魔鬼》）　　　薩德

　　1880年俄國愛好文學的人士與社團，在莫斯科舉辦紀念普希金的活動。屠氏利用夏季訪俄之便，參與紀念雕像揭幕儀式，以及對普氏文學成就的禮讚討論會；也再度推展二十年前成立的資助貧困作家協會的活動，成功地說服安念可夫加入，但托翁卻置之不理。他在讚美普希金時，強調每一民族都有特別的文豪，代表其國族的精神；像荷馬之於希臘，莎士比亞之於英國，歌德之於德國。如今普希金成為俄國文藝界最高表現，其藝術成就不再反映民粹，而在提升俄文的優美，創造了活潑生動、超越群倫的語文，表述俄人的性格。俄國詩詞所表現的首先是真理，其次才展示語言之美。普希金之所以沒能成為世界級的詩人，乃是因為他英年早逝，年僅37歲便因決鬥而死亡。英國人曾說一旦識字，就會成為莎翁著作的讀者。屠氏下結語認為同樣的情況也會發生在俄國，只要站在這個普氏的銅像之前，會變成更像俄人，也更像受過教育，更享有自由的〔俄〕人。

普希金因妻子美艷，遭法國武官覬覦，兩人決鬥而英年早逝

　　1880年6月雕像揭幕禮記念活動三天後，屠氏與好友安念可夫、歷史學者葛洛特（Ya. K. Grot）被委員會選為榮譽會員。次日屠格涅夫發表充滿民族與愛國主義的演講，受到保守而傾向自由主義的聽眾熱烈歡呼。接著在文學愛好者協會安排的宴會上，卡特可夫也應邀出席，舉杯向屠氏致敬，這算是兩人破裂關係的修好；但協會沒請卡氏發表演講，顯然知悉屠格涅夫可能的反應。普希金揭碑紀念會的重頭戲為杜思托耶夫斯基的演講，他大力讚頌普希金的天才，贏過前述屠氏所提普希金無法躋身世界級詩人的讚詞。紀念會的壓軸好戲就是杜氏這篇講詞，他認為普希金的詩作不但展示俄人的心靈，體現俄國魂終必撼動全人類的覺醒。杜氏最後補上一句話：普希金詩作的女主角塔綺亞娜，和屠格涅夫小說中的麗莎，同樣是偉大不朽的俄國女性。聽到杜氏這個讚詞，

屠氏內心激動不已。在演講後，上台擁抱杜思托耶夫斯基，久久不能自已。

　　嚴格而言，屠格涅夫並非矯情媚俗的人物，他的情緒流露完全自然不做作。他對莫斯科周遭權貴與知識份子親俄派的國族主義、反西方的文明之心態頗為不悅。他認為杜氏把塔綺亞娜這一味忠實於丈夫的婦人捧得這麼高，不失為正確的說法。

　　同時屠格涅夫也卸下他對革命份子幼稚的同情與羨慕，這大概肇因於1879年以後頻繁的暴亂，包括1880年對沙皇的謀刺在內。就像他在《處女地》所描述的不與民眾同心，而由少數偏激知識份子所幹的恐怖活動，無法使革命走上成功之途。反之，俄皇此時更換保守的教育和財政部長，而任命帶有自由主義和傾向改革者擔任要職，獲得屠氏的讚賞。剛好俄土大戰的英雄羅里斯·梅力可夫（Count Mikhail Loris-Melikov, 1825-1888）將軍出任審查委員會的主席，安撫反叛的青年人，推動社會改革，令屠格涅夫讚賞有加。可是1881年3月1日沙皇亞歷山大二世被刺，改革驟止，使他感覺震驚與惋惜。在他心目中，這位遭刺殞命的俄皇，是羅曼諾夫王朝有史以來最為善良、最為溫和的國家元首。

> 1877-1878年，在俄土戰爭中立功封爵，歷任地方總督，以及鎮壓革命叛軍特別委員會主席，提出國政改革計畫。1880年底被亞歷山大二世任命為內政部長，草擬憲法（1881）俾俄國走上立憲君主之途，因俄皇遭暗殺，新沙皇走回專制獨裁，羅氏暗然身退。

羅里斯·梅力可夫將軍及其事蹟

　　刺殺事件使多年來進行的改革停頓，為此在與朴隆斯基的談話中，屠格涅夫以古希臘索可列士的安悌恭妮，因反抗王命把遭死刑的兄長之遺體埋葬而觸犯王法的悲劇，拿來與刺殺沙皇定刑遭受槍殺的革命份子做比較。他認為安悌恭妮雖犯法，但得到全民的支持；後者的生與死，則不為俄人所關心，顯示偏激的行動終會喪失民心（洪鎌德 2016：287-288）。

　　屠氏臨死前還寫了兩篇小說，分別爲《老舊繪像》和《亡命之徒》（the Desperado，又譯爲《絕望的性格》）。前者提及農奴解放前，一對年老地主夫婦的安逸生活以及周遭的鄉下美景。這種鄉居的逸趣卻爲結尾的兇殘所毀滅，原因爲鄰居地主看上老夫婦的長工，要把長工當成其農奴群之一，卻遭長工拒絕；鄉人仗勢硬把工人納入其農奴群中，長工不滿遂血刃這名殘暴的新地主，而後逃亡失蹤。一向在出版前先閱讀原稿的安念可夫，建議把結局改成長工伏法，但爲屠氏拒絕，原因是後者對農奴的心態摸得很熟，認爲長工所犯的罪不及於死。

　　《亡命之徒》則爲貴族兄弟把壓榨而得的財富揮霍殆盡，最後變成酒鬼，靠賑濟過活，這是真人──屠格涅夫堂弟──的忠實描繪。這兩篇小篇文章不能看作屠氏文學藝術的傑作，評論家對此兩文的評價普通，但也譯成數種外文發行。

　　盲目和無法控制的性慾激情之主題，包括受到慾望驅迫，而成爲犧牲者無力抗拒的話題，一直是屠格涅夫小說中揮之不去的陰影，也是樂此不疲的主題。在1882年9月與10月之間，屠格涅夫病重，但仍執筆寫一篇〈田雞〉（Quail），此篇文章被托翁收錄於其兒童故事之一篇。故事敘述愛好打獵的10歲男孩，有一次與父親外出打獵，他們打死一隻田雞，當獵狗衝上前咬死這隻不幸的飛禽時，牠還以假裝展翅的狡計，來保護其雛鳥。父親藉此機會給兒子教育母愛之偉大，但從此小孩對打獵失去興趣。1883年1月當此一兒童讀物刊出後，屠格涅夫已經病入膏肓無法親自寫信，便以口授方式，寫了一封熱誠的感謝信給托翁。

屠格涅夫法文、英文譯本以及該小說的讀後感

　　大概在1882年秋天屠格涅夫完成了《珂拉拉・米麗琪》一小說，其副標題
為《死後》。使用副標題，而非主角的姓名，更能體現故事的實質。故事係聽
自好友朴隆斯基的夫人，當時有一位著名的女演員卡德米娜，突然在表演中喝
下毒藥自殺身亡。這悲劇似乎涉及一位年輕動物學家對她的戀慕，也有一說是
科學家在女主角逝世後才展開戀愛之情。在聽到這些消息之後，屠格涅夫營構
這個超自然事件，成為這一篇詭異有趣的人鬼相戀故事。他不忌諱地說這故事
與美國小說家艾德嘉・愛倫坡（Edgar Allan Poe, 1809-1849）異曲同調。另一
說法是從英國斯考特（Walter Scott, 1771-1832）的小說《聖羅南的古井》（*St
Ronan's Well*）之女主角Clara Mowbray取得靈感，並以女主角之名Clara為這篇
超自然界故事的主角（Pritchett, *ibid.*, p.237）。小說出版後獲得普遍的讚揚，
在他逝世前親眼看見各種外文譯版的出現。

　　屠格涅夫的想像力和創造力至死不衰，他曾經向著摯友朴隆斯基透露要寫
〈兩隻老鴿子〉的小說，內容為一個年老的地主娶了一個差不多年歲的夫人，
但兩人恩愛深摯。年少無知的青年，為了試探他們的愛情，企圖誘惑老夫人背
叛其夫偷腥，結果事與願違，老婦仍舊愛老公，這大概也是屠氏一生經歷過的
實情之寫照。此一小說迄未撰述成文。

　　另外一文則涉及「快樂的、新型態的革命家」之故事。其中有幾個角色，
屠氏曾以法語解釋給寶琳聽，但也未能在逝世前完成稿件。什麼是「新型態」
的革命份子呢？依據克魯泡特金的說法，是指非哈姆雷特型，卻懂得組成革命
政黨喚醒人民起義的知識領導人。但何以這些新型態的革命份子是「快樂型」
呢？我們無法從他或其友人中知悉。根據屠格涅夫的友人所說，他曾經口述寶
琳，完成〈一個結束〉（*Un Fin*）。這故事涉及一個狂妄無知的地主，忘記農
奴解放後一切局勢大變，他依舊蹂躪和虐待其農民。結果這位殘暴不仁的地主
死在大路旁，其頭顱破碎。這篇以法文書寫的小說，由寶琳轉交給施塔修列維
契，但未發表在其主編的《歐洲記事報》之上。其原因是懷疑作者不是屠氏本
人，也由於拒絕寶琳索取鉅額稿費的緣故。最後刊載在1886年，戈李果洛維契
的《尼瓦》（*Niva*）雜誌之上。

　　這篇可視為屠氏晚年，計畫撰寫有別於《獵人筆記》和《散文詩》以外的
新系列小說之一環，亦即繼《老舊繪像》與《絕望的性格》（《亡命之徒》）
之後的第三篇。1883年6月他曾口授寶琳，寫下五十年前他第一次離開俄境赴
德留學時，在呂北港渡輪失火的經過，作為他全集第十卷的一篇。

晚年受病痛折磨的一代大文豪　　　　　　　屠氏文集選粹日文版

　　很多人猜測屠格涅夫尚有未出版而接近他個人傳記的小說，甚至他親撰的自傳。其書題應爲《爲藝術而活》，這是獻給寶琳做終身紀念的掏心披肝之作。據稱寶琳逝世的1910年5月18日，其友人曾在其房間抽屜裡發現，有兩卷屠格涅夫親筆題爲《爲藝術而活》的稿件，其中有三頁已失蹤。稿件後有一紙條是寶琳所寫，要求此稿在她逝世後十年間不要出版。儘管出版商與學者的大力蒐尋，仍未找到此稿。此稿可能遭焚燬，或是寶琳的後人藏匿，不然屠氏的這份自傳應該面世才對。

　　在安念可夫的協助下，屠格涅夫的全集每五年便出一次新版，第一版在1856年。1879年屠氏把版權賣給莫斯科出版商沙拉耶夫兄弟，得款22,000盧布。另外保留《獵人筆記》出版權。在三年間共出售6,000本。在1883年8月全集版權改歸聖彼得堡葛拉朱諾夫掌控，作者獲得8萬盧布權利金。由於他估計該套書每年收入有7,000盧布（大約爲1,200英鎊），但售出全集的版稅僅爲8萬盧布，不算太高。葛拉朱諾夫1884年的全集算爲第二版。身患重病的屠氏在逝世前，還檢視全集內容和形式，特別是對各卷及各篇的順序有所定奪。

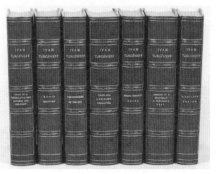

屠格涅夫英文譯版　　　　　　　1903年出版的屠氏全集英文版

屠格涅夫全集英文譯版外觀　　　　　　屠格涅夫全集英文譯版外觀

青年屠格涅夫身著軍裝，儘管　　　　剛閉上雙目離開人世的一代
他似無服役的紀錄　　　　　　　　　　文豪之石膏面模

屠格涅夫的舊居改爲博物（紀念）館　　位於聖彼得堡的倭爾可夫斯柯耶公墓葬有貝林
　　　　　　　　　　　　　　　　　　　斯基、戈果爾和屠格涅夫等文豪

第二十章

生命的終結

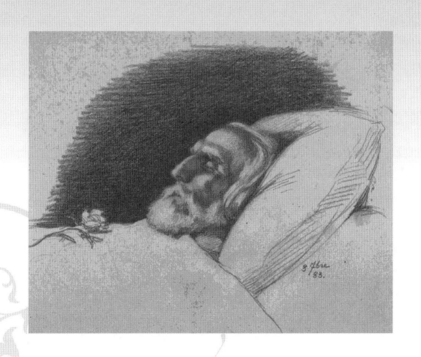

第二十章　生命的終結

・1882年屠氏擬妥返鄉計畫但行期多次延宕
・雖屬病痛但布吉瓦的生活卻是舒適
・老邁重病之外臨死的屠氏還爲女兒事操心
・腹部神經瘤不靠麻醉劑忍痛切除
・路易・韋雅朵在1883年5月5日逝世
・屠氏死前寶琳的女兒與女婿都盡心盡力照料
・1883年9月3日屠氏逝世法國
・臨死前的囑咐和告別
・歸葬俄京民眾夾道哀送

　　從俄國返回法國布吉瓦寓所之日（1881年9月13日）算起，差不多有半年的時間，屠氏的身體狀況頗佳，幾乎沒有感受痛風的襲擊。一個月之後他前往英國，接受文藝界的宴請，接著在1882年4月計畫重返莊園，有意邀請賴士敦訪俄，準備翻譯他想要介紹俄人與法人革命者的故事，但迄未動手寫此一小說。他在給朴隆斯基夫人的信上指出，有人預言他在1881年逝世，幸壞事未能成眞。因之，「凡人都不該對前途凝視預斷」。不過此時也有令他憂慮之事發生，其一為情敵兼摯友的路易·韋雅朵差點丟命，病情不輕；其二為女兒寶琳特的婚姻亮起紅燈。儘管壞事相隨，但也有令他高興之事，例如韋家的么女瑪莉安順利產下一個女兒，令他欣慰。

　　1882年5月屠氏計畫返鄉，但行期一延再延，延宕原因包括因病而需人照料，加上他還忙著尋求名醫給因病抵達巴黎的沙維娜探診。

　　只是之後他自己的健康狀況反而越加惡化，因肌肉痙攣而劇痛，連上樓梯都十分困難。這可能是脊椎癌的第一個徵兆。沒人知道其所患的眞正病症為何，有人指出他胸痛是心臟病；另有醫師說是痛風所引發症狀云云。由於劇痛，他被迫臥床一個月。但因事先計畫好要在當年5月回鄉，為了不讓關懷他的朴隆斯基夫人及同母異父母妹日托娃（Zhitova）趕來巴黎照顧他，屠格涅夫一再宣布要啓程返鄉。可是事與願違，此時只期待秋天或冬天才返鄉一次。

布吉瓦係屠格涅夫晚年寄住地。韋雅朵在布吉瓦的別墅成為寶琳接待歐洲公卿名流之所在。其最終產權歸交寶琳掌握，後歸公改為紀念屠格涅夫博物館

　　雖然病痛纏身，但布吉瓦的生活卻是舒適的，這包括珂露娣及其夫婿和兩個女兒，瑪莉安及其夫婿和三個月大的嬰兒，都曾到屠氏的宅邸共住。這些年輕人在1882年8月便返回各自的住宅。在幾位醫師的建議下，屠氏吞服各種抗病痛之藥，包括爲了好入眠而服用嗎啡。這時他仍舊不信自己患上致命的重症，在致朴龍斯基夫人的信（1882年8月16日）上，他樂觀地說：「我還不想死」、「我確信我還會再活二十年」（1882年8月25日）。這時他還有力氣把小說《珂拉拉・米麗琪》重寫、潤飾整稿。

　　1882年9月，屠格涅夫的病情似有改善，在10月29日給朴夫人的信上：「妳可曾想像，一個沒有大病痛的人嗎？但他無法站立、不能走路、不能坐車，否則肩膀會痛到快垮下來，就像齒痛難忍一般，妳認爲我在這種情況下該怎麼做？我只能坐、只能躺，連〔從布吉瓦〕到巴黎都不可能，怎敢再回俄羅斯？不過我的心靈倒很平靜祥和，我曾經接受〔要返鄉渡假〕這種想法，甚至認爲情形沒有那麼嚴重……。目前我還能工作，當然我有生之年無多，再過幾天我就是64歲〔的老人了〕」。

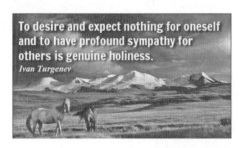

　　　　　　　屠氏箴言：「對自己無所求而同情他人，才是眞正的偉大。」

　　除了老邁重病之外，臨死的屠氏還爲女兒寶琳特的事操心。寶琳特及其丈夫加斯東反目，加斯東花掉屠格涅夫給女兒的嫁妝費，還揚言要自殺及殺她，她被迫帶著孩子逃到巴黎，躲避夫婿的迫害。這時需錢的女兒向父親求救，屠格涅夫安排她們暫住巴黎的租屋。爲協助女兒度過難關，屠格涅夫出售珍藏的名畫、馬車和馬匹。最後母女安居在瑞士小鎭索列爾（Soleure）。

　　不久，父女又爲金錢有所爭執，表現在來往的信件中。屠格涅夫並非慳吝之輩，他打算每年給她生活費5,000法郎，爲了保證財源不斷，他從俄國匯出4萬盧布至韋家，這樣可以將利息當作女兒安家費用。根據屠格涅夫的估計，前後給寶琳特和加斯東50萬法郎（相當於25,000英鎊）之多（Schapiro 1978:

321），是一筆非常龐大的金錢。

1882年11月18日，屠格涅夫從布吉瓦返回巴黎寓所。他最後幾個月的活動，可從倖存的日記略窺一二。儘管他身體狀況不佳（不能站立，又不能走路），仍舊積極地參加瑪莉安丈夫作品的演出，雖感音樂平凡，但演出成功。他又協助生病的女作家赴義大利渡假療養。聽莫泊桑小說《一生》（*Une Vie*）的朗誦，接見四處豪遊、後來擔任美國國務卿的海伊（John Hay 1838-1905），以及接見俄國抵巴黎的女親王等等。

1883年1月14日他接受腹部神經瘤的手術。由於他對麻醉劑敏感，所以改用乙醚（ether）止痛，這可讓他在手術中與手術後減少痛苦之折磨。他在日記上寫著，學習康德的作為，心中細數每個動刀的疼痛，結果忍受12分鐘刀割之痛。他居然無半點喊叫，也無半點呻吟。他稱切除的是「費歐克梯斯托夫」（Feoktistov）瘤。這是當時封殺文人自由的沙皇特派文學檢查長之姓名。

在另一段描述克服錐心之痛的筆記上，他效法叔本華（而非康德）的建議，把痛苦分析為針刺型、灼熱型和槍擊型等不同性質的痛覺。經過冷靜的分析，痛苦的感覺似乎稍減（Garnett 1917: 203）。這次手術順利，他也逐漸康復。他在手術台沒用麻醉藥，而讓醫師動刀手術的經過，後來在聚餐時告訴都德等好友，他感覺動刀的刹那，有如用水果刀削皮，就像香蕉被削成一小片、一小片似的。他說：「我從頭至尾都在仔細研讀〔觀察〕，所以敢在餐桌上提起手術的經過」（Pritchett, *ibid.*, p.240）。

但他所患的脊椎癌，反而更形惡化。在1883年3月與4月期間，甚至影響他的精神，他開始胡思亂語，要求服用毒藥（以自盡），甚至責怪周遭的友人，包括對寶琳發飆。醫生們查不出真正的毛病，只有俄國醫師斷定他得到癌症。但此時為時已晚，無法療治。

莫泊桑及其作品《一生》　　後任美國國務卿的海伊　　中年的亨利‧詹姆士

　　1883年寶琳陷入人生最痛苦難熬的苦境，一方面丈夫路易突然中風，而情夫又病重，她蠟燭兩頭燒，只好安排屠氏住到鄰近的弗列涅（Les Frénes）。路易在1883年5月5日逝世，路易這位好友兼情敵之死，造成屠氏的震撼與驚惶。

路易‧韋雅朵（1800-1883）

　　一代文豪臨死前四個月左右，寶琳特曾經寫一封信給父親求救，表示她有意離開瑞士到法國，找一個教書的工作。她信上坦言對寶琳的指責之錯誤云云，屠氏似乎不加回應。倒是外孫女（寶琳育有一子一女）珍妮（Jeanne）似乎遺傳到外祖父的文藝愛好，也是一位畫家，後來小心收集屠格涅夫的遺物，於1933年將手中握有的信件（包括屠氏給寶琳特的信件）轉售給蘇維埃政府。寶琳特母女於1895年遷回巴黎，1919年寶琳特死於癌症。其子（屠格涅夫的外孫）終生默默無聞，似未婚，在1924年過世。

　　屠格涅夫最後存活的幾個月中，他並沒有發瘋或失智現象。1883年路易逝世後，屠格涅夫從巴黎移居布吉瓦，他給朴隆斯基一封短信：「我病情愈來愈糟，經常陷入痛苦難過中……迄無希望，我有求死之意」。6月，屠格涅夫病情略有改善，他發信給友人，盼來探訪敘舊。儘管如此，在7月11日給托爾斯泰的信上他寫：「簡單地說，我現躺在死亡之床上」。這顯示他已知道自己來日不多。

　　儘管屠格涅夫一生中最害怕的是死亡，但他臨終前數週，似乎不為死亡的畏懼所擊倒。施塔修列維契探視他兩、三次，最後一次大概是8月中旬某日，他發現屠格涅夫頭腦清晰，但也意識到自己存活不久，此時所關懷的是死亡後其財產、作品怎樣管理、處置，並表示死後期待安葬在聖彼得堡公墓貝林斯基的墓旁。另一位畫家在他臨終前半個月去探視他時，得知屠氏後悔最後一次在

俄國時，未能把施帕斯科耶莊園做一個了斷，擔心無法找到理想的繼承人，這個莊園既非法籍的寶琳（情人），也非寶琳特（女兒）可以依俄國法律繼承。

施帕斯科耶莊園邸第成爲紀念館，入門處爲教堂　　　　屠氏臥室

　　1883年8月23日，屠格涅夫發出存證信給莊園管理人，把有關莊園的產權證明交給友人金茲堡伯爵（Ginzburg爲莫斯科銀行家，曾購買屠氏巴登豪宅）。顯然出賣莊園及其他領地是寶琳授意之下所作的指示，因爲她不斷地用電報或函件催促管理員早點把產業出售。

　　根據友人的描述，韋雅朵一家大小（路易已過世）未盡看顧之責。有人質疑他的猶太籍醫師企圖毒死他。不過，這些傳言無法採信，事實上，寶琳的女兒與女婿都盡心盡力照料他，家中老少皆輪流在他床前照顧他。他死前一週，病痛轉劇，在無意識下，開始胡言亂語，不久他又恢復意識。與屠氏維持濃厚友誼的梅士契斯基（A. A. Meshchersky）親王，多次探視垂死文豪的病情，這是照顧文壇巨人一息尚存最後懂俄語的友人。在後來的轉述中指出，屠格涅夫死前的思維中之信條爲愛情、仁慈、誠實和眞理。

　　梅士契斯基進入房內，問屠格涅夫是否認識，他做了一個簡單的手勢，表示認識。然後用俄語對珂露娣的丈夫說：「你有一張俄國人的臉，請用俄國方式吻我一下，在座每人都要相信我，因爲我永遠眞誠地愛著，也誠實地生活著……告別說再見的時刻已抵達，就像向來沙皇〔告別世界〕之所作所爲」。他竟然以沙皇自居，未免太誇張。寶琳走近他，他也用俄語說：「這裡站在我身旁的是眾多王后中的一位王后，她做了多麼令人讚揚的好事」。這時所有家族成員都圍繞著病床，他嘗試去握每個人的手。寶琳說：「屠列菲，我們見到的是你嗎？」（*Turéfi, nous vois-tu?*）這是一向使用尊敬稱呼的「您」，改用親密稱呼的「你」。屠氏接著說：「大家靠近我一點，我需要從各位的體溫中

取暖」。珂露娣馬上擁抱他，並把一個花圈放在他的身上。他最後的一句話是
「是的，沙皇屠二世……」因為無法說清楚他所提沙皇的用意，而面有慍色。
他全身抽搐，所言斷斷續續。他大概想像自己是一個垂死的老農，或垂死的沙
皇，在告誡自己的女兒要好好栽培兒子。「是的，這是你的罪過，只要他是良
善，是好的……是誠實……都要用眞實把他帶大……要讓他懂得愛的眞諦」。
說完這些話之後，1883年9月3日，正好是下午2點時刻，這一代文豪終於閉上
雙眼而永逝。

　　屠格涅夫的棺木在寶琳、兩位女婿、珂露娣和出版商友人施塔修列維契的
護送下，經由鐵道運輸，雖途中遭遇不少困阻，最終抵達俄京聖彼得堡。1883
年9月27日舉行殯葬儀式，送殯人群極多，參與公祭的多達176個團體，官方沒
有派出代表參與葬禮，但卻派出祕密警察四處監視，幸而送殯行列整然有序，
沒有任何紛擾。在入土前，發表演講的有莫斯科大學校長（後來變成俄國議會
議長）穆隆切夫（S. A. Muromtsev 1850-1910）與作家戈李果洛維契。

　　他的墓地離貝林斯基和戈果爾的葬地不遠。在葬禮的次晚有文學界紀念集
會，安念可夫發表悼念講詞，沙維娜朗誦《浮士德》的一段，卡威林朗誦《夠
了！》中的另外一節。卡特可夫在報紙上，發表了詆毀屠氏名節的文章，遭
革命份子的地下海報反擊。俄京議會通過支付喪葬費用3,000盧布，遭市長否
決，纏訟長達十年之久，公家付款之事遂告中止。

寶琳所做屠格涅夫死亡那刻間的鉛筆素描

屠格涅夫的寫字台上除桌椅之外就是他臨死時的
面模和寫作的手臂複製品

屠格涅夫文學生涯的分期

第二十一章　屠格涅夫文學生涯的分期

・屠格涅夫的生平和文學生命的分期

　一、學徒年代（Lehrjahre 1834-1842）

　二、令人矚目的十個年頭（Remarkable Decade 1843-1852）

　三、沮喪與振奮的時期（1853-1862）

　四、生活安逸與創思稍退的時期（1863-1870）

　五、法國滯留後期與病痛的晚年（1871-1883）

　　身爲19世紀舊俄沙皇時代最偉大的詩人、劇作者家、小說家，是藝文界、思想界、知識界、文化界的一代巨人，屠格涅夫一生活了六十五個年頭，其出生（1818）與死亡（1883）與德國大革命家、大理論家、大策略家馬克思完全相同（洪鎌德 2015）。儘管兩人的出身、志趣、生涯、世界觀與人生觀迥異，兩人的影響力也截然不同。馬克思把拯救人類的希望，放在直接從事生產的勞工階級上；屠格涅夫則寄望貴族出身帶有西歐自由主義，接受西方文化的知識份子，是改革俄羅斯專制腐敗的動力之所在。他一生所做所爲脫離不了西歐布爾喬亞的生活方式，儘管他也致力與農民接觸，並大力促成農奴的解放（Freeborn 1960: xi）。屠格涅夫和馬克思兩人沒碰面、沒通訊，但有共同的朋友，像安念可夫、巴枯寧、賀維恪、海涅、赫爾岑、拉沙勒等。兩人所堅持的人本主義、人文精神和人道關懷都是一致的。兩人貢獻的同異，有待進一步的分析和比較。

Karl Heinrich Marx（1818-1883）　　　Ivan Sergevich Turgenev（1818-1883）
19世紀上葉，出生德國的革命家馬克思和誕生在俄國的文學家屠格涅夫，都是人本與人道主義者

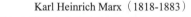

　　本章旨在簡述屠格涅夫文學生命的分期，他雖出生俄土的貴族家庭，吸收俄國的傳統、文化精華長大，卻長年滯留海外，特別是歐陸與英倫，因之也受到歐洲哲學、文藝、科學、文化的洗禮。他的生涯有本土，更有西洋的經驗和歷練，爲19世紀俄國親俄派與西化派兩大分野之綜合體，更是激進革命份子與溫和改良派的結合化身。即便是長期居住國外，但其心思始終掛念著祖國，孺慕鄉土躍然紙上。他所撰著的詩詞、戲劇和小說，絕大多數爲俄文（雖然通訊時離不開俄國19世紀貴族所喜用的法文、德文、英文、義大利文等外國語文）。

　　在此將把他六十五年的生命，與近五十年的著作時間，依其文學生涯分成
五個時期，加以簡介。

一、學徒年代（Lehrjahre 1834-1842）

　　這應包括之前的出生、童年和之後俄境兩大學，以及初次出國和在柏林求
學的幼稚童年和青春歲月，也是他對詩詞激思開竅，並嘗試寫作的文學萌芽時
期。這段時期除回溯他出生的1818年之外，就是指學習寫作的1834年（16歲）
至1842年（25歲）年代，包括他幼年農莊的生活，母親治家與育兒凶暴的體
驗，初戀與喪失童貞的經過，初到歐洲和異國同學來往的點滴。與學徒生涯相
搭配的與相重疊的乃為慘綠少年時期（*Juvenilla* 1834-1842），這也是他初試
啼聲的浪漫主義詩作塗鴉的時期。

　　屠格涅夫在1834年16歲時寫出第一篇詩作〈斯特諾〉，是仿效拜倫作品
〈曼佛列〉所創作。這是他少年時代倖存的作品，透露出他文學的潛能。這是
普希金現實詩篇衝擊下的作品（Freeborn 1960: 22-23）。詩篇〈黃昏〉和〈維
娜絲之群醫〉，都發表在1838年。此外，在19歲時曾與當時的文字審查官通
訊，道出已寫了百多首詩詞，可見其大學時代文學尋覓和追求的熱切。1843年
在貝林斯基影響下，出版了貝氏所讚賞的青年時代傑作《帕拉莎》。

　　屠氏文學生涯的起始和創作，與西班牙裔法籍歌劇的女高音歌唱家寶琳·
韋雅朵之相識、鍾情有關，更與文壇巨子評論家貝林斯基的激勵和提攜有關。
他早期的文學創作反映了他獨特的四大性格：寬大和溫柔的心態、對善良的
熱忱、對形式美麗之敏感，以及對愛情的感受，一種無限激情之追求（Garnett
1917: 33-34）。

　　在早期的詩詞與劇作中，他主要的男主角分成兩類：其一為高懷理想、
滿腔熱血的夢想家；其二為懂得算計，追求自利的現實者。這些都是在1840年
代，沙皇專制和東正教愚民教規下，俄國年輕知識份子之典型。這是受普希金
所形塑的歐內金，與列蒙托夫筆下的裴秋林，兩種人物所呈現的「當代英雄」
所影響的產物。

貝林斯基　　　　　　　　寶琳的少女時代　　　　　　　安念可夫

二、令人矚目的十個年頭（Remarkable Decade 1843-1852）

　　俄國文藝評論家安念可夫，曾與馬克思通訊，也是屠格涅夫的摯友，在1800年出版了一本書《令人矚目的十個年頭》（*замечительные десятилетие*），其中介紹1830-1840年代，俄國傑出的知識份子及其活動。在這十年，屠格涅夫的文學才華開始嶄露頭角，在貝林斯基的激勵下，屠氏開始進軍俄國19世紀中葉的文壇。他大膽嘗試各種形式的文學創作，諸如詩詞、散文、評論、劇作、小說等，並以不同的表達方式，例如對話、獨白、日記體、追憶、白描等進行撰寫。另外，他沉浸悠遊於古典主義、浪漫主義和寫實主義各流派當中，不斷摸索和探索。這一時期（1847-1851）主要的作品，刊載在貝林斯基主編的《當代人》（*Временик*）文藝雜誌上。這是一系列描述有關農村生活寫照的文章，包括擁有土地的貴族，以及農奴、平民日常生活的描繪，後來文章結集題為《獵人筆記》（*Записки охотника*）於1852年首次出版（後來再版時又增加三篇）。出生於立陶宛、入籍英國的當代史學家兼哲學家的柏林爵士（Sir Isaiah Berlin, 1909-1997）也在其大著《俄羅斯思想家》一書（1978, 2013）中，使用了「令人矚目的十個年頭」（A Remarkable Decade）字眼來介紹俄羅斯思想史激越超前的那個年代（Berlin 2013: 130-239）。詳論那十個年頭俄國思想文學突破性的卓越表現。

《獵人筆記》第一篇〈霍爾與卡利紐奇〉與第九篇〈來自美麗境界的卡喜安〉

　　1840年代，當屠氏用詩詞和戲劇的方式投身文學創作之際，俄國還沒有出現講故事和寫小說的文學表述傳統，他算是少數的肇始者與創新者之一。在他之前只存在過兩條引導路線：其一爲普希金的故事抒情詩《歐內金》，爲小說家提供經典的俄式愛情故事，離男女的情投意合還有一段距離。其二爲戈果爾的現實主義，它陷入混亂抑或詩情畫意的幻思中。他分別用了戲謔的混沌與滑稽的行徑，在加上蓄意的操弄文字，塑造人物及其境遇。列蒙托夫英年早逝，其高加索的探險與愛情故事，充滿異域的景觀和奇妙的男女愛恨情仇。與其前輩和同輩作相比，屠格涅夫的才華是傾向古典，但注意到用字遣詞的精練簡約。他因爲自小被訓練成爲精明、細心、不帶感情的觀察者，因此其著作既不充滿激情、憤懣的情節，也沒有野蠻、暴虐的殘酷畫面，更談不到冒險犯難的異常行徑。

三、沮喪與振奮的時期（1853-1862）

　　這是屠格涅夫失志沮喪，寫作不順，身心俱疲，缺乏文學自信，打算脫離文壇的時期。最後從困挫中脫胎換骨，反而積聚創思，成爲文學作品創作高峰的時代，包括《魯金》（Рудин，中譯《羅亭》發音不準，故改爲《魯金》，1856）、《擁有土地的鄉紳之窩》（Дворянское гнездо，中譯《貴族之家》，1859）以及《初戀》（Первая любовь, 1860）和《前夜》（Накануне, 1860）。其作品之顚峰之作爲《父輩與孩輩》（Отцы и дети），過去翻譯爲《父與子》，未能忠實反映屠氏這本重要著作的旨趣，按其內容與旨意，應譯爲《父輩與孩輩》才對，原因爲書中所討論的不僅是父親和兒子的關係，或僅僅父子兩代的代溝問題，也牽涉到母親和獨子（巴札洛夫母子）短暫相處時雙

方的感受，更敘述男主角痴戀俏寡婦，和第二男主角從戀慕寡婦到愛上寡婦之妹的經過。內容已經超過「父與子」的範圍，更何況原著俄文Отцы и дети的頭一個字，既包含多數的父親（包括爸爸們以及伯叔父們），宜譯爲父執輩；第二個字дети則當譯爲孩子們，包括男孩與女孩在內。在某種程度下，不論輩份只談年紀來評述時，也可以把第二男主角阿卡季年輕的繼母，及其非婚生的小男兒（阿卡季同父不同母的幼弟）納入孩輩裡。總之，這是一部俄國與歐美文壇公認的文學傑作。此一小說可以說是屠格涅夫最爲成功的作品，也是19世紀俄國文學的代表作之一。

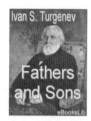

《父輩與孩輩》　　　　　《前夜》故事中涉及俄土的克里米亞戰爭

《魯金》　　　《貴族之家》　　　《初戀》（英譯）　　　《初戀》（俄文原著）

四、生活安逸與創思稍退的時期（1863-1870）

　　這段中年時期主要在德國溫泉鄉巴登，享受韋雅朵一家的溫馨，而陶醉在音樂、戲劇、應酬、營建華廈和旅遊之中，筆耕不若前期勤快，只寫出幾篇故事，和一本小說。這也是他決心離開祖國，長期移居歐陸（特別是在巴登定居）的開始，是他移民外國二十年的前期（後期爲居留法國）。此時重要作品有《煙》（Дым, 1867）。這一小說敘述年近30歲的俄國青年，與早期情人相會於德國溫泉市巴登城。女方已嫁爲人妻，丈夫爲官運亨通的軍人。在巴登的邂逅使兩人舊情復燃，礙於貪圖權勢和富貴，女方不肯與男方私奔。男主角本來在巴登要迎接其未婚妻，結果知道他移情別戀，憤而離去。男子在愛情與婚姻兩頭落空下，悵惘走上歸途。往事歷歷在目，就像火車吐出的濃煙，變成稀煙化做雲霧，終於消散無蹤一般。

　　其他數篇中篇小說（novellas 短篇故事），包括〈葉古諾以中校的故事〉、〈准將〉、〈海上失火〉、〈一個沒有歡笑的女孩〉，〈一個奇異的故事〉和〈原野上的李爾王〉等，受到不等的讚賞之小故事。

在巴登屠氏斥資營購華廈卻缺錢裝潢，住不到半年便拱手讓人

靠近巴登溫泉區的古堡，爲《煙》男女主角幽會之處

五、法國滯留後期與病痛的晚年（1871-1883）

　　普法戰爭後，屠格涅夫爲了能與韋家大小相伴，決定從德國搬至倫敦再回法國長住，這一住便是十二年。當中返俄五次，留在聖彼得堡與莫斯科的

時間，合起來不超過兩年。此時重要的作品有《處女地》（*Новь, 1877*）及其他短篇小說，如《春潮》（*Вешние воды*）、《原野上的李爾王》（*Степной король Лир*）、《愛情的凱旋之歌》（*Песнь торжествующей любви*），都發表在俄人主編，在巴黎發行的《歐洲記事報》上。

　　1883年9月3日，屠格涅夫因脊椎癌逝世於巴黎西南90公里外的布吉瓦。該年8月中旬，他知道自己大限之日不遠，遂表示死後遺體要運回俄國，埋葬在聖彼得堡臥爾柯夫斯科墓地（*Волковское кладбище*），接近亦師亦友的貝林斯基的墳墓之旁。

《煙》的英文譯本　　　　　　　　　　　　《原野上的李爾王》

英譯《原野上的李爾王　　　　《春潮》英譯封面
及其他故事》

屠氏紀念館內置放其死亡後仿製的銅模（面具和手臂）

聖彼得堡Volvoko公墓裡屠氏之墓地　　　舊俄京Malaya Sadovaya街上的紀念碑

第二十二章

屠格涅夫初期與晚期的詩作

第二十二章　屠格涅夫初期與晚期的詩作

・屠格涅夫在前半生寫了超過百首的詩篇
・在1840年出版卻有五十一篇
・浪漫詩《斯特諾》
・普希金，拜倫和列蒙托夫
・〈黃昏〉
・〈抒情詩〉
・《途中》
・《對話》
・《地主》
・《安德烈》
・《散文詩》

　　屠格涅夫在前半生寫了超過百首的詩篇，其中在1840年出版的有三十九篇，加上其他十二篇，此時正式出版（在雜誌專刊上出現的單篇、單集或其後收入全集者）的詩作多達五十一首；當中二十六篇關於愛情故事，九首頌揚或讚嘆大自然的壯麗；四篇可列入抒情詩（ballads）的範圍，三首涉及社會批判，其餘九篇無法歸類（Seeley 2009: 34）。

　　屠氏的詩詞有自己創作的篇章，也有歌德的《浮士德》和莎士比亞著作的部分章節之譯作。他16歲時所寫的《斯特諾》，取材自古羅馬民間故事加以改編，其中角色都是義大利人名。這與少年屠格涅夫嚮往異域的古文明有關，格式方面則受惠拜倫的《曼佛列》一詩。除了拜倫之外，影響屠格涅夫詩作的俄國文學前輩還有普希金和列蒙托夫。這兩位文豪中，屠氏最景仰和崇拜的爲俄國19世紀文學之父普希金。其實對年少的屠格涅夫寫詩填詞，最具啓發作用，他卻罕於提及的詩人卻是列蒙托夫（*ibid.*, 33）。

　　1830年代，除了屠格涅夫的處女作《斯特諾》之外，他還撰寫了不少詩篇，其中大多是抒情詩。從中看出他在詩作中抓住形式之美的才華，他能活用語言韻律的奧妙，而受到好評，這是反映當時浪漫主義精神的緣故。該時期爲俄國文藝界浪漫主義創作與流行的高峰，這是受到普希金詩作廣受歡迎所致。這點事實上和1820年代，留德的俄國知識份子喜愛讀謝林的自然哲學和美學（洪鎌德 2016：18-22）有關，其所強調乃爲詩篇是上天和諧觀在塵世的落實。除此之外，拜倫抒情詩之翻譯，也受年輕的讀者歡迎。拜倫的詩作頌揚在孤獨中獲得神明鼓舞的「局外人」（*Außenseiter*; outcast）。這種局外人或稱被社會所唾棄的人，透過詩詞的誦詠，能夠認識上帝的完善和人群的無力，也能看穿道德的虛假。因爲這類人向來沉浸在孤獨和寂寞中，反而免受世間諸種精神和身體的折磨（Kluge 1992: 24）。

俄國文學奠基者普希金及其詩英譯

> A poet must be a psychologist, but a secret one: he should know and feel the roots of phenomena but present only the phenomena themselves in full bloom or as they fade away.
>
> Ivan Turgenev
> Russian Novelist

> 一位詩人必須也是一位心理學家，只是一位祕密的心理學者而已；他應當知道和感受現象的本根，並只把現象本身陳述下來，用的是現象全現的狀貌，或是現象正逐漸消失的狀況。
>
> ——屠格涅夫

詩人拜倫勛爵（1788-1824）及其詩集

　　由此可知，屠格涅夫從普希金和拜倫承襲的是詩作格式和營構，以逸事、片斷爲故事的內容，主題則常涉及男女的三角關係，形式上常是主角的自述和憶往。列蒙托夫則以拜倫不談的事物爲取材的對象，包括在娼寮接客的妓女之情深與恩怨。在1830年代感染這股浪漫氣氛的文人無過於列蒙托夫，其代表詩作爲《魔鬼》（*Дéмон*）。此一詩篇在1829年開始執筆創作，至1839年才完成，被視爲19世紀俄羅斯浪漫主義詩作無上的精品。屠格涅夫在此篇抒情詩中，找到激情的爆發和人生存在意義的探索。浪漫主義和觀念論（理想主義）的探討，是青年屠格涅夫文學創作的導向與場域（*ibid.*, S.25）。

列蒙托夫及小説《我們時代的英雄》最後一章〈美莉公主〉　　　　情敵決鬥插圖

　　1830年代末和1840年代初，俄國讀者群仍偏好浪漫主義的文學作品，這也是屠格涅夫與列蒙托夫沉醉於文藝界浪漫氣氛之主因。由是可知屠格涅夫早期對詩作的傾心，不只是他個人的偏好，也是當年沙俄時代文藝界的普遍現象（*ibid.*, 25）。

　　在1838年的詩作〈黃昏〉（*Вечер*），屠格涅夫嘗試討論人存在的意義，雖然少年不知愁滋味，卻已體會大自然的純潔和美麗，對比人世的複雜和混濁，更令人嚮往。但能懂得欣賞自然之美的人不多，其關鍵爲自然演變與人世滄桑無關，也就是自然對人事的冷漠、排斥，不理會人們的希冀和期望。在此主題再度顯露，作者感受不到謝林天人和諧的境界，人與自然統一諧和的神性，作爲人群的避風港或是安樂窩，不是現世可達到的目標。

謝林及其自然哲學
（Naturphilosophie）

Schelling held that the divisions imposed on nature, by our ordinary perception and thought, do not have absolute validity. They should be interpreted as the outcome of the single formative energy which is the soul or inner aspect of nature. In other words he was a proponent of a variety of organicism. The dynamic series of stages in nature, the forms in which the ideal structure of nature is realized, are matter, as the equilibrium of the fundamental expansive and contractive forces (chemical action); organism, with its component phases of reproduction, irritability and sensibility. The continual change presented to us by experience, taken together with the thought of unity in productive force of nature, leads to the conception of the duality through which nature expresses itself in its varied products.

謝林認爲自然並不在分化，而是在團結人心

　　另一篇逕稱爲〈抒情詩〉（баллада; ballade）的早年作品，也是仿效普希金和列蒙托夫的敘事詩改寫而成。抒情詩的主角是一位重義輕財的強盜，他抗議社會的不公平和法律的偏私不正，因而對抗當局的蠻悍。這篇敘事詩美化暴力、讚賞抵抗，男主角還贏得城主夫人的芳心，讓他的愛情找到出口。這是取材自古代傳說、民謠而改編的文學作品，反映了傳統俄國鄉紳社會排斥淑女與平民相愛的階級偏見。屠格涅夫在此抒情詩中，塑造違法亂紀的強盜如何劫富濟貧，並竊取城主夫人的同情和歡心，達到對法律和道德的社會規範之嚴重挑釁。有異於席勒和普希金美化強盜的叛逆行徑，屠氏的主角無法掩飾或美化其叛逆犯上的行爲，只能靠羞辱對手（城主）來達到報復的目的。在浪漫的高潮之後，屠格涅夫讓主角躲避了道德的譴責。

　　在崇高和誘人的詩詞世界，不只表現浪漫主義，同時也暴露其對立面，即失望、絕情、斷念。屠格涅夫在很多詩篇中，不再升高感情的對立、反抗和矛盾，反而進入沉思、省視的境界。這點與《斯特諾》此一早期的詩作不同調。這種反思省察不因人的知識水準、社會地位、教育程度而有所分別。這種反省不是什麼高尚、抽象的行爲，而是平常人在日常生活中經常要面臨的處境。除了伊萬的抒情詩不再頌揚反抗不公的「義行」之外，形式上角色、故事簡單的鋪述、對往事的遺忘和對現實的憂慮，都使他的抒情詩別具一格。此外，他依照俄國傳說、古訓之押韻法，亦即把兩短一長的手指三節加以分開之押韻法（Daktylus）運用到他的詩篇中，爲同代詩人聶克拉索夫（Николáй Алексéевич Некрáсов; Nikolay Alekseevich Nekrasov, 1821-1878）所仿效。

涅克拉索夫畫像、石雕及其紀念郵票

　　1843年，屠格涅夫寫了《途中》（*В дороге*）的悲詩（*Elegie*）。此詩似乎有脫離浪漫派格調，而邁向現實主義之途，這是由於故事簡單、語言率直、不加修飾、不矯揉造作之緣故。伊萬此時已跨過浪漫主義的高峰，而開始採用現實的素材、理解現實的氛圍，往現實的道路緩慢邁進。他早期的抒情詩仍留下不少殘跡，其中心情的描述和自然的觀察，仍盤據他詩作的大部分。這算是他文學創造力之來源，也是他文學創作的特徵。這些特徵構成他創作的基石，也標誌其獨特性。他後來短篇、中篇、乃至長篇的小說中，主角心理歷程的描述，從分析其語言、舉止到應對能力的表現，及其對現實的敏感度，都會決定這些男女主角一生之命運。無疑地伊萬早期的抒情詩，成為他戲劇和小說抒發和引申的源泉（Kluge 1992: 27-28）。早期寫詩的文學實踐，鍛鍊屠氏成為充滿詩意（*poetisch*）的文學工作者。

　　伊萬的詩作持續到1840年代中期，成為其後批判社會抒情詩的先驅。1844年寫出《群眾》（*Толпа*），係獻給貝林斯基的作品。除了抒情詩之外，他也有短篇故事詩的出版，此係《帕拉莎》（*Параша*）的問世。在此一篇幅稍長的詩品中，伊萬化身故事的主人敘述往事。傳記和意識型態的勾劃，占全文篇幅的百分之四十。與列蒙托夫相異之處為人物和背景的選取，詩中反映了伊萬所熟悉的鄉間景觀和農民的淳樸。這些後來成為他《獵人筆記》的素材。此詩受普希金《歐內金》句法的影響，而做了若干的修正，將普氏的十四行詩改變為十三行詩；普氏詩中女主角塔綺亞娜變成屠氏的帕拉莎。帕拉莎愛慕平凡庸俗的地主維克多，不似塔綺亞娜與歐內金的激情而走上悲劇之途。

　　伊萬的女主角是一位富裕地主的千金，長相平凡，但充滿孩童的喜樂活潑，有堅強的意志，也有柔軟善良的本性。在一次偶然機遇下，碰見退休軍官

維克多。維克多既聰明伶俐，又喜愛旅行，對女性有點著迷，但不具強烈的愛慾激情，是一位自我中心主義者；追求歡樂之餘，瞧不起群眾俗民，厭倦生活，對人生喪失意義。他雖非其世代中的佼佼者，但被帕拉莎視爲不凡的年輕人。年過20歲的帕拉莎從未嚐過戀愛的滋味，見到維克多一面之後，產生愛慕之意。維克多知道帕拉莎的愛慕之情，遂放棄飄泊的習性，與她結婚成家。他們婚後的生活平靜，就像一條水流潺潺的小溪，而非如大江大河般的波濤洶湧。帕拉莎與維克多只期望經濟穩定，婚姻生活平順。這無非市民階級現實生活的寫照。

　　故事的敘述者曾經愛上帕拉莎，最後在不影響這對夫婦的平順婚姻下，暗然離去，爲這段簡單的浪漫抒情詩譜下句點。在現實勝過理想，理智勝過激情的情況下，《帕拉莎》可以視作對《歐內金》的嘲諷（parody）（Seeley 2009: 39-41）。不過此詩語句通俗順暢，對自然美景有細膩的描繪。此詩也代表伊萬從浪漫主義步入現實主義的摸索過程，其後才再由現實主義升揚到象徵主義（Koschmal 1984）。

　　1844年，屠格涅夫寫出角色更鮮明的敘事詩《對話》（Разговор）。這是年輕人向老僧「懺悔」的故事，是伊萬後來刻劃戲劇和小說中「剩人」的先驅。此詩與列蒙托夫的《僧徒》一樣，詩中提及青年與老翁的談話。老頭批評青年太內向，只一昧沉醉於空思冥想中，而不思接受和迎擊環境的挑戰。此詩獲得貝林斯基的讚賞，認爲屠氏把他那一代人感情的冷漠與意志的軟弱作了深刻的描述。此一詩篇似乎是從列蒙托夫的《柏洛季諾》（Бородино）找到靈感，而加以發揮的作品，連其後托爾斯泰的《戰爭與和平》也透露出列氏這一詩作的痕跡。

歐內金向塔綺亞娜求婚

普希金所描繪的歐內金

《歐內金》原著封面

«Borodino» is a poem of the famous Russian poet and writer Mikhail Yurievich Lermontov. Poem sanctified to the Borodino battle that was one of critical events of Patriotic war 1812 year and took place near the village of Borodino, on the Old Smolensk road, on approaches to Moscow, between the Russian troops and army of European Napoleon's coalition. Borodino-one of the largest battles of world history, rock defeat of Napoleon and beginning of wipeout of his «invincible» army.

列蒙托夫及《柏洛季諾》敘述1812年俄軍打敗拿破崙之愛國戰役

　　《對話》一詩可視爲屠氏較成熟之作品，其主題爲世代的衝突，彰顯1820與1830年代的人物，比1840年代的人物對俄國社會的進步貢獻更大。這一世代的衝突，是他之後的小說《父輩和孩輩》（《父與子》）發揮淋漓盡致的主題。

　　1844年伊萬所寫的《教皇》一詩，不乏嘲諷教會的意味，敘述年輕人拐誘教皇之妻的怪事。1847年《地主》（Помещик）一詩爲屠格涅夫仿效拜倫《貝坡》（Beppo）浪漫詩的形式，所撰寫的四首中最後的一篇。這裡敘事者的角色幾乎隱退到看不見，三角戀愛的故事已縮到一天發生的事故。名叫舍蓋・彼特洛維奇的地主，某日其妻要去村外的教堂祈福，難得老婆有一天不在家，突然想找舊愛（一位寡婦人家）敘舊尋歡。於是，他興高采烈出發，沒想到走到半路，家用馬車的承軸斷裂，車仰馬翻。這次意外不幸粉碎他偷腥的妄想。這是一篇諷刺性濃厚的篇章，最終好色之徒還是只有重回悍妻的懷抱一途。

　　屠格涅夫之後寫作的《安德烈》，爲四首中篇幅最長的詩篇，呈現脫離《貝坡》的羈絆。安德烈爲公職退休的公務員，返鄉閒居，借住在一位年長的鄰居家中。這位年長的鄰居剛娶了一個出身孤兒院的女子爲妻，女子對這樁婚事十分滿意，也深愛丈夫。她幼時無親無友，安德烈年齡與她相近，也不善社交，爲人靦腆害羞。這對年輕的男女相處不久，便發現兩人有共同的習性、嗜好、心情，乃至命運，最後陷入戀愛中。不過兩人秉持純眞無邪的感情，沒有逾越。但彼此發現這種愛戀時，不免爲這種不當的行爲和不適的情況苦悶煩惱（Seeley 2009: 42-43）。

　　撰述《帕拉莎》和《安德烈》的兩年中，伊萬由於狂追寶琳・韋雅朵，對愛情的發生與滋長似乎感受尤深。《安德烈》詩中女主角杜尼雅的平凡、樸

實，和寶琳的炫耀光茫不能相提並論。而安德烈的平凡平庸，與伊萬的才華洋溢更是天差地別。不過在這首詩篇中，一反屠格涅夫文學作品中男性懦弱無爲，而女性堅決獻身之結局；在《安德烈》中，伊萬安排了男性主導女性的情節。

故事的結尾爲安德烈不願玷汙杜尼雅的名譽，忍痛拋棄戀情，離開故鄉出國遠行。三年後在義大利，安德烈收到杜尼雅的信函，她坦承與安德烈認識之前，不知情爲何物，如今嚐到戀愛的滋味，使她爲結束的戀情傷心和哀悼；也羨慕安德烈可以浪跡天涯，甚至懷疑安德烈是否另結新歡而忘記舊愛。不管如何，她還活在以往的回憶中，她告訴自己：他愛她如昔，她內心渴望他能釋出更多愛意，好讓她更快樂、更幸福。這種心情與想法，在他們相處時不敢表露，分別多年之後，她得此機會加以傾吐。最後杜尼雅在信中表示，願意讓安德烈自由，去愛他所愛（*ibid.*, 43-44）。

此時伊萬的詩作裡，常把愛情視同綁住男性的鎖鏈，導致男主角（像魯金）死於革命戰場上的結局（Seeley 2009: 45-46）。在早期的詩作，著名的「屠格涅夫的女娃」（*Тургеневская девушка*; Turgenev girl）詩篇中，只輕描淡寫地提及，較爲例外的是帕拉莎與杜尼雅的刻劃，還有《地主》一詩中風流寡婦的出現，成爲其後《春潮》小說裡水性楊花、縱慾無度的蕩婦的前身。另外，在這些詩篇中，看出屠格涅夫對自然的描繪，也具獨特性。伊萬其詩作之研究，讓我們窺見他後來成爲小說家的苗圃或稱搖籃（*ibid.*, 46）。

一般而言，屠格涅夫的抒情詩被納入傳統的浪漫派範疇裡。雖然這些詩章已傾向揚棄浪漫主義，而有邁入現實主義的跡象。只是現實主義的詩詞展示在同代詩人中，超越屠格涅夫者比比皆是，他在這塊文學園地的耕耘雖久，但成果有限，無法脫穎而出。有關階級底層的生活慘況、社會的現實、人情的淡薄、貧富的差距、貴族與農奴的對立，早就出現在聶克拉索夫的詩章裡。同時印象派的詩作，已由伊萬的鄰居兼管家費特獨領風騷。

聶克拉索夫與帕納耶夫探望生病中的貝林斯基

1860年的費特（A. A. Fet）

　　屠格涅夫的詩詞，語言傾向俄國浪漫派抒情詩，但經過他衡量斟酌之後，改採平實用詞，而有推陳出新之感。不過在詩作的結構上他墨守陳規，不敢逾越普希金和列蒙托夫所立下的規矩，這點有異於其他詩人之處。因之，屠格涅夫的詩作只能看作普氏和列氏的流亞（*ein epigoner Dichter*）。不過，就算他學習前人之所爲，卻不失爲一位成功的仿效者。杜思托耶夫斯基便很讚賞伊萬青年時期的詩作（Kluge, *ibid*., S.30）。

　　閱讀和研究青年屠格涅夫的詞詩，會發現其作品結構精美和取材奧妙。詩作中男主角耽溺於冥思幻想，有如哈姆雷特這類剩人；反之，犧牲奉獻、意志堅定、行動果決的女性，卻令人肅然起敬。另外，在其詩作中，他對大自然風光的描寫，比畫家的妙手更能勾畫出山水原野的繽紛美麗。大自然與人世間的互動和磨合，經過詩詞的描繪，感人至深。詩裡滿懷理想和現實的對立和衝突，更引人遐思和回味。

　　發現自己詩詞創作的源泉日形乾涸之下，30歲不到的屠格涅夫終於下定決心離開喜好的吟詩弄詞，轉向戲劇的編寫。只有看到他寫作散文、戲劇、小說等的努力，才會明白他在俄國文學上的發光、發熱，是經過內心的掙扎，努力奮鬥逐步取得的成就（*ibid*., S.30）。

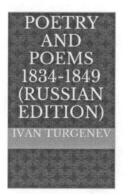

屠格涅夫1834年至1849年詩集英譯

　　1877年初，屠格涅夫出版《處女地》之後，因年輕和激進讀者的反應和評論不佳，使得對輿論敏感的他，幾乎癱瘓寫作長達三年半。這段時間，他都在反省、回憶、做夢、幻想、期待中，就像畫家構思其畫面的輪廓，所做簡單幾筆的素描一般；屠氏也在起心動念的瞬間，隨筆記下思憶的片斷，或寫下對自然景觀的讚嘆，或抒發心中感觸，或道出某人義行，或驚憾動物捨身保護後

代生命的親情等等，都以哲學的深思、心理的剖析、文字的精練，寫出令人咀嚼、誦詠、啓思的詩章，是他特殊文學創作之精品。把詩詞融入散文中，而構成他舉世無雙的詩和散文合成一體的《散文詩》（ *Стихотворения в прозе* ），這些詩篇撰寫年代為1877年夏至1880年夏。最先以「身後」（ *Posthuma* ）名義，作為作者在世自娛的省思錄，並不打算在生前發表，後來則冠上「老年之作」（ *Senilia* ）的名目，在《俄羅斯記事報》逐一刊載，共刊出五十一篇，在1883年結集出版。另外有三十二篇涉及隱私，遲至1930年先推出法文譯本，次年才在蘇聯發刊八十三篇的俄文完整本（Seeley 2009: 316-317）。

1877-1879年期間所撰《散文詩》八十三篇中的六十九篇，都在此時一一寫成。但在其有生之年僅出版五十篇，其餘數篇合集，則為1931年蘇維埃主政之時。雖然每篇的素質高低不同，但散文詩代表屠格涅夫文學技巧的藝術表現的高峰。一部分篇章涉及死亡，包括對他自己的死亡，對失掉的青春之懷念，六十九篇中有二十七篇是以此為主題。另外兩篇簡單的文章，則是送寶琳的禮讚；一篇是讚頌她所表現的美麗永垂不朽，另一篇是要她在他死後，只需念幾首曾經一起合讀的詩章，表達思念便夠了。這可以放大解釋為對長期遭受災難的祖國農民無盡思念和戀慕之情。「你、我唯一的朋友，我深長而細膩地熱愛的對象！」

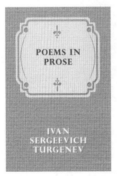

《散文詩》英譯和西班牙文譯本

這些散文詩中，有馬車車夫悼念遭霍亂奪命的妻子，以及19世紀初軍人征戰時，駐紮在村落，農婦誣告軍官僕人偷竊她的雞隻；由於僕人無力替自己辯解，而遭吊刑的悽慘故事。當時，下令絞死僕人的將軍已離開村落，儘管農婦被偷的雞隻失而復得，哀求行刑的士官不要執行死刑，但軍令如山，這個可憐

的僕人仍舊被推上絞刑台。這個僕人臨死前，還要求處死的士兵轉告農婦別自責，因為「我已原諒她了」。

　　這詩集中有一篇題為「自私者」的諷刺短文，似在影射為富不仁的路易。可見處在三角關係中的屠格涅夫對寶琳丈夫的嫉恨，儘管兩個男人有打獵、酷愛文藝的共同興趣。另外幾篇涉及革命份子的堅貞勇敢，像「戶榍」（門檻）似乎在禮讚查蘇莉琪槍殺聖彼得堡總長的堅決意志。當人們問她踏出戶榍之後，要面對監禁、苦頭和災難，這個少女仍舊表示她決定做這一選擇，結果旁觀者不是嘲笑她「蠢貨」，便是崇拜她為「聖女」。有人說此文非涉及查蘇莉琪，而是刺殺亞歷山大二世的女英雄。

　　這位女革命家莎菲・裴羅芙絲卡雅（Sofia Perovskaya, 1853-1881）的暗殺行為，也招致批評。她扔出的第一顆炸彈傷及路旁的男孩，當沙皇下車察看男孩的傷勢時，她扔出第二個炸彈，造成沙皇傷重而死。她的革命行徑，到底可否稱為「聖女」的做法，滋生爭議。

裴羅芙絲卡雅　　　　1881年3月1日炸傷沙皇亞歷山大二世，使其最後傷重而亡

　　還有幾篇散文詩討論自然界盲目的力量，只關心人群的生長存活，而不管人們的悲歡禍福。另一個主題為愛，連鴿子也會為了保護從巢穴中掉落的幼鳥，而勇敢對抗獵犬的攻擊。「我認為愛情勝過死亡，也勝過對死亡的恐懼，只有靠著愛，生命才會延續，才會向前邁一大步」。質量的參差不同，是《散文詩》另一個特徵，但其中最好的詩篇展現他文學藝術的菁華，也標誌他文藝創作的高峰。

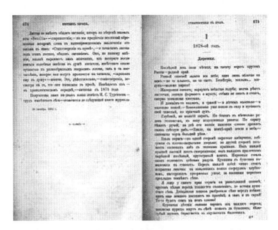

屠氏晚年傑作《散文詩》俄文版兩頁之樣貌

　　英國文人嘉涅特〔Edward Garnett（1868-1937），爲翻譯屠氏大部分著作爲英文的Constance Garnett（1861-1946）之丈夫〕，在20世紀初有關屠格涅夫文學生涯和作品研究的專書中，對《散文詩》大加推崇，認爲是屠氏小說、戲劇、詩作之外，對文學大有貢獻之所在。他指出：「這一精采的文集，是由短篇、超然的描述、景觀、回憶、夢境組合而成，是屠格涅夫性情和哲學基本因素的縮影。《散文詩》是俄國文學獨特之寶，其語文的精簡流暢與韻律的迷人優美，在同類作品中無法超越。屠格涅夫把理念與情緒做出完美的融合，顯示他對古典〔希臘〕文學的專擅，甚至可以挑戰和媲美」（Garnett 2007: 195）。

英國文學批評家嘉涅特，其夫人翻譯家康士坦絲及其兒子大衛

　　儘管屠格涅夫不是一位革命者，但在《散文詩》中，對含有社會正義追求的革命事業採取正直公平的態度與立場。這是這本著作高度藝術價值之外的特色。此外，作者長期滯留西歐，眷戀鄉土之情溢於言表，從中吐露其對俄國鄉土、民情、語文的懷念和推崇。其中不少篇感傷年老孤獨的心境，更突顯熱愛生命、珍惜青春、崇尚友誼、歌頌愛情的年老作家對逝去年華的憂傷。用字遣詞講究精鍊簡潔的屠氏在這本散文中達到文字藝術的高峰。「《散文詩》從語言結構上看，不受一般詩歌格律的限制，沒有受形式約束的倒裝、反復、擴展或鋪墊，一切順乎自然、流利舒暢，同時又不同於一般的散文，它決〔絕〕不鬆弛、清淡、沒有複雜的結構或繁多的枝蔓。這些詩篇的緊湊、豐富、深刻、凝練，都標記〔誌〕著屠格涅夫本人的高度藝術成就和俄羅斯文學的高度發展」（智量 2006：6）。

《初戀》俄文宣傳資料（女主角身著秋裝，上衣和短外套爲刺繡的綠色絲絨和穿著金黃色長統鞋）以及荷蘭文譯本

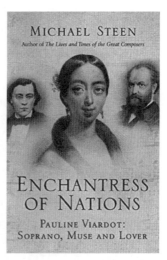

成爲萬人迷的女高音和文藝之神的韋雅朵，背後站著伊萬和丈夫路易

《散文詩》俄文原著、英譯和中譯封面

《獵人筆記》的各篇
簡介和社會影響

第二十三章　《獵人筆記》的各篇簡介和社會影響

- 〈霍爾與卡利紐奇〉
- 〈葉莫萊和磨坊女主人〉
- 〈莓泉〉
- 〈縣城裡的醫生〉
- 〈我的鄰居拉季洛夫〉
- 〈獨院地主奧夫謝尼科夫〉
- 〈里果夫村〉
- 〈貝津草原〉
- 〈來自美麗境界的卡喜安〉
- 〈總管〉
- 〈辦事處〉
- 〈孤狼〉
- 〈兩個地主〉
- 〈列貝津〉
- 〈塔吉雅娜·包里索夫娜和她的侄兒〉
- 〈死亡〉
- 〈鬥歌者〉（又譯〈歌手〉）
- 〈彼得·彼得洛維奇·卡拉塔耶夫〉
- 〈幽會〉
- 〈希哥洛夫斯基縣的哈姆雷特〉
- 〈戚爾托普哈諾夫和聶道比斯金〉
- 〈戚爾托普哈諾夫的末路〉
- 〈活屍〉
- 〈夜行記〉
- 〈森林和草原〉

　　至1847年，俄國在尼古拉斯一世威權和專斷的統治下，整個社會如死水一灘，少數接近統治階級的貴族、地主、僧侶、富商，過著舒適奢華的生活；但是廣大操勞的農奴與低層平民，則爲生活努力打拼著。俄國政治制度的專權腐敗、東正教信仰體系的嚴控愚民、農業經濟的落後貧窮、思想文化的封閉，導致有識人士（絕大部分爲貴族與地主的後代）感到俄國現狀和前景堪憂。農奴制度成爲俄國人屈辱的標記，上自沙皇下至奴隸，莫不從農奴存在的鏡像中看到自身的醜陋。屠格涅夫的《獵人筆記》（以下簡稱《筆記》），被譽爲推翻這數百年來陋規、壞傳統和惡制度的旗手，也吹響了農奴解放的號角。

　　1846年，屠格涅夫在祖居農莊著手撰寫介紹農民生活現狀的〈霍爾與卡利紐奇〉。此文在次年1月刊載於《當代人》文藝雜誌，獲得普遍的讚賞。另一篇關於鄉間故事〈暴徒〉（未收入《筆記》中）則發表在《祖國年鑑》上；其文筆不似先前撰寫〈安德烈·柯洛索夫〉那般粗糙，反而更爲細膩（Schapiro 1978: 54）。《筆記》的第二篇〈葉莫萊和磨坊女主人〉一文，敘述農奴葉莫萊投宿於磨房的院落，作者在夜間聽到農奴和其舊愛即磨房女主人的對談，顯示農奴與平民之間也有愛情恩怨。〈霍爾與卡利紐奇〉不但贏得讀者和編輯好評，連《當代人》雜誌創辦人貝林斯基都讚不絕口，使寫詩不夠出色的屠格涅夫獲得鼓舞。1847年，屠格涅夫先寫出十三篇類似故事和報導性的隨筆，主題圍繞著農奴和其主人（地主）彼此的生活方式，或是主人對奴僕欺壓或虐待的實情。1848年增加三篇，1850年和1851年則各添加兩篇，於1852年結集出版，爲第一版。1860年，屠氏把另外兩、三篇故事放入這一文集中，後覺不妥而抽出。1970年代初，又另外撰寫三篇隨筆加入，於1872年推出《獵人筆記》新版，共收二十五篇文章（Seeley 2009: 101）。

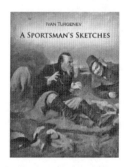

《獵人筆記》俄文原著封面設計（1852年首版）以及英譯封面

　　《筆記》的第三篇題為〈莓泉〉，敘述在夏天酷熱下，冷靜客觀的敘事者在一處稱為莓泉的水邊與農民閒聊，聽到由大城步行數百里還鄉的老農訴苦，老農因遭地主欺騙、凌辱，卻投訴無門。透露出那個時代農奴生活的悲慘和地主的殘酷無情。

　　第四篇為〈縣城裡的醫生〉，敘述主角旅行中抵達某城後發燒，找來醫生看病，醫生臨走前突然告訴主角他所經歷的怪事。某日風雪肆虐、路途泥濘，醫師被召喚到遠村診療一位落魄貴族的千金。因道路被大雪掩埋，醫生被迫留在病患家中三天，結果垂死的女病人瘋狂愛上這位醫生，兩人墜入情網。然而，少女最後依然藥石無效而病逝。女子的母親有意把愛情信物交給身心憔悴的醫生，但是醫生卻落荒而逃。

　　《筆記》第五篇為〈我的鄰居拉季洛夫〉，談的是獵人與其獵伴葉莫萊訪問鄰居地主拉季洛夫。此君與一般的地主不一樣，是一位有學識、有善心的地主。在妻子過世後，他仍與岳母和小姨子同住。身為樂觀自信的貴族，在面對妻子的死亡時，並無呼天搶地的悲慟；但是當看見尚未入殮、躺在棺木裡的太太眼角邊，有一隻蒼蠅棲停時，他竟開始嚎啕大哭，悲傷至極。過了一段時日，這位文質彬彬的貴族突然與小姨子雙雙失蹤，留下年邁、孤苦伶仃的岳母。

《獵人筆記》的主角

原始插圖

　　第六篇題為〈獨院地主奧夫謝尼科夫〉，描繪一位服飾整潔、面貌威嚴，表面像極公卿商賈的七旬老翁，名叫奧夫謝尼科夫，是一位與平民農夫相似的獨院地主，與其妻共住小宅第，只擁有幾名奴僕，可以在服侍主人之餘耕作自己的土地。比起其他獨院地主，這位老農還算富裕。他急公好義，也是排難糾

紛的和事佬；其妻賢慧仁慈，曾經是名聞遐邇的美女，風韻猶存。他不留戀過
去，也不沉溺現在，會批評先人生活的豪奢，和官僚的糜爛。提及開明地主關
心農民的福利，和減少下屬的勞役稅賦，這位七旬老翁滔滔不絕。最後，還提
到一位流浪落魄的法國軍隊鼓手，如何在拿破崙兵敗如山倒，流落俄境時，被
好心貴族拯救提拔的故事。整篇透過奧夫謝尼科夫的敘述，使讀者進一步了解
那一代貴族和地主種種面相和遭遇。

　　撰寫於1847年的〈里果夫村〉，是第七篇札記。里果夫村位在大草原上，
離小河不遠。作者與葉莫萊前往獵水鴨，遇見25歲原為家奴贖身的遊民，這個
遊民樂意陪伴打獵，但需要艘小船才能在沼澤地帶行獵。為此年輕人帶領兩人
去尋找綽號為「樹枝」的船主，由於小舟年久失修，船底有破洞，需要用碎麻
堵塞空隙，才沒有沉船之虞。最後，一行人終於上了小舟，由船主「樹枝」使
用木槁抵住河底與掌舵，使小舟在蘆葦水草間緩緩前行。但仍難逃沉船劫數，
幸而池塘水淺，大家才免於滅頂之災。

〈里果夫村〉的插畫

最早英譯本（C. Garnett譯）

　　第八篇為《筆記》藝術價值最高，評論者最為讚賞的〈貝津草原〉。這篇
以實景描述、心理分析和幻想營構的鬼故事，不但道出少年與中年男子對世事
不同的看法，更說明人群對鬼魅的奇想和畏懼。其中有迷信、玄虛、幻思、不
測的成分，使人感受生命的脆弱和命運的乖舛。故事的優美在於少年的天真無
邪，和布局的詭異玄虛。這裡對農奴制度的揭發與抨擊，比起其他篇章，是隱
晦不顯。

坐在貝津草原大談鬼故事的少年們　　屠格涅夫所繪製的　〈貝津草原〉原著封面，曾搬
　　　　　　　　　　　　　　　　　　卡喜安　　　　　上銀幕

　　文集第九篇爲〈來自美麗境界的卡喜安〉，坐在馬車中的故事敘述者，在天熱煩躁下碰見出殯隊伍，不料屋漏偏逢連夜雨，此時馬車輪軸突然斷裂。車夫勉強讓車子滑行到山坡下的村落，在這個僅擁有五、六棟農舍的尤金村，無法尋購可用輪軸。在四處詢問下，主角吵醒了在庭院午睡的矮人卡喜安。這位50歲出頭的卡喜安，是土生土長的哲學家，把人生與自然看成一體，有民胞物與的人道精神。當他得知來者是獵人時，拒絕給予協助。在主角懇求下，卡喜安終於答應帶他到附近林地開發場，尋購所需的新車軸。故事圍繞著兩人穿越森林，往返林場購取補給品，沿途的所見所聞，與充滿人性的談論。透露出他對傳統民俗的頌揚，和對現存社會制度的不滿。

　　第十篇題爲〈總管〉，敘述一位年輕虛矯的地主，和他寵愛的產業總管的故事。總管以諂媚的手段，取得主子的歡心與信任，剝削與凌虐農民，從中大肆斂財。爲了一點過節，不惜拆散老農的家，把其兩個兒子充軍，還打算把不到服役年齡的第三個兒子也拉去當兵。敘述者在年輕地主連哄帶騙下，一起下鄉巡視地主的祖業產地，才親眼目睹這椿人間慘事，而且受害的不只一家，而是地主管轄下多數貧弱無助的農民。當地人把產業總管當作惡犬、瘋犬看待。結論是這一主一僕就是這種人渣，作者不願再花費時間與他們周旋，急急離去。

〈總管〉的插圖

　　《筆記》第十一篇題爲〈辦事處〉，講述女地主任命管家頭目仗勢欺人、作威作福的故事。作者在打獵之後遭逢雨淋，經人指點到附近村莊躲雨避寒，結果誤闖女地主管家的事務所。在該所休息時，聽到出入辦事處的人與管家「主任」之談話、議價和爭吵，從而活生活現女地主的專橫、屬下管家的弄權和平民和農人的苦難。

　　第十二篇題爲〈孤狼〉，敘述獵人在暴風雨的黃昏，在密林中碰見號稱「孤狼」的林木管理人（本名弗馬），受邀到其林中獨屋避雨。這位孔武有力、靈敏精明的林場監工，因爲妻子與路過的城裡人私奔，留下他與11歲女兒孤苦維生。他爲人正直、是非分明、忠於職守，所以農民都十分敬畏他，把他稱爲「孤狼」。當晚雨停，孤狼準備護送獵人回家之際，碰見盜伐林木的竊賊，孤狼本打算將竊賊帶回家中監禁。但在訊問中，孤狼知悉，此竊賊爲一個莊稼漢，因爲受到林主的管家欺負，身陷絕境，才會企圖伐木行竊。在苦苦哀求和獵人拜託之下，一向鐵面無私的孤狼終於放他一條生路。

　　第十三篇題爲〈兩個地主〉是篇幅較短的小說，將作者住家附近兩個擁有土地與農奴的地主之外貌、性情、處世、待人，做細緻的描繪、比較和評價。這兩個19世紀前半葉的退休貴族，在其領地各有不同的表現，但其對待農民與家奴的兇狠，動輒鞭打，不理會他們生活的貧苦，則是一致。難怪作者大嘆：「這是古老的俄羅斯」。

　　第十四篇爲〈列貝津〉。某日獵人到一個名叫列貝津的小村，剛好來到臨時搭蓋、俾做買賣的市集。市集的廣場上停了一排的大車子，其後有各種各類的馬匹供人觀賞與選購。獵人想要爲自己的四輪馬車添購三匹馬，他已在市集相中兩匹，準備吃過晚餐之後再去買第三匹。飯後，他遇到大群馬商、購馬軍人、普通百姓。其中一位30多歲的中尉，能言善語，就靠耍嘴皮混飯吃。他

與一名公爵打起台球，由於積分差得遠，說出了「壞球」、「無賴」等負氣的話。獵人次日，再去市集看馬，向一位頗有名氣的馬販詢問馬匹，正想討價還價之際，卻因昨日那位中尉和公爵的突然出現而攪局打岔。離開市集後，在街邊一個專售馬匹的店鋪，買到一匹號稱能夠拉車的馬，後來發現這竟然是一匹患有氣肺病又瘸腿的病馬。獵人想要退貨，馬商辯稱：「馬一牽出門，買賣即成局，這是規矩！」獵人只好自認倒楣。

撰寫《獵人筆記》的青年伊萬

第十五篇標題更長：〈塔吉雅娜‧包里索夫娜和她的侄兒〉。年過半百無子嗣的女地主塔吉雅娜，雖未受良好教育，但天性善良、待人親切，成為左鄰右舍傾吐心聲、求取忠告的對象。她特別喜歡幫助年輕人。七年前她的長兄過世，留下13歲的獨子安得列，由塔吉雅娜扶養。這個乖巧、聽話、懦怯的侄兒，唯一的天份就是畫圖。作為姑媽的塔吉雅娜，雖想大力栽培，卻苦於村內沒有良師。某日一位官員來訪，是其舊識，在看過安得列的畫冊之後，認為孺子可教，便收養安得列為義子，加以養育栽培。最先姑侄通訊頻繁，後來逐漸稀少，終於斷訊。一日塔吉雅娜接到安得列索款信件，馬上匯250盧布。不久又來信討錢，好心的塔吉雅娜連續匯了幾次錢，已無現款可動用。不久離家七年之久的安得列，出現在塔吉雅娜的農莊，變得衣物髒亂、儀容不整、舉止粗暴的新一代「藝術家」，在塔吉雅娜家免費的食宿長達一年，也使傷心失望的塔吉雅娜改變了整個人生觀。

第十六篇〈死亡〉一文開始時，敘述獵人邀其剛繼承領地的年輕地主兼鄰居，一起到附近林地考察和打獵。他們各帶獵伴和獵犬，進入一片受嚴寒摧

毀而枯死的樹林。一行人走到一處伐木場，見到一棵大樹轟隆倒地，壓住一個莊稼漢的手臂和大腿，眾人設法尋醫急救。但醫生還沒有找到，可憐的受傷者在吩咐後事不久之後痛苦地死去。此幕猝死的鏡頭，勾起獵人的回憶，包括另一個莊稼漢被火灼傷，臨死前索取俄人最愛喝的「瓦格斯」飲料，當臨終「聖餐」。另一個回憶爲一個磨房主人肚子不舒服，求醫取藥，四天後病未痊癒卻一命嗚呼。獵人兼作家指出：「俄羅斯人的死亡令人感到驚疑莫解」。在不同死亡的故事之後，敘述者談到一位女地主臨終斷氣前，神父遞給她十字架吻別，突然她喊了一聲：「何必這麼急躁？！」原來神父急於她斷氣後，可從她枕下取出一枚銀盧布的犒賞金之緣故。

　　第十七篇〈鬥歌者〉（又譯〈歌手〉）曾得《當代人》雜誌編輯友人的高度推崇。內容敘述7月盛夏，獵人抵達被深谷隔爲兩半的小村，靠近斷崖旁邊，有一座四方形的木屋，爲村民和旅客歡聚的酒店，招牌爲「安樂居」。店主爲一位滿頭白髮的慈祥老人，對周遭近二十年來的人情世事無所不知、無所不曉。當獵人踏入酒店時，發現裡面坐滿前來聽歌的村民。當天是兩位本地名歌手的對決，一位是彪形大漢雅可夫，年約30多歲；對手則爲40多歲的包工頭。後者先唱，以僞裝的女高音引發聽眾興奮叫好，大家公認他以技術取勝，應當是這場比賽的優勝者。不料混有土耳其人血液的俄國小伙子雅可夫，居然唱起大家熟悉的民謠，震撼在座群眾的心。一個俄羅斯人眞摯和熱情的心靈，在歌聲中激盪著、回響著。在大家歡聲雷動中，雅可夫成爲這次歌唱比賽的贏家，因爲他的歌唱帶有民族氣息和地方風味，挑動著聽眾們的心弦（O'Bell 2004: 277-295）。

〈鬥歌者〉（〈歌手〉）的插圖

　　第十八篇題爲〈彼得‧彼得洛維奇‧卡拉塔耶夫〉。某日獵人在莫斯科前往圖拉半途的驛站，等候供應商提供馬匹，好讓車夫能夠駕車送他到目的地。等候時，遇見一位意欲離鄉前往莫斯科尋求發展的年輕小伙子，名爲彼得‧彼得洛維奇‧卡拉塔耶夫。他是一個未受良好教育、領地有限、農奴不多的地主。在寒喧、喝茶、飲酒之餘，他向獵人吐露心聲，說到他曾愛過一名女地主之婢女，名叫馬特寥娜。要替這位女僕贖身非常不易，因爲女主人立下家規，不肯讓任何女僕去服侍他人，更別說是嫁往鄰村。這迫使彼得連哄帶騙搶走這位姑娘，把她匿藏在家中，兩人過著神仙似的甜蜜愛情生活。有天兩人駕雪橇出門，在馬特寥娜堅持下，冒險駛往女主人莊園的村落，卻不小心撞翻女地主的馬車。由於害怕官方搜尋，彼得只好又設法把她移居別處，馬特寥娜爲了不想拖累彼得，竟去警署自首投案。

　　兩人下場如何尚未及道出，驛長便打斷兩人的談話，催促他們各自登車。一年後兩人偶然在莫斯科一家咖啡廳碰面，彼得沒找到工作，借住在朋友家裡，其領地也被充公。這是獵人最後一次見到彼得‧彼得洛維奇‧卡拉塔耶夫，從此音訊全無。

　　第十九篇爲〈幽會〉，這是一篇戀人分別前，在林中最後一次幽會的談話紀錄。獵人在秋風飄揚的時節，躺在樺木下的草地上欣賞自然的風光，無意間撞見一個痴情的村姑，正在等候前來道別的情郎——傲慢自大、狂妄自私的地主侍從。從這對情人的對話，可以知道女有情，男無意。男方不但悍然道出斬斷情絲的狠語，還表明無法娶伊人爲妻，甚至把女方採集和贈送的矢車菊丟棄在地。傷心欲絕的村姑，不理會好心獵人之勸慰，也急速走出密林奔跑回家。

屠格涅夫與彼得‧彼得洛維奇‧卡拉塔耶夫與在驛站等車細談

　　第二十篇題為〈希哥洛夫斯基縣的哈姆雷特〉，此文談及獵人受富有的鄰居地主邀宴，席間見到滿座形形色色的客人，有將軍、有武官，也有昔日同窗，以及愛說俏皮話的客人。獵人在酒醉飯飽之餘，無意與大家玩牌，遂回房間休息。由於客人眾多，所以獵人被主人安排和另一男士同房，分開兩床的兩人都輾轉反側，久久無法成眠，於是兩人便開始聊了起來。這位自稱一點都不特別，不受人們尊敬看重的人，法語和德語卻都精通，曾留學德國三年，愛上德國教授的女兒。後來回鄉無所事事，對文學深感興趣，曾寫作投稿，但被退回。其領地經營不善，被前後任總管欺矇騙財。後來愛上某上校的女兒，結為夫妻，過了三年甜蜜的婚姻生活。但他的妻子似有心病或創傷，不肯吐露，以致生產頭胎時因難產而死。當獵人探詢他的姓氏之時，得到的回答就是：「希哥洛夫斯基縣的哈姆雷特」。

　　顯然，這位俄國小縣城的哈姆雷特之生平、性格乃為屠氏之化身。唯一不同處在於作者終身未婚，但拈花惹草是其平生之所愛；而多愁善感，喜探人隱私，也是作者與哈姆雷特的性格接近之所在。

屠格涅夫為希哥洛夫斯基縣的哈姆雷特所做的鉛筆畫

　　《筆記》第二十一篇題為〈戚爾托普哈諾夫和聶道比斯金〉，是1869年所寫的短篇故事。盛夏的某日，獵人與其獵伴葉莫萊誤闖一個脾氣爆燥、舉止粗魯的地主之領地。在林中正想打獵之際，碰上居住在荒郊野地獨棟破宅的主人戚爾托普哈諾夫，和寄居的食客兼好友聶道比斯金。戚氏的祖輩和父輩曾擁有大片土地，但因經營不善、大肆揮霍，而家道中落。小時只靠母親延聘家教馬虎受教的他，長大後曾入軍隊受訓，卻由於性情乖戾、浮躁衝動，遂被解除軍職。父親在世時，設計了幾款新構想、新建築、新計畫，目的在徹底翻轉領地和社區，卻都告失敗，最後家產耗盡，含恨而終。

從軍中返家奔喪的青年人，本以爲可以繼承大筆財產，卻發現成爲窮光蛋，使他更爲粗暴無情。不過平心而論，他是當地貴族中最講義氣，懂得分辨是非的人。因爲貧窮而被來自聖彼得堡之貴族凌辱的聶道比斯金，他不惜仗義執言，要與貴族決鬥，直到這位盛氣凌人的貴族道歉爲止。從此貧苦卑微的聶氏便與戚氏成爲莫逆之交。故事的後段，敘述獵人在初遇戚氏一週後，造訪其位在荒郊壙野的孤獨院落，一棟傢俱稀少、敗廢的老宅，卻發現戚氏擁有一位青春貌美的吉普賽同居人，名叫瑪莎。她既能唱歌彈琴，又能跳舞，和聶道比斯金的對舞，顯得令人更爲歡欣瘋狂。

沿續前篇，第二十二篇題爲〈戚爾托普哈諾夫的末路〉是1872年撰寫的。因篇幅較長，分成十六節交代，這已經從短篇小說蛻變到中篇小說的境地。獵人與戚爾托普哈諾夫分開兩年之後，知道戚爾托普哈諾夫因爲碰上一連串不幸事故，使他變成一個更形暴躁孤癖的怪人。首先是他深愛的女伴瑪莎突然離家出走，不管他如何苦苦哀求，都無法讓瑪莎回心轉意，只好眼睜睜地看她離開。

戚爾托普哈諾夫的好友聶道比斯金聽到戚氏遭逢家變，居然中風而死。在雙重打擊下，戚爾托普哈諾夫幾乎一蹶不振。在一次鄰村群眾圍毆一名猶太人時，戚爾托普哈諾夫挺身相救。猶太人爲報答救命之恩，以一匹良駒相贈。戚氏本來堅持不接受，但因手頭拮据，約好半年後付款250盧布，作爲償還購馬之款項。正窮得發慌之際，一位姑母過世，遺贈他2,000盧布，既可還債，還可應付日常生活之所需。不料在付款前夕，良駒卻爲人偷走。戚爾托普哈諾夫尋找愛馬心急，遂偕猶太人到處尋找盜馬嫌犯。經過一年的流浪追尋，終於找到心愛的駿馬。但此馬不但體能差，與主人互動也嫌不足。戚氏開始懷疑此馬非一年前的良駒，這使他又開始借酒澆愁，在自怨自艾和極度憤怒之下，掏槍把新購回的良馬打死，自己最後憔悴病死。

第二十三篇爲較爲人知的〈活屍〉。此文敘述獵人某日走進一處偏僻的養蜂場角落，赫然發現一位生病的少婦全身裹著被子，瘦得不成人形，有如木乃伊。這位全身癱瘓，只剩一隻手可以拿床邊水杯止渴的植物人，居然是七、八年前全村有名的美女。經她的敘述才知她本來與村中青年訂婚，結婚前不小心從陽台跌落，從此一身是病痛，醫生查不出病因，只是像漸凍人，逐漸無力消瘦，無法繼續幹活，被移置到木棚裡，過著半生不死的活屍生活。人雖骨瘦如柴，但一息尚存，以低微的聲音敘述自己的遭遇和感受。雖然她長年臥病在床，並不怨天尤人，還能低吟老歌自娛。在婉拒獵人要把她送醫診治之後，便離開人世。根據屠氏細膩和鮮活的描述，現代醫者判斷，少婦罹患的正是所謂

的「皮膚硬化症」（scleroderma 硬皮症）（Ellis 2005: 272-274）。

《獵人筆記》英譯及作者的繪像

　　《筆記》第二十四篇題爲〈夜行記〉，原題爲〈那不過是馬車輾地的咯咯聲！〉。7月盛夏獵人與男僕葉莫萊抵達偏僻的農村，因打獵需用的散彈遺失必須補貨。偏偏附近係窮鄉僻壤，沒有店鋪販賣槍枝彈藥。葉莫萊建議到45俄里遠的圖拉城購貨。由於馬匹病倒，只好到鄰村僱馬車夜行到大城去。因爲男僕辦事不太牢靠，獵人也想在大城買一隻好馬，於是在講好車資之後，主人遂與名叫費洛非的車夫一同上道，葉莫萊負氣不同行。

　　由三匹馬拖拉的馬車，在車板上鋪了乾草，好讓獵人可以躺臥。他們走過鄉間小路的坎坷不平，有驚無險地渡過一條川流。在月光照射下，看到一片美麗的草原，不禁讚嘆俄羅斯大地的雄壯與優美。兩人正陶醉於夜景的壯觀之際，有一部發出咯咯咯輪子碰地的大貨車，正由遠而近地趕上。由於這帶經常有搶劫旅客的盜匪出沒，兩人嚇得不知如何是好。貨車不久追上，大貨車上坐了6、7名彪形大漢，像一群醉鬼，唱歌、吹哨、呼喊、叫囂，加上鈴鐺聲，車輪碾地的轟隆聲，使獵人與車夫差點嚇破膽。

　　貨車超過馬車之後故意放慢速度，好像要堵塞馬車的進程。在過橋前貨車突然停止，跳下一個壯漢。獵人與費洛非以爲大限已至，不料壯漢說他們剛參加完婚宴，大家喝得不夠，要點小錢買醉，獵人一聽馬上給了兩枚銀盧布。經過一番折騰，兩人幸運平安抵達圖拉城。這時晨曦微露，兩人在城裡小店吃早餐時，聽到消息，昨晚有商人遭搶奪殺害云云。

　　這是一篇描述人們驚慌害怕的心理情況，和深度分析的成功小文，由景色

的素描到氣氛的釀造，在在顯示晚年（發表於1874年）的屠氏文思的澎湃和文字的洗練。

　　最後一篇，全集第二十五篇：〈森林和草原〉為早期（1849）作品，作者有意談打獵的樂趣，包括享受四季大自然的風光。

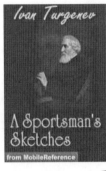

不同版本的《獵人筆記》英譯

　　《獵人筆記》是俄國文學史上抨擊農奴制度最具影響力的作品，不僅開明的地主、貴族、知識份子和平民讀後感觸良深，就連登基不久的沙皇亞歷山大二世，也在感動之餘，決心廢除農奴制度的惡政。其後俄國留外與定居在國內的文人、學者和有智之士，無不極力爭取農民的解放，終於在1861年取消農奴制，足見屠格涅夫這部青年時的著作所造成的政治和社會效果，是何等的重大，雖然為此得付出入獄與軟禁的代價。

　　在這部作品中，屠格涅夫並沒有譴責西化派人士對俄國農民的困苦居然沒提出解救的辦法，但也沒有原諒他們的疏失。西化派社會正義的理想，既抽象又遙遠，完全沒有考慮到俄國的現實。他描述現存勢力的強大，使個人改革的努力都化為烏有。由於殘酷的鎮壓，使個人企圖改變的想像，都變成無影無蹤。屠氏在書中所刻劃的人物，都被現狀的價值所蠱惑，而不思反抗，也無從反抗（Ripp 1980: 61）。

　　屠氏作為自由主義和人道主義的先鋒，其歷史地位可以確立。至於他的文風，從早期浪漫主義轉進現實主義；這本著作也由敘事詩、抒情詩轉向人物刻劃、心境剖析、景色描摹、氣氛營造、想像展開、故事編製的寫實。屠格涅夫掌握文字的洗練、用字遣詞的精妙、對話談論的鮮活、格式結構的謹嚴、文思見解的高超，以及滿腔悲天憫人，放情於大自然求取天人融合的意境，使《獵人筆記》成為獨特的文學傑作。這不只是俄國文學一串璀璨的珍珠，也是世界文學難得的瑰寶。

第二十四章

屠格涅夫劇作的析評

第二十四章　屠格涅夫劇作的析評

‧《粗心大意》

‧《凡是薄的所在，就易撕裂》

‧《鄉居一月》

‧斯塔尼斯拉夫斯基

‧戚霍夫與符利弼

‧《鄉下淑女》

‧戈果爾與左拉

‧宿命論和挫折感

除了初期幾篇劇作：《可憐的紳士》、《獨身者》等之外，屠格涅夫一共寫過十齣比較醒目的劇本，分別爲：

1843	《粗心大意》	（*Неосторожность*）
1847	《凡是薄的所在，就易撕裂》	（*Где тонко, там и рвётся*）
1849/1856	《與管家共進早餐》	（*Завтрак у предводителя*）
1850/1851	《大路邊的對談》	（*Разговор на большой дороге*）
1846/1852	《缺錢用》	（*Безденежье*）
1851	《鄉下淑女》	（*Провинциалка*）
1857/1862	《寄生者》	（*Нахлебник*）；《笨人多福》
1849/1857	《家累》	
1855/1872	《鄉居一月》	（*Месяц в деревне*）
1882	《蘇連多之晚》	（*Вечер в Сорренто*）

屠氏第一齣劇作係1843年發表在《祖國年鑑》上的《粗心大意》，並未搬上舞台。這時他走出浪漫主義，而發展出其嘲諷現實的技巧。故事是典型的三角戀情及悲喜結局，但蘊涵對浪漫主義的不滿。

上述十大劇作大多在1840與1850年代完成和出版，像《鄉居一月》因挖苦擁有土地士紳、貴婦之荒唐生活，而在1855年遭禁演，直至1872年才解禁上演，引發觀眾注意。其後，由沙維娜成功地演出（1879），轟動一時（包括莫斯科和聖彼得堡的公演）。1909年在莫斯科藝術劇院，經由斯塔尼斯拉夫斯基（Константи́н Серге́евич Станисла́вский; Konstantin Stanislavsky, 1863-1938）之導演與演出下，強調角色的心理表現，成爲更具特色、笑翻全場、撼動人心的成功演出。

《鄉居一月》爲屠格涅夫五幕的喜劇，於1848年至1850年間，停留法國時所撰寫，於1855年發表。但無法於舞台演出，直至1872年解禁後，由著名女藝人瓦喜莉葉娃（Ekaterina Vasilyeva, 1829-1877）擔任女主角，在莫斯科首次演出，但並未獲好評。七年後，改由沙維娜擔綱女主角，演出成功。劇情的背景爲1840年代，伊斯拉耶夫農莊的女主人爲29歲強勢的娜塔莉，與長她7歲的阿卡地結爲夫妻，卻長年不和。阿卡地友人米海爾·賴奇欽寄住田莊，迷戀女莊主，一度贏得青睞。

長期住在宅第而奉承女主人的米海爾，有次外出一段時間，再重返莊園

後，發現女主人態度丕變。原來她愛上為兒子新聘的家庭教師，一位21歲平民出身的大學生。教師對女主人不感興趣，反而戀慕宅第中17歲少女薇拉。兩個女人的戰爭於是爆發，但年長者不敵年輕者的純潔嬌媚。米海爾企圖安撫失戀的女主人，加以擁抱撫慰，卻不巧被阿卡地撞見。東窗事發的米海爾，只好向阿卡地承認愛上娜塔莉，最後離開農莊，前途茫茫。

名演員斯塔尼斯拉夫斯基，在《鄉居一月》劇照（1909）

　　此一劇作遭官方禁止上演，不是因為劇中抨擊鄉紳、貴婦的生活糜爛，而是涉及民風的道德考量。屠氏此劇最先定名為《學生》，被退回後，改用《兩個女人》為劇名，申請審查。官方要求把女主角改為寡婦，而非紅杏出牆的花心女，也要求對白不要粗俗淫穢；針對官方的要求，屠格涅夫部分答應修改，部分則婉拒調整。因此劇本無法搬上舞台演出，直至1872年情況才有所改變。

　　多年後屠氏曾向演出此劇的女主角沙維娜透露：此劇的情節並非憑空捏造，而是真人真事改編，劇中戀慕女主人的米海爾・賴奇欽，正是他本人的寫照（Schapiro 1978: 75）。

戚霍夫，也譯為契訶夫、柴可夫　　　　　　符利弸，英國學者兼翻譯家
Антóн Пáвлович Чéхов（1860-1904）　　　Richard Freeborn

英國斯拉夫文學專家、學者符利弼（Richard Freeborn）曾將屠氏《鄉居一月》、《魯金》、《貴族之家》（《擁有土地的鄉紳之窩》）、《父輩與孩輩》等作品翻譯爲英文；也寫過《屠格涅夫之研究》（*Turgenev, A Study*）和《俄羅斯小說之興起》（*The Rise for Russian Novel*）等書。他對《鄉居一月》一劇的評論如下：

> 屠格涅夫的喜劇被人評論爲戚霍夫式，可是他的喜劇卻在戚霍夫成熟的劇作搬上舞台四十年之前便已出現。此劇的倖存是帶有最可喜的反諷氛圍下之產品，這應歸功於其後戚霍夫喜劇大受歡迎，以及在莫斯科藝術劇院受到斯塔尼斯拉夫斯基精彩演出所賜。後者在1909年演出〔米海爾・〕賴奇欽這一主要的角色，而把這齣遭忽視的劇作之風華重新展現。（Freeborn 1994）

屠格涅夫另一較爲著名的喜劇，爲1850年撰述的《鄉下淑女》，初演爲1851年1月18日。這齣戲的盛大演出，遲至屠格涅夫死後二十九年，在莫斯科藝術劇院，由著名導演兼演員斯塔尼斯拉夫斯基成功搬上舞台（1912年3月5日）。初次演出即受到觀眾熱烈歡迎，其後在莫斯科與聖彼得堡續演，佳評如潮。不過親俄派批評此爲輕佻的作品，無益社會問題的解決。但親臨劇院觀賞演出的屠格涅夫，卻受到熱情觀眾之歡呼和包圍，差點無法脫身。「彷彿千個魔鬼在身後追逐」，這是他給寶琳的信上所做的描寫。

這齣著名的喜劇長達十三幕，但故事卻很簡單：一位地方小官的妻子，利用她的美色與機智，對丈夫的上司大灌迷湯，色誘其昏頭，使他在沒占到任何便宜之下，便答應讓其丈夫升官。劇中的對話非常有趣，也透露熟女的狡猾與中年男子飢不擇食的窘態。

《鄉下淑女》劇照（1912）斯塔尼斯拉夫斯基演淑女丈夫之上司

　　自1852年開始，屠格涅夫發現本身的才華不適合戲劇家的這條路。因而決心寫長篇或中篇小說，或是以書信、日記的方式來講故事，詹姆士讚賞他為「小說家中之小說家」。

　　屠格涅夫在寫作初期進行戲劇的試作，之前的詩詞與之後的小說，以及晚年的靈異作品，都表現了他以實驗、練習的方式，在六年間（1846-1852年）致力於戲劇的撰寫。其具有實驗的性質有二：其一，在學習戲劇所必備的技巧；其二，試探自己在這方面的才華，亦即探索有關戲劇寫作的內容與形式，包括《獵人筆記》的零篇簡章。戲劇的摸索和筆記的敘述，與他的寫作經驗相輔相成。這是戲劇形式與描摹現實的形式之互補融合，成為渾然一體的和諧，為其後把小說當成藝術品埋下伏筆。

　　嚴格來說，屠格涅夫並非「戲劇性」的戲劇家，因為他的戲劇之作列入「布幕與諧謔」的範疇中。這從1869年出版的《布幕與諧謔》文集的序言可以看出。在該序言中，他坦承對戲劇的寫作缺乏信心，認為自己無創作戲劇的才華。如果不是出版社的要求，可以將每篇作品當作讀本閱讀，他不會輕易答應結集成書。事實上，他也同意法國作家梅里美（Prosper Mérimée, 1813-1870）的看法，認為劇本並非一定要演出才算數；反之，只要能讓觀眾賞心悅目欣賞即可（Freeborn 1989: 102-118）。

　　屠格涅夫的戲劇形式，很像19世紀法國的綜合藝術（vaudeville，包括歌唱、舞蹈、雜耍、特技、短劇等）輸進俄國的文藝品。綜合藝術是一種輕鬆的喜劇、諧劇，以挖掘社會可笑可惡的醜陋為主旨。儘管用詞辛辣，對話幽默，實際上都在隱射和揭發社會的黑暗面；因非使用火辣嗆聲或冷言酸語，所以能夠避免檢查官的禁阻。屠格涅夫喜劇的幽默，來自於他對統治階級特徵之描繪，從中透露摧毀性的諷刺作用，而引發觀眾的共鳴。

　　屠格涅夫的戲劇反映了當時俄國文學運動的變化，從浪漫主義和戈果爾的戲劇，轉往自然主義和現實主義（這兩種主義成19世紀主宰西歐的文學浪潮）。他第一篇劇作《粗心大意》充滿浪漫精神，完全受戈果爾喜劇的影響。第二篇《可憐的紳士》則以現實的筆觸，描繪個人和社會的性格，此時已轉向自然主義，只是由於屠氏劇作中，抒情意味濃厚和多愁善感的內容，使他的自然主義有異於左拉陰鬱的自然主義。

　　在屠格涅夫發展其劇作的過程中，他仔細揣摩男女主配角的性格和心思，利用對白的日常化、現實化，而做出細膩的刻劃和深入的分析。這種人物心思與言行的細微描述，有利於日後小說的營構。在其戲劇中，他仰賴角色的對

白，而非對劇中人物的描繪。這種對白呈述的技巧，移置其小說人物的言談上，展現現實的意味。在諸多不同的角色中，他簡化成哈姆雷特和唐吉訶德兩種極端的性格。哈姆雷特沉著、冷酷、孤高，而充滿智慧；但意志薄弱、行動躊躇、畏首畏尾，多愁而善變。他早期劇作《凡是薄的所在，就易撕裂》之男主角就是哈姆雷特之寫照；唐吉訶德為魯莽、執著、粗獷、勇往直前、敢作敢為，屬行動派的人物。這種人一向自動自發、義無反顧，其所追求的目標，常在他理解的範圍之外。《鄉居一月》中的米海爾‧賴奇欽，就是唐吉訶德的典型。

戈果爾
Nikolai Gogol（1809-1852）

左拉
Émile Zola（1840-1902）

　　這些人物的性格，後來都以不同的角色，出現在屠氏的戲劇、小說、散文詩裡頭。這些角色特徵的刻劃，透露了作者對一般人性的真知灼見，也呈現他對俄國知識階層的權貴之批判。這些有地、有錢、有勢、有閒，甚至有權的高級知識份子，只會夸夸其言要求社會改革，卻不肯認清俄國貧困落伍的現狀，更不知專制腐敗的根源來自抱殘守缺的帝制，傳統文化的僵固與廣大民眾的愚昧。屠氏顯然對哈姆雷特和唐吉訶德兩種類型的俄國知識份子不表贊同，因為這都非完整人格的表現。這兩種典型的人物一生無成，不但無法成就自己，更牽累別人。反之，他的戲劇和小說中的女主角與女配角，都意志堅定，勇敢好強，不但凌駕男性，也致力達成目標。

唐吉訶德　　　　　　　　　哈姆雷特

　　屠氏的作品中，藉由人物性格的描繪，而透露他的社會批判。他的劇作裡也有其現實性、實在性，這是由於情節並非完全杜撰或虛構，而是根據他的親身經驗或友人轉告的實情。他在著作中喜歡以三角戀愛爲主題，起因爲他介入韋雅朵的家庭；既愛寶琳，又要討好年長的丈夫路易，使屠格涅夫陷入無法盡情逞慾的迷惘與窘境。屠氏獲得母親遺留的農莊和現金之前，他身上可供支用的錢財有限，其生活幾乎靠他朋友的濟助，或長期寄住在別人屋簷（特別是韋家）之下。他這種寄生式的軟弱性格，就表現在其後刻劃的剩人角色；不管是《剩人日記》，還是《魯金》，都有意志薄弱、決心不足、虎頭蛇尾、枉費一生的人物，在性格上多少反映他待人處世的人生哲學，儘管他的文學成就是非常的偉大。

　　總之，屠格涅夫的戲劇作品，除了《鄉居一月》和《鄉下淑女》算是成功之作外，其餘的劇作有的只留腳本，有的上演並未造成轟動，有的則是觀眾冷然相對。不過這些劇作都是在他成名小說推出之前的筆耕作品，對他其後長短篇小說的構思、運作、人物舉止談吐的細緻形塑有深刻的影響，成爲屠氏文學由醞釀、播種、栽培，至成熟、豐收的耕耘之前置過程。

　　屠格涅夫的文學聲譽，在19與20世紀始終保持不衰的穩定狀況。這應歸功於他對劇中人物性格的精雕細琢，從角色的對白中透露他（她）們的心思和願望，高明地運用心理分析技巧到文學意境的展現之上。評論家無不讚揚屠氏高超的文藝技巧（solid literary craftsmanship），特別是情境的描繪和性格的刻劃，表現他觀察的入微和呈述的眞實，這也是他獲得現實主義大家美譽之緣由。

　　在其劇作中，角色不多，故事簡單，卻能引發讀者的興趣，其主要原因在

於對白能夠反映人物的心意、期待和企求；加上屠格涅夫曾專攻俄國語文，所以他用詞遣字非常精準和絕妙，應用到劇作中角色的對話，使人物栩栩如生。他以現實生活周遭的人物爲模型，加工精製化成爲戲劇中的角色，顯示每一個角色其獨持的性格外，也有普遍共有的人性。評論家都一致認爲，屠氏精擅描述沉湎於愛情中的女性，以及營造激情的氛圍。在此氛圍裡常出現戲劇性的轉折，把愛慾變成殘念，至樂轉成虛空。給觀眾留下的不是愛情沒有修成正果的感傷（sentimentality），而是劇情急轉下的一片驚惑。

青年時代的屠格涅夫

2012年8月美國麻州威廉鎮演出《鄉居一月》，連演19日

　　屠格涅夫劇作的特徵，就是突顯人生無奈的宿命（fatalism）、挫折的慾望（thwarted desires），這是由於劇中人物的性格缺陷，以及世事的乖舛，導致他們無法掌握自己的命運。學者指出屠氏的作品常暴露人生的空虛和無奈，但在這些虛妄和空幻的悲觀中，仍不時透露生活裡值得欣賞之美的享受。誠如屠氏所言：「世事萬般皆珍品」。這是他何以頌揚青春、眷戀人生和畏懼死亡的緣由（Kellog 1993）。

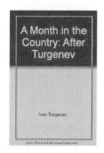

《鄉居一月》英譯本封面，該劇爲30歲出頭的屠格涅夫所撰

A SCENE IN ACT III OF TURGENIEFF'S ROMANTIC COMEDY, "A MONTH IN THE COUNTRY," AT THE MOSCOW ART THEATRE. STANISLAVSKY AS RAKITIN AND KNIPPER AS MME. ISLAIEVA IN THE CENTER

屠格涅夫喜劇《鄉居一月》第三幕由斯塔尼斯拉夫斯基演出女主角的丈夫，使劇本顯現諧趣

第二十五章

屠格涅夫六部長篇
小說的析賞

第二十五章　屠格涅夫六部長篇小說的析賞

· 六本長篇小說的特色

· 《魯金》與「剩人」

· 《擁有土地的鄉紳之窩》（《貴族之家》）

· 《前夜》

· 《父輩與孩輩》（《父與子》）

· 《煙》

· 《處女地》

· 新女性的覺醒和崛起

　　屠格涅夫以寫小說著名，甚至被譽爲「小說家中的小說家」。在眾多長、中、短篇小說中，以六部長篇小說獲得讀者一致的讚賞，包括：《魯金》（1856）、《擁有土地的鄉紳之窩》（《貴族之家》）（1858）、《前夜》（1860）、《父輩與孩輩》（《父與子》）（1862）、《煙》（1867）和《處女地》（1877）。

　　屠氏寫小說的起因是，戈果爾在1852年因精神失常而餓死。屠格涅夫心目中仰慕崇拜的文學前輩之驟逝，令他一方面感到悲痛，另一面產生追隨模仿的念頭。於是，屠格涅夫開始撰述小說《兩個世代》，初稿完成後，念給安念可夫、阿克沙可夫，及另外兩、三位好友聽。前兩位對此篇新作欠缺藝術之美有所批評，屠格涅夫失望之餘，把稿件撕毀。

　　1855年6、7月之間，他花了七週的時間，草擬《魯金》（中國文學界至今仍把Рудин譯爲羅亭，音意不佳，令人匪夷所思）一稿，增添潤飾，1857年終於發表於《當代人》期刊，標明爲小小說（*повесть*; novella）。可是在1860年與1880年的第二版與第三版《全集》中，卻列入小說（*Роман*; novel）之首本，這時又加入第十二章與後言，把主角的晚年、死亡再做交代，可見屠氏對首次推出的小說十分重視。

　　評論者認爲屠氏對男主角的多面描繪，無法顯示其前後一貫的性格，是其敗筆。持相反觀點的評論者，反而認爲魯金前後不同的表現，更能顯示其與時俱進的人生歷練。無論如何，魯金的模型取自屠氏亦友亦敵的巴枯寧，但也把普希金的歐內金（代表1820年代的「剩人」）和列蒙托夫的裴秋林（1830年代的「剩人」）融合進去，成爲屠氏那一代（1840）的「剩人」。

　　這三個不同世代的剩人共同處，在於自信高傲，無法與人圓融相處，最後都含怨而終。魯金欠缺感性和幽默，其知性只限於抽象的幻思，而非知識或學究型的思考，以致對周遭事物以及俄國的現況，毫無所知。他連自身是悲是喜，是否陷入戀愛中都不清楚，被樂觀主義的幻想蒙蔽視線。他的樂觀知足、物質欠缺而仰人過活以及自誇自炫，是與前兩個世代的剩人相異之處（Seeley, *ibid.*, 174）。

壯年時期的屠格涅夫

　　男主角的樂觀態度，表現在唐吉訶德式的橫衝直撞，最後莫名其妙地死於巴黎反抗軍之下。另一方面，他的喜歡炫耀和力求表現，又是典型哈姆雷特。因此，在此小說中，屠氏嘗試將兩種性格相反的人物加以融合，藉以創造新角色。魯金的熱忱激發他去追求理想和價值，特別是自由的價值。他追求的自由不僅是免於貧困的自由，還包括追求真理的自由。此外，追求美麗和愛情也是他追求的目標。愛情激發他的想像與思想，其表現不在感受或行動，而在想像或言語。明顯地因為深受德國觀念論哲學的影響，他的作風傾向抽象的思維，而缺乏具體的實踐。

《魯金》（Rudin）英譯封面　　　原著俄文Рудин應音譯為魯金

　　至於女主角娜塔莉對於魯金的迷戀，是情竇初開的少女的幻想。當她在水池邊向他表示決心放棄目前所享有的家庭溫馨與他私奔時，竟然得到男主角的婉拒與「屈從命運的安排」之回答。因為魯金所追求的是女地主暫時的收容和蔽蔭，而非其女兒的婚配。女方的果決突顯男方的懦弱，造成備受讚賞的魯金必須離開。這次失敗的愛情經驗鞭策他走入現實的人生之途，可惜命運乖舛，所做事業一一失敗，最後參加巴黎革命，葬身異域。

　　在屠氏六部長篇小說中，《魯金》是形式最完美、各部分最和諧和最善模仿（仿效喬治桑的*Horace*一小說）的作品，全書在優雅、安適和順暢的節奏中展開。女性溫柔的熱情與男性理智的考量在這裡碰在一起，多少反映了屠氏的性格與遭逢（Garnett 1917: 62-63）。

　　第二部長篇小說《貴族之家》（《擁有土地的鄉紳之窩》）構思於1856年，1858年6月返鄉小居，利用半年時間完稿，1859年刊載在《當代人》該年首期上。此一小說比前一部《魯金》約長三分之一之多，圍繞著男主角拉夫列次基前半生的傳記來展開。除女主角麗莎外，配角也有較詳細的解說，目的在

突顯主角的求學、婚姻、留外、返國、經營鄉土、重尋新歡、沉湎愛情，以及前妻復現，破壞即將建立的幸福的悲歡情節。有異於魯金滿懷理想，缺乏行動表現，屬於1840年代西化派的剩人（只有晚年才由哈姆雷特型轉成唐吉訶德似的人物），拉夫列次基是務實苦幹、重視俄國傳統、了解廣大農民疾苦的中年地主，他的心思和作風更接近親俄派的言行。

　　拉夫列次基前半生的經歷十分坎坷，經過暗淡慘綠的兒童和少年時期，進入懵懂無知的青年時代（輕佻的戀愛和糊塗的婚姻），到短期國外的學習旅遊。其妻的不貞，導致拉夫列次基憤而拋棄枕邊人獨自回國，從此致力領地的改善和經營，而愛上淳樸誠實的麗莎。拉夫列次基準備與麗莎成婚時，卻因前妻驟然出現，還帶回一個非婚生兒子，使得拉夫列次基與麗莎結合的美夢粉碎。麗莎因此看破紅塵進入修道院，過著孤寂無聊的修行殘生。拉氏從過去的錯誤、棄絕、悲痛、創傷中復原，而以苦幹實幹重造人生。此書一改《魯金》對人生的虛度與挫折的感傷，轉而以懷舊與鄉愁的氛圍，鋪敘生命的起落。屠格涅夫撰寫小說不在抨擊其所處的社會，而是在尋覓建設未來社會的種子；寄予新世代的男女，把俄羅斯從高壓和落後的困境解放出來，而使祖國更接近西歐各國的自由和文明（Seeley 1991: 187）。

《貴族之家》（《擁有土地的鄉紳之窩》）英文翻譯之封面

　　《貴族之家》刊載後，受到普遍的歡迎與讚賞。這應是他幾本長篇小說中，引發最少爭議的一本重要作品。女主角麗莎的塑造成為屠格涅夫其後小說的模範，也就是通稱的「屠格涅夫的女娃」。這本小說最早的英譯叫做《麗莎》，是在屠氏同意下決定的，後來才改成 *A Nest of the Gentry* 或 *Home of the Gentry*，可見女主角在此小說所扮演的角色何等重要。

　　麗莎所尊重的價值是中世紀式的觀念，這與現代流行的看法大爲不同。不過仍引起讀者的注意，原因是作者把道德與審美熔鑄在她身上。她在面對殘酷的現實時流露詩般、柔脆、無力自保的女人味，散發細膩的詩情和飄緲的創意（Batuyto 1972: 149, 334）。符利弸則認爲麗莎的形象，無法從聲音或容貌去捕捉，而是從情詩或無懈可擊的十四行詩之餘韻裡咀嚼出來。對愛她的人之那份感情，她似乎無感、不加理會，視若無睹，不當成親身的經驗看待；反之，把自己包藏在修女般心如止水、平靜安祥中（Freeborn 1960: 113）。

　　第三部長篇小說題目爲《前夜》，1854年，一位年輕的地主兼鄰居，在前往克里米亞前線作戰的前夕，交給伊萬一本筆記，其中提到其所追求的女大學生，愛上一位保加利亞留俄學生。爲了對抗土耳其入侵，兩人奔回男方祖國，男生卻因染病而死，女方流落異域，成爲前線女護士。

　　此時，剛好讀者群厭惡再看歐內金、裴秋林、魯金等「剩人」，盼望有打破舊時代、舊局勢革命性的新英雄人物出現。爲此當年在小說界聲望僅次於屠格涅夫的名小說家龔恰洛夫的新著《歐布洛莫夫》出版不久，倡言新好男人與新好女人，引起文藝界的注目，也引發伊萬尋求新話題、新布局、新人物的思索。

　　再說，此時沙皇尙未下詔解放農奴，但一股新變局的氛圍已逐漸醞成。1859年和1860年，義大利統一而成新興的民族國家，使伊萬極爲興奮，恨不得前往南國分享義國獲取統一和自由的喜悅。在這種背景之下，他繼《魯金》和《貴族之家》在1859年夏、秋兩季撰稿，而刊載於1860年1月和2月份的《俄羅斯記事報》之上，而非向來發表其作品的《當代人》雜誌上。原因是與《當代人》的編輯群有所爭執之故，爭執的焦點爲編輯批評他的近作《貴族之家》。

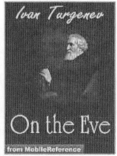

《前夜》的不同英譯版本以及完成此書之作者繪像

　　此一小說命名為《前夜》，並非在宣示大革命即將爆發的前夕，而是在農奴解放前，具有新時代使命感的男女，以先鋒姿態出現於世人之前，顯示時代大轉型的前夜（Schapiro 1978: 134）。不過，整部小說所提出的疑問為：「俄羅斯究竟需要何種領袖人物？他們人在哪裡？」這女主角耶麗娜捨俄人而愛上保加利亞的留學生，原因何在？便可看出作者的用意。在政治意涵之外，這一作品主要涉及愛情故事，儘管愛情帶來的快樂大部分是多變和短暫的（Seeley, *ibid.*, 200-211）。

　　在屠氏心目中，拯救俄國沉淪的英雄，領導人必須是開明的、有智慧的，像唐吉訶德似的、敢拚敢衝的英雄人物。但他卻懷疑俄國人民的愚昧、無知，要產生這種傑出的領袖，談何容易？在《前夜》中，女主角耶麗娜深懷理想，敢對抗傳統制度和違背父母的命令，與外國革命者交往，乃至以身相許，最後跟著愛人流離失所，到處飄泊。伴侶殷沙洛夫不幸病逝威尼斯後，設法把其遺體運往故鄉埋葬，本身與家族斷絕往來，最終獻身反抗軍而成為戰地護士。

　　刻劃女主角的英雄行徑時，屠格涅夫有非凡的表現。但殷沙洛夫這男主角的塑造，則嫌簡略疏忽，很難看出他有什麼革命功績或英勇表現，他的偉大和重要性只從三、四位保加利亞革命同志的口中提及，屠格涅夫似乎沒有真實對象當範本加以仔細描述。對殷沙洛夫推崇備至的俄國同學貝士涅夫，和同時追求耶麗娜的雕塑家蘇賓之讚詞中，只肯定殷沙洛夫對其族人的忠誠和團結，以及致力保加利亞從土耳其的桎梏下解放之決心。

　　此一小說只突顯「屠格涅夫的女娃」之堅毅不拔、為理想獻身的模樣，而屠格涅夫所期待的改革腐敗，促使社會進步的俄國新好男人仍舊尚未出現。

年滿40歲的屠格涅夫精力充足，寫作不輟

《父輩與孩輩》英讀譯本

　　第四部小說爲《父輩與孩輩》（1862），中譯爲《父與子》未能達意，因爲此書中涉及的不只第二主角阿卡季和其父親與伯父，以及男主角巴札洛夫與父母之關係，還出現年近30歲風騷精明的寡婦及其純眞的幼妹，加上與阿卡季的鰥夫老爸未正式成婚的年輕繼母之存在，導致此一小說涵蓋的家族關係不限於父子兩代而已，這還牽連到母與子、父與媳、繼母與繼子，以及男女愛慕相戀的情侶關係。事實上，撰寫此小說的屠氏此時正爲女兒在國外的教養與婚事所困擾，稱此小說背後的動機含有「父與女」的糾葛也不算離譜。俄文Отцы и дети的頭一個字就是指伯、叔父和父親這輩，其餘兩字則爲連同（男、女）孩子這些第二代子嗣的意思。故書名與內容涵蓋了父與子、母與子、父與女、伯叔與侄兒，乃至公公與媳婦，甚至好友、情人、姊妹之間等等的關係在內。

　　事實上，這部小說雖然曾指出代溝問題，但主旨並不在揭露兩代之間的衝突，全書的指出生存的侷限，無處不在的生存拼搏，都在說明如何以有限的人生來應付無限的期待，不要因爲追不上理想而陷入絕望，畢竟每個人都有再生的力量，儘管也存有做毀壞的勢力（Attberry 1988: 48）。

　　這一小說兩代間的衝突，發生在巴札洛夫和阿卡季的伯父之間，也發生在巴札洛夫與嬌美自制的寡婦阿金綽娃之間。這主要是巴氏出身平民，卻是擁有學位的知識份子（*разночинец*），而寡婦卻是富裕精明的女貴族。阿卡季對父親和伯父孝順和敬重，看不出有何疏離，只能看出兩代人對做事、待人、對世事和藝術看法有別而已。至於巴札洛夫在省親三日後便匆匆離去，只能猜測是青年人待不住在老家受到父母的過度寵愛和細心款待而已。說是父子鬧彆扭，或搞家庭革命，則絕非事實。在某一程度下，後來嫁給阿卡季爲妻的卡悌雅（阿金綽娃之幼妹），其教養和心思不屬於巴札洛夫和阿卡季這一代，而毋寧是父執輩所展示的風格。

　　不過，這本小說也指出1830和1840年代，俄國自由派熱愛歐洲文明的貴族，和1850、1860年代不滿現實的虛無主義者之間的齟齬。後者對親俄派的地主、貴族盲目推崇俄國傳統、秩序和精神優越，極爲反感和厭惡。虛無主義者就是要打倒（政治上和宗教上的）權威、摧毀（專制和愚昧）傳統，排斥（婚姻和家庭）制度，對藝術、哲學、宗教、家庭、婚姻、美學、大自然（而非物理上或科學界）都不感興趣，只崇拜科學、技術、醫療、農業改進等實用的學問。

《父輩與孩輩》的英譯封面　　巴氏關懷費妮卡患病的幼子，爲後來偷吻鋪路

　　換言之，巴札洛夫對世上事物大多持否定的態度，他不相信任何的「建制」，他只重視效用（功利主義、實用主義）和經驗（經驗主義、實證主義），而排斥抽象的原則（哲學的思辨，特別是觀念論，但不反對科學的規律）。屠氏對他所創造的這個悲劇性英雄，到底是愛惜？還是敬畏？還是討厭？並沒有定論，因爲屠格涅夫對這號人物的描寫不夠深刻，正如屠氏對自己不夠了解一樣（Seeley, *ibid.*, 218, 217）。他只想塑造一個能夠領導俄國走出愚昧、落後、腐敗社會的人物，一位民主人士（有知識、有能力的平民），而非傳統的貴族。弔詭的是敵視婚姻和家庭制度的虛無主義代表人巴札洛夫，一度痴戀著寡婦阿金綽娃。如果不是阿金綽娃在迷戀激情的那一刹那，突然覺悟，兩人步上紅毯是必然的結局。這或許會改變巴扎洛夫後半生的命運，亦即讓他躲過染病早逝的一劫也說不定。無論如何，虛無主義者是小說家幻想下的產物？還是確有其人？這個問題在該文發表後，引發評論者有不同的看法（Pozefsky 1955: 571-572）。

　　可想而知，右派人士不滿屠氏對虛無主義的張揚（儘管故事中安排巴札洛夫的早逝與自由派年長者的善終）；左派人士責怪屠格涅夫未能把男主角改革社會的心志加以發揮，卻敘述他爲農民治病驗屍，結果不小心染上病毒而早逝。親俄派更抨擊屠氏藉虛無主義，賤視俄國悠久、獨特的「良法美意」——傳統精神的卓越性。不過，此一小說雖然爭議不斷，卻不失爲屠格涅夫最出色的作品，不只是19世紀俄國文學的標竿，也因此進入世界文學典範之行列（Hedges 2012: 17-20）。

各種不同版本的《父輩與孩輩》之英譯　　　　　　　　俄文版封面

　　有幾位評論家指出，此一小說結構鬆散、故事平平、結局含糊，但仍不失為這位文豪最成功的傑作。其原因在於析述小說中人物的舉止、言談和心態所形塑的人格特徵，使讀者彷彿身臨其境，親聞他（她）們的言談和動靜；而故事的鋪陳更能激發讀者的反思和聯想（Pisarev 1995: 185-186）。作者花費很大的心力，詳細描繪男女主配角的出身、個性、偏好、動作，然後串連起來，最後故事便戛然而止，另加一幕類似謝幕的「後言」，可謂屠氏小說「結構的怪招」（a queer feature of structure）（Nabokov 1982: 73）。換言之，作者費盡心機描述人物的性格和刻劃其周遭情景，使角色站上舞台充分演出戲碼、發揮演技，而合演這齣大戲。這一小說的重點擺在人物的心思感觸，而非故事的曲折感人之上（Hedges 2012: 17）。

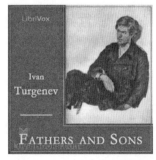

其他不同版本的英譯封面　　　　巴札洛夫與阿卡季

　　第五部長篇小說《煙》（1867）可以說是由兩個主題合構而成：其一爲三角、四角的愛情故事；其二爲當時社會結構和政治局勢的評述。把兩個不同的主題融合爲一，屠氏的處理不如杜思托耶夫斯基在《魔鬼》一書中的成功。

　　在政局論述方面，主要是描寫和批判群居德國巴登城，以年輕而提早退休的將領爲中心的「高等俄人」所形成之菁英集團；以此對比留學海德堡偏激的極端份子。後者其後散居歐陸與英倫，特別是在倫敦發行《警鐘》之俄國流亡人士赫爾岑和歐嘉略夫，都是反抗沙皇的革命家。

　　令屠氏深感遺憾的是海外追求自由的異議人士，固然把俄國的貧弱衰敗歸罪於沙皇的專制、東正教的愚民和廣大農民的無知，卻附和親俄派份子鼓吹俄國傳統文化、精神的優越論。在貶低歐洲文化價值之餘，大力宣揚俄國的精神力量，認爲這是拯救西方，乃至解放全人類的希望寄託。赫爾岑和歐嘉略夫都批評過屠格涅夫自由主義派崇拜西洋文化的淺薄，以及由上而下社會改革的主張之不切實際。爲了避免沙皇當局的指控與迫害，屠氏無法撰文爲自己的政治立場公開辯護，只好藉小說來揭發海內外俄國高等社會的虛矯、冶遊、荒淫和墮落，以及極端份子的大言炎炎、徒託空言、毫無作爲，甚至只會欺凌農民的惡行惡狀。

　　小說中兩個不同典型的配角谷巴略夫和拉特米洛夫，前者爲流亡海外的革命家，粗野、霸氣、浮薄，屬於偏激份子；後者爲女主角的丈夫，狡猾、保守、反動，形成極大的對照。兩人都能說善道，猶如傳教士般宣揚自由的理念，但在行爲上卻刻薄，凌虐自家或他家的農民。身爲革命群體的領導者，谷巴略夫是個只能帶領羊群的牧羊人，而非苦幹實幹的行動家。女主角伊莉娜之所以嫁給拉特米洛夫，大概是爲了將軍的聲勢，攀登到高等社會的頂峰，以獲取與享受榮華富貴。可是伊莉娜雖然與將軍成婚，但琴瑟不和，夫妻僅有名份，女方周旋於生張熟魏的愛慕者追求中。包括對她狂追不捨的朴托金，一位抨擊俄國社會腐敗的憤激之士。由於朴托金的穿針引線，使旅抵巴登的李特維諾夫，掉入伊莉娜的引誘陷阱裡。男方要求舊情復燃的少婦與他私奔，但爲熱愛權勢、地位、金錢、舒適的女主角所拒絕，男方只好狼狽回國。

　　至於這本小說涉及愛情的部分是這樣的：年約30歲的小地主李特維諾夫在西歐學習農村管理技術之後，與未婚妻塔琪雅娜約好在巴登城見面。依約到巴登會晤未婚夫的塔琪雅娜，在知悉男方變心後憤然離去。

《煙》的英譯　　　義大利文譯本封面，採用屠氏墓地教堂外觀

　　李特維諾夫在兩頭落空之後改頭換面，去掉哈姆雷特型的多愁善感的剩人之外表，返鄉後努力經營祖產的田園，而成爲唐吉訶德型有面對挑戰能力的務實者。在獲悉塔琪雅娜回國定居，便找機會拜訪她。見面時男主角請求原諒，女方也接受，兩人似乎有盡棄前嫌的樣子，故事也到此終結。就像之前的幾部小說，屠氏把書中大小角色的結局都做了簡短的交代。

　　表面上這本小說的男主角是李特維諾夫，但在與友人通訊時，屠氏卻強調朴托金的重要，朴托金可稱爲此書的精神或意識型態的領袖。朴托金爲一位樂觀、懷有理想、對歐洲文化非常推崇，類似唐吉訶德型的人物。促成朴氏一生追隨伊莉娜的動力，來自對這位將軍夫人的屈從和服務；這點與屠氏圍繞在韋雅朵的身邊、犧牲奉獻沒有兩樣。因之，朴托金對俄國局勢的評斷也可以說是屠格涅夫的政治觀點。

　　對屠格涅夫而言，文學的使命在於指出俄國走出貧困、積弱、落後、愚昧之途徑，以及找出救國救民的社會菁英。顯然革命之路難走，改革又必須由上而下普及推動。因此，像李特維諾夫這般到歐洲留學，學習到西洋科技本事的人，回國之後把學習所得應用到鄉土的改造上，才是當務之急。這是藉由朴托金講出來的作者心聲（Seeley, *ibid.*, 310）。

《煙》的各種不同英譯版本

此一小說構思於1865年的歐洲，大部分則在伊萬返國後完成，發表在1867年3月的《歐洲記事報》，此為俄國首次出現的文藝期刊。讀者的反應是普遍的不滿與譴責，貴族因感覺受到污辱而憤慨；親俄派人士對屠氏貶低俄國文化大加撻伐；激進份子則視伊萬為一糟老頭，不知年輕一代俄人渴望變天的意願和力量。被影射為谷巴略夫的赫爾岑，在《警鐘》上刊出書評痛批屠氏此一新作。一向對讀者評論非常在意，甚至敏感的屠格涅夫，自然頗為痛心與煩惱。

第六部小說《處女地》（1877）與前部小說《煙》（1867）出版相差超過十年，也是俄國政經社會變化最劇烈的十年。這中間屠氏並沒有閒置他的筆桿，而寫了不少篇中短篇小說，包括幾篇超自然帶有神祕色彩的鬼故事。無論如何，《處女地》是他六部長篇小說中，篇幅最長的一部；與之前《煙》的主題一樣，向讀者提出疑問：「導向我們前進的領袖來自何處？」以及「怎樣的領袖才會帶領我們走向光明的未來？」（Seeley 1991: 310）。自從上本著作問世以來，伊萬飽受各方的指責，尤其是年輕激進的知識份子，和上流社會的地主兼鄉紳。這次的新作，對革命份子的活動有所析述，其描述細節深入，使某些評論者懷疑屠氏是否曾參閱祕密警察的檔案，才能這般全面、細膩地描寫地下反政府活動者的舉止。

事實上，早在1868年，屠格涅夫就想要寫這部涉及激進青年革命活動之文學作品。他主要構思的年代分別為1872與1875年。在1871-1874年間，他曾從西歐返俄三次，訪問法庭與少年矯正署，蒐集有關資料。這是繼承《父輩與孩輩》，特別是傾向虛無主義那一代知識份子之後，新世代所思所為的紀錄和分析。

此篇小說之所以難產，除了調查、訪問、構思花掉作者不少時間，還因為伊萬此時憂鬱症發作，害怕死亡如影隨形。他覺得此作非返鄉實地體驗無法成稿，但他又捨不得與寶琳一家分開。在此種種考慮之下，屠氏已達57歲，在當時平均壽命有限的年代，他不再被看作年輕的作家（Schapiro 1978: 258）。1970年初，由於「人民意志」和「到民間去」的下鄉運動，使得地主、鄉紳、貴族的子女，結伴進入鄉下民間，企圖與農民接近，並進一步教育無知的農民。此一民粹主義的運動，以失敗落幕。之後，受巴枯寧唆使的農民起義失敗的公審（亦即聶恰耶夫謀反與殺害同志的事件），也變成伊萬作品內容的一部分。

總之，1870年代政經和社會的劇變，是催生此部小說的幕後推手。一向反對革命者倡導暴力，更反對廢除私產和家庭制度的屠格涅夫，也指責官方鎮壓

的兇殘。小說分兩期刊載於《歐洲記事報》之上，檢查官勉強准許半部刊出，對下半部則審核更嚴格。反對在第二期刊出下半部的官員，屈服於贊成者之主張，因為只有全部小說順利刊載，才不會造成審查制度的惡名遠播。

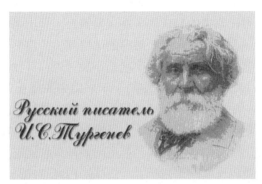

年近60歲的屠格涅夫滿頭白髮、鬚髯如雪，應當是攀登文學創作之高峰

　　一開始故事圍繞著搞革命的青年所住的粗陋寓所，及男女青年的對話。名叫馬淑莉娜的少女，對從未露面的革命領袖盲目追隨，這位領袖其實就是伊萬在1771-1773年目擊（因恐怖活動誤殺同志）被公審的聶恰耶夫。馬淑莉娜所暗戀的革命同志名叫聶茲達諾夫，是一位敏感、內向的青年，為貴族的私生子，擔任官員席皮亞金兒子的家庭教師。這名公僕表面開明，有自由主義之風；事實上為了升官晉爵盲目地服從上司，是一個自私自利的偽君子。席皮亞金的小舅子馬可洛夫為一名橫衝直撞、狂熱的革命份子。在盲信巴枯寧和聶恰耶夫的宣傳下，誤判情勢，以為農民的起義迫在眉睫，只需搧風點火便成反叛的燎原態勢。鼓動造反還未開始，便被他信賴的農民所出賣，逮捕交給警署。馬可洛夫坦然面對官方的懲罰，接受流放的處置。

　　這位落難的英雄熱愛官員的姪女馬莉亞娜，卻被婉拒，因為她所喜歡的人正是擔任家教的聶茲達諾夫。聶茲達諾夫向馬莉亞娜坦白從事的革命活動，馬莉亞娜決心當家庭教師的情婦，也決定加入革命行列，服務人群。可是作為一名「現實主義的浪漫者」的家教兼革命家，卻因出身和遭遇的不幸，失去自信，為逃脫官員家庭的束縛，以及官方的追捕，兩人在附近紙廠擔任經理的索洛敏協助下，躲藏在廠房角落裡。

　　與聶茲達諾夫的革命浪漫情懷相反，索洛敏是誠懇踏實的社會改革者，他雖同情與援助革命者，卻認為俄國革命的時機尚未來臨；與其宣揚起義，還不

如教育農民子女識字和展開啓蒙工作。不久官方也開始懷疑索洛敏，在布下天羅地網之際，聶茲達諾夫深感挫折，既不能回報馬莉亞娜的愛情，又無法落實革命的初衷，遂舉槍自殺。遺書中勸索洛敏與馬莉亞娜結婚，持續爲廣大民眾服務。

暗戀自戕而死的聶茲達諾夫之革命女同志馬淑莉娜悲痛之餘，不改初衷繼續獻身革命事業。是故這本小說的男主角爲苦幹實幹，像農民在處女地犁田和播種的索洛敏；女主角則爲從事義務教育和啓蒙工作的馬莉亞娜，另一女英雄則爲姿勢不高、果決堅強的馬淑莉娜。

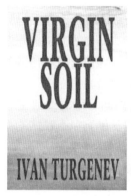

《處女地》一書不同版英譯

比起杜思托耶夫斯基和托爾斯泰，屠氏最後一部小說《處女地》在1870年代末，爲他帶來最高的聲響；但是俄國海內外的讀者，卻大多認爲此書所表述的是過時的故國，缺乏後繼者現實感和迫切感。這是他與其前後兩位文豪相比較遜色的因由。

屠格涅夫曾經指出，對處女地的開發不能使用木犁淺挖，而要動用鐵犁深掘。對他而言鐵犁不代表革命，而展示啓蒙的力量。因此，把此一作品視爲伊萬從改革轉變成革命，離他的本意甚遠。根本上他不期待採取暴力革命改變體制和秩序，而希望由上而下循序漸進的推行改革。這點與馬克思剛好相反。這是社會主義者大力抨擊自由主義者的核心所在。不過，此一小說也顯示作者對革命者的大公無私、忍辛茹苦、困挫艱險、逆來順受的偉大情操，致上無比同情和最高敬意。這裡不但歌頌男性革命家的勇敢，更讚賞女性英雄的堅毅。屠氏一生視女性遠優於男子（Schapiro, *ibid.*, 266），顯然他兇悍的母親和精明的

情婦（寶琳・韋雅朵）給他刻骨銘心的印象。

　　屠格涅夫這六部涉及俄國社會變遷的大事紀，剛好落在沙皇尼古拉斯一世和亞歷山大二世的統治時期。結局不算令人太失望或絕望，反而顯示前途多少給人們帶來希望和勇氣。作者花了三、四十年追蹤各種各樣的「剩人」，最後一位（聶茲達諾夫）還以死（自殺）明志。他也追蹤不少了不起的少女和少婦，從她們英勇的行為看出俄國的希望。單單1877年，因反抗暴政遭逮捕與受審的51個青年，其中就有18位是女性。屠氏從其小說女主角，像麗莎和納塔莉對其所處的世界之排斥，到耶麗娜與伊莉娜的大膽、不畏人言，到新女性的馬莉亞娜與馬淑莉娜的堅忍和忠貞，都把19世紀俄國婦女的特徵具體而微地描繪出來。總之，他所描述的是當年有知識、有勇氣、有魄力和迎接解放的新女性，特別是致力女性解放運動者，儘管外觀隨便、衣著平凡，但思想進步，對此他表示了的同情與讚賞（「屠格涅夫的女娃」），像《父輩與孩輩》中的庫珂希娜，和《煙》中的馬翠歐娜（Smyrniw1985: 99-101）。

　　同時他也把剩人的後續人物介紹給讀者，像傾向否定的虛無主義者巴札洛夫、企圖對抗外國奴役的殷沙洛夫，到學以致用、拋棄兒女私情的李特維諾夫，以及務實幹練、不存幻想的索洛敏，證明每一代都有傑出人才的出現。後面這幾位就是俄國未來的建設者，也是屠格涅夫期待的溫和改革者，而非脫離現實的夢幻者（Seeley, *ibid.*, 315）。

另兩種不同的英譯版本之封面設計

第二十六章

中短篇小說的解讀

第二十六章　中短篇小說的解讀

- 《安德烈·柯洛索夫》
- 《三幅畫像》
- 《決鬥者》
- 《猶太人》
- 《木木》
- 《客棧》
- 《辦事處》
- 《剩人日記》
- 《兩位友人》
- 《迴流》
- 《通訊》
- 《雅可夫·帕旬可夫》
- 《浮士德》
- 《阿霞》
- 《初戀》
- 《狗》
- 《林地之旅》
- 《鬼魅》
- 《夢》
- 《阿列克西神父的故事》
- 《准將》
- 《一個怪異的故事》
- 《咯、咯、咯》
- 《葉谷諾以中尉的故事》
- 《錶》
- 《不幸之女》
- 《原野上的李爾王》
- 《春潮》
- 《普寧和巴布林》
- 《老舊繪像》
- 《絕望的性格》（《亡命之徒》）
- 《愛情的凱旋之歌》
- 《珂拉拉·米麗琪》
- 《夠了！》

屠格涅夫除了六部長篇小說（*роман*; novel）之外，也發表了不少部中篇和短篇的小說（*повесть*; novella），最早有《安德烈‧柯洛索夫》、《三幅畫像》、《決鬥者》、《猶太人》，其後有《木木》、《客棧》、《辦事處》、《剩人日記》、《林地之旅》、《兩位友人》、《迴流》、《通訊》、《雅可夫‧帕旬可夫》、《浮士德》、《阿霞》、《初戀》、《鬼魅》、《狗》、《夢》、《阿列克西神父的故事》、《葉谷諾以中尉的故事》、《准將》、《一個怪異的故事》、《咯、咯、咯》、《錶》、《不幸之女》、《原野上的李爾王》、《春潮》、《普寧和巴布林》、《老舊繪像》、《絕望的性格》（《亡命之徒》）、《愛情的凱旋之歌》、《珂拉拉‧米麗琪》、《夠了！》等等較爲著名。

其中《三幅畫像》係講述其先人的故事，是屠格涅夫首次提及靈異現象之評述。它捲入父與子、母與子、未婚夫與未婚妻，以及未婚妻的情人之間的恩怨情仇。以敘事者、謀殺者和犧牲品三人的圖像作爲故事的篇名，這時屠格涅夫不再像《安德烈‧柯洛索夫》，以自己的經驗陳述故事，而改變爲家族族譜式之傳說，其寫作的技巧和角色的鮮活，爲貝林斯基和葛利哥列夫所讚賞。

假使《三幅畫像》敘述的是外來的罪惡破壞人的善良，那麼《決鬥者》則是說明人性的無知和脆弱，毀壞了世間的好事，導致悲劇的誕生。列蒙托夫的男主角裴秋林動輒找人決鬥，反映了軍營中的官兵也常因瑣屑小事而引發衝突，特別是涉及男女感情的糾紛之時爲最，這表示伊萬仿效列氏的主題。此一篇幅很長的小說，以角色心理分析的細膩著稱。

《猶太人》（1846）敘述1813年拿破崙東征之際，但澤市變成圍城所發生的故事。話說一位猶太裔的軍隊雜工，在一次玩牌之後爲心地善良的19歲少尉帶來一位漂亮的少女，兩人初次見面，由於少女在接吻時害羞逃跑，兩人並沒有進一步發展。之後軍隊抵達某村莊，少尉第二次碰見少女及其家人，並予以保護。兩人打算第三次約會前，少尉得知少女之父是一位猶太人，因爲畫了一張軍營的部署地圖，被誤爲敵軍的間諜遭判死刑。少女與少尉營救無效，死刑確定而準備執行期間，猶太人使盡各種方式阻擋行刑，最後仍難逃一死。人道主義者的屠氏一生對貧窮的猶太人不但常給予幫助，也反對當年俄人對猶太族不公平的待遇。只是屠格涅夫始終不敢挺身而出，爲這群遭受迫害的少數民族說些公道話。

這篇小說仍透露他對猶太人吝嗇、貪財、狡猾的刻板印象，沒有多大的改變（Seeley 1991: 94-95）。就像當年歐洲人對猶太人普遍的看法，認爲猶太教

是有異於基督教的「他者」（the Christianity's Other），是涉及現代性的偏激文化（radical culture）與社會轉動（social shifts）。猶太人成為全歐現代性的精神上和文化上經驗感受之象徵（Levak 2009: 49）。

《木木》的英譯本及其插圖

　　《木木》係在1852年戈果爾逝世，屠格涅夫寫了一篇哀悼文，觸犯法令，而被關進警署拘留所一個月期間所寫的短篇小說。故事敘述既聾又啞擔任粗工的農奴葛拉欣，因愛慕同為農奴的女婢，卻被女地主拆散。葛拉欣失戀之餘，身邊唯一的慰藉是一隻名叫木木的小狗。某夜女地主聽到狗吠聲，弄得整晚難眠，第二天追問出狗吠聲來自木木，於是女地主下令處死小狗。由於葛拉欣孔武有力，其他僕役無法從他住處把小狗拉出打死，於是溺斃小狗的工作就交給葛拉欣親自執行。這個毫無愛心的女地主並不是屠格涅夫虛構的人物，而是他親生的媽媽。

　　在這部小說中，伊萬直接地告訴讀者：愛情的確存在，存在於葛拉欣和木木，亦即主人與小狗之間。正因為故事中的人物不懂愛，更突顯人獸之間感情之可貴。由於女地主不懂愛人與被愛，因之，造成葛拉欣不僅失去愛慕的對象，居然還要被迫溺死生活中唯一的伴侶——愛犬。這真是人間悽慘不過的哀傷故事（Frost 1987 : 171）。

　　《客棧》寫於1852年，但延至1855年才發表，篇幅較《木木》稍長。故事是關於一位女地主所信賴的農奴開了一間客棧，因為他心地善良和經營有術，而賺了不少錢；女地主還把一名年輕的婢女嫁給他為妻。有天，來了一個城市的客人，居然拐誘了他的妻子。這個不貞的女人偷了丈夫的儲蓄，並向女地主買下客棧的經營權，害她的前夫人財兩失，為此酗酒澆愁，並藉醉企圖把客棧

燒毀。新店主阻止了祝融之災，並與這位不幸的老店主和解，讓他黯然離開。這是真實的事件改編而成的小說。評論者指出，屠氏此一小說不算成功，原因是他嘗試用嶄新的、務實的方法來寫作，結果事與願違（Magarschack 1954: 144-145）。

《剩人日記》完稿於1850年初旅抵巴黎期間。以一位垂死之人的日記敘述平生的荒廢虛度。主角丘爾卡圖林就像《獵人筆記》中的〈希哥洛夫斯基縣的哈姆雷特〉一樣，喜要嘴皮卻行動力不足。他想追求地方官吏的千金莉莎，不料美少女的芳心卻為一個舉止優雅、自信滿滿的親王所擄獲，但不久卻遭拋棄。傷心的莉莎並沒有轉向痴情的丘爾卡圖林求取慰藉，反而嫁給一個庸俗的傢伙以求解脫。丘氏的恥辱在於挑戰絕情的親王，但在兩人決鬥中只傷及親王的手部。輪到親王舉槍還擊時，卻臨時喊卡中止決鬥，這表示丘爾卡圖林為一「剩人」不值得擊斃。終屠氏一生，剩人乃為空談理想、缺乏實踐的政治人物，是俄羅斯社會背景的產物和犧牲品。丘爾卡圖林便是意志動搖、決心不足、徒具空想的時代產兒，其最高峰表現在魯金身上。《剩人日記》是屠格涅夫所創造俄國19世紀一種特殊類型的人物，就像普希金詩詞中的歐內金，列蒙托夫有關高加索冒險小說的主角裴秋林，或是龔恰洛夫海外歷險記的主角歐布洛莫夫，都是空有理想、大放厥詞，卻行動力不足的人物（Moser 1972: 11-12）。

 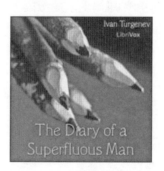

《剩人日記及其他故事》英譯

《通訊》（1854）改變了屠氏一直以來有關「剩人」與女性的悲劇主題，改以十五封信的來往，論述通訊者的心思、見解和感情，儼然是哲學家的對話錄。這個作品寫作時間長達十年，開始於伊萬與巴枯寧妹妹墜入情網，又草草結束的1840年與1842年之間，實際寫作的開端為1844年。故事中的女主角馬莉亞充滿理想主義，懷有浪漫的幻想，她堅持為愛情而結婚，對象還是她所敬重

的男士。男主角亞列克西是一位自我專注、自我異化，甚至不了解自己的人。他與人相處困難，曾與馬莉亞的妹妹相戀，但不久兩人分手。初戀失敗後，轉而愛上馬莉亞，但又發現自己陷入孤獨與自憐中，這種情況不利於愛情的持久。偏偏多愁善感的馬莉亞信任他，視他為導師。愛情既能奴役人，也使人毀滅。亞列克西在後來給馬莉亞的信上指出，愛情像染病（霍亂）一樣令人發燒，在愛情中不存在平等關係，更非德國學者所誤導的兩個靈魂自由的結合。

　　《浮士德》是伊萬於1854年，在祖產莊園施帕斯科耶結識與愛上托翁之妹時，把她轉化為這部小說的女主角薇拉。在1856年夏天，只花數日便完稿，在當年10月刊載在《當代人》刊物上。早在1850年代初，伊萬就寫過一篇評論歌德《浮士德》及其俄文翻譯長達42頁的文章，他認為歌德只能算是德國偉大的詩人，他關心的是個人的快樂，而非全社會的福祉。他不把藝術連結到社會問題之上。

　　此篇與歌德名著同名的小說中，伊萬用九封信的形式，把主角所經歷的舊愛重燃至熱焰熄滅的悲劇做了一番心理剖析。在某種程度上，也有媲美原著震撼人心的作用。這裡多了女主角母親亡魂的作怪，更增添不少神祕的色彩。男主角熱愛自然與文學，剛好與女主角相反。女主角薇拉自幼受母親影響，只以實用觀點與自然打交道，遠離詩歌、音樂、小說，以免激情勝過理智，而做出終身憾事。早年帕維爾追求過薇拉，雖獲芳心，但在母親反對下讓她改嫁友人。年已35歲的男主角飄泊十多年一直未婚，有一天返鄉訪問友人以及作為人母的薇拉，並勸薇拉閱讀歌德名著《浮士德》，導致兩人舊情復發，頻頻幽會。但在兩情相悅之際，已死掉多年的母親遺像，以嚴竣的眼神盯視著薇拉，在亡魂干預下，薇拉在最後一次幽會前暴斃而死，給帕維爾留下無限的悲痛和悔恨。

《浮士德》英譯、德譯兩種版本

　　男主角的猶豫、軟弱和缺乏自信，讓他十二年前喪失與薇拉結婚的機會。十二年後的再度相逢，女主角有意重拾舊情，男主角怕擔負搶奪別人的妻子之社會責任，再度瞻前顧後，躊躇不前，應驗自我否認、自我斷念（*selbst entbehren*）的歌德訓示，終於又變成了一個當代「剩人」之典型。

　　《阿霞》是一部極富詩情畫意的三角戀愛故事。寫於1857年德國，刊載於次年的《當代人》期刊上。文中男女主角和配角的心情起伏和山河景物的呈現，都表露作者心由境造和境換心移的藝術本領。故事雖簡單，卻不乏懸疑曲折的鋪排，且心理轉換和意境營造獨具一格，被視爲屠氏最爲精微細膩的愛情作品之一。

　　《阿霞》故事描述一位非婚生的貴族少女，與她同父異母的哥哥離開俄國，到德國旅遊，在萊茵河畔的小鎮與男主角相逢。精力充沛、性格活潑的少女愛上了同是來自俄國的青年。不料這位青年因爲缺乏自信、性格反覆，又曾經失戀於一位德國寡婦，一時無法接受少女的愛意，兩人感情的發展很不平順。直到某日，男方意識到對少女懷有情愫，想要表達卻已經太晚。少女與其兄長搭上輪船，順江北上科倫。男主角隨後尾追，已找不到影蹤。其後有人告知兄妹曾出現在倫敦，但他費盡心力仍舊尋找不獲，而成爲終身憾事。

《阿霞》兩個不同版本的英譯封面

　　《初戀》發表於1860年3月，是一篇框架形的小說（frame novella; *Rahmenerzählung* 故事中包藏另外的故事）。據男主角自稱15歲時，對鄰居少女產生愛慕，但少女卻成爲父親的情婦。故事從三個40、50歲的好友聚會時，

談及每人不同的初戀往事說起。之後以第一人稱的烏拉地米耶所敘述的初戀
情節成為本書的核心。16歲的少年烏拉地米耶，與其父母從京城到城郊別墅避
暑，遇見比他年長5歲的少女姬乃妲。姬乃妲是沒落貧窮貴族的千金，儘管家
道中落，卻仍有4、5位追求者在少女身旁大獻殷勤。他們追逐嬉戲的場所就在
少年別墅的後花園。烏拉地米耶在看他們的遊戲時，被姬乃妲發現，拉他進眾
追求者的行列中，命他為少女的侍童。他因此開始體驗到戀慕異性的驚喜，為
了贏取芳心，有一回居然從高牆跳下，結果昏倒在姬乃妲身邊。姬乃妲加以擁
抱和親吻，烏拉地米耶初次享受女體的嬌嫩芳香。

　　懂得普希金詩詞的她，有一次還扮演王后，讓追求者猜測何人可以權充國
王來駕御她。眾人懷疑其中有人夜訪少女，獲取幽會的好處。烏拉地米耶因愛
生妒，於深夜藏身樹叢中，準備以刀刺殺情敵。結果，意外發現與姬乃妲幽會
的情敵不是其他追求者的任何一人，而是自視甚高，作威作福的父親。這一發
現使少年幾乎崩潰。

《初戀》英譯與華譯版本

　　烏拉地米耶家的錢財均由母親處理，因為財產是母親繼承外公所得。某
日一向伸手要錢花用而沒有收入的父親，低聲下氣懇求母親撥一筆鉅款，給貧
窮的鄰居做入院治療的費用，是否因為姬乃妲懷孕想墮胎？或是因為姬乃妲生
產，不得而知。只是年紀比父親還大好幾歲的母親，決定返回聖彼得堡豪宅，
以稍減丈夫偷腥帶來的煎熬。

《初戀》與《阿霞》俄文版封面

　　回到聖彼得堡居住沒多久，某日烏拉地米耶要求隨其父親一同騎馬出遊，父親本來不肯答應，最後禁不住少年的要求，便讓他同行。一抵村落，父親要少年等候他去附近辦事，結果少年等候已久，仍不見其父蹤影，便到附近蹓躂。居然發現父親與姬乃妲密會，兩人似有爭議，最後看到父親揮起馬鞭猛抽姬乃妲的手腕，姬乃妲不但不哭叫，還以舌舐流血的鞭傷，這使烏拉地米耶極為惶惑不解。此事發生後，家中收到一封匿名信，父親看了之後竟腦充血病逝。好多年之後，烏拉地米耶聽說姬乃妲已嫁人為妻，正想去拜訪她，卻獲悉她於四天前因難產而逝世，從而結束烏拉地米耶一生僅有一次如夢似幻的初戀。

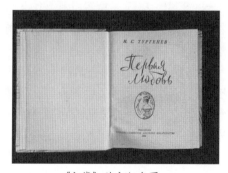

《初戀》俄文版內頁　　　　　英譯本封面

　　這一故事的核心人物無疑地是少女姬乃妲，她的撒嬌、任性、好勝，是對

付年輕的追求者；乖順、降服、忍辱、挨打，卻是對擁有權勢地位的鄉紳──少年的父親。姬乃姐既是引誘者，又是犧牲品；愛情含有控制和屈從。父子愛上同一個女孩，父親追求的是肉慾的滿足，兒子追求的則是浪漫的愛情。是故烏拉地米耶願意為少女犧牲，從高牆躍下，在所不惜。愛情像革命一樣在改變舊狀，創造新局。這是屠格涅夫重返浪漫主義的作品（Freeborn 1989: 20）。

《鬼魅》一小說的構思在1855年，遲至1861年才執筆，正式刊出是1863年。屠格涅夫定義「鬼魅」為人的「幻想」，一個名為男子名字的艾力士（Ellis），其實是夜訪男主角的女性幽靈。她在連訪三夜的前兩次，都親暱地擁吻他，但第三夜則拒絕這種親密的行為。男方再三追問，她始終都不肯透露身分，僅回答：「我是命定的！我正被人監視中」。在每次接吻後，她像吸血的水蛭充滿活力，男方則臉色蒼白、有氣無力。在最後一章中，她說：「我這樣做本來可以換取生命……如今一無所獲」。由此可知，她應當是一個吸血鬼，也有七情六慾。男主角對她的反應是好奇和害怕，雖然男主角與幽靈的相處限於三個晚上，但他們卻遨遊於不知名的俄國鄉村、山林、河川，英國的歪特島、義大利的平原、德國的黑森林。途中碰見的大多是歐洲歷史傳說中的妖魔鬼怪，但在聖彼得堡和巴黎卻見到活生生的人群。史上的鬼魅令人畏懼，但首善之都的人群卻使人作嘔，因為他們太媚世、太庸俗、太粗暴。鬼魅所看到的死亡和活人對臨終的看法絕然不同，這是全書虎頭蛇尾的結論。無疑地，這是屠格涅夫自覺江郎才盡，陷入憔悴和憂悒時期的作品，也預告寫作風格轉變的轉捩點。故事中男主角其後一連串的做夢，表示他逐漸接近死亡（Seeley 1991: 258）。這也反映屠格涅夫在年過40歲之後，對死亡陰影甩不開的疑慮。

在《父輩與孩輩》出版後三、四年間，屠氏在讀者批評聲中，加上畏懼死亡之逼近而反思人生的無聊之餘，寫了一部臨死老邁的藝術家默想錄，等於作者哲學反思的回憶錄，也就是《夠了！》（1865）。

該作品分十七章，前兩章用點點點的空號表示在浪漫主義思潮泛濫下，屠格涅夫欲言又止、無法表達之苦悶。文章的上半以藝術家與所愛的女性交往的經過，與愛情達致高峰的至樂，以及不說明理由的分手仳離作為主題。下半部則是藝術家的嘆息、悔恨和失落之析述，並比較自然永恆之美與人群追求政治福國利民的理想之不同；自然展示不變之美與改善社會和增益人群更有成就的藝術美的創作相互評比；以及自然不朽之美與男女相愛的山盟海誓來加以比較。所得的結論都是大自然所呈現的美麗，非人工製造的美麗可以比擬。再說自然不僅擁有創造力，更具有破壞力。這篇作品是屠格涅夫受古希臘哲學、康

德學說，到叔本華悲觀論影響下的反思。最後表示屠格涅夫有意放棄文學，這是屠氏情緒低落之自傳式的心理告白（Seeley, *ibid.*, 237-240; Yarmolinsky 1961: 240-241）。

與《鬼魅》一樣的神祕故事就是《夢》（寫作於1875-1876年），它的神祕和怪誕比其他同類的作品有過之而無不及。故事發生於住在英國海濱小鎮的一對俄國母子身上。母親整日鬱鬱寡歡，對身邊唯一略為懂事的兒子既喜歡又厭惡。這個喜愛文學的獨子，在7歲時喪父。多年來他不時在夢中見到一個面目猙獰的男人，自稱為其生父，但與其記憶中的亡父面貌不同。某日竟在街上咖啡店遇見，這男人探詢少年的住處，似乎要找尋母親。母親聽到這個消息，十分恐懼驚慌，因而病倒，在精神恍惚下說出八年前的噩夢。原來在新婚後某晚，丈夫外出打牌，她獨守閨房，卻被丈夫的同僚，也就是這個面目猙獰的男人闖入強暴，並奪走其婚戒。少年得知此事，決心尋找這個可惡的男子算帳，卻得知他不久前才剛搭船回美國住所。失望之餘，少年獨自走到海濱，無意間發現岩石旁一具溺斃的男屍，走近一看竟是那位強暴母親的男人。少年拔下屍體上的婚戒，跑回家中告訴母親。兩人匆匆趕回沙灘岩石邊，卻再也找不到屍體。

這個故事引發兩個問題：其一，夢中所見所聞能夠預知事件未來的發展？其二，個人腦中的想像可以侵入到別人的夢裡嗎？這故事對第二個問題沒有答案；但是第一個問題則是肯定的態度。此外，還要問公道何在？無助的受害者（母親的生病發瘋）還要與侵害者講價還價嗎？父輩的罪孽還要侵襲兒輩（少年的噩夢揮之不去）的靈魂（意識和心靈）嗎（Seeley 1991: 265-266）？

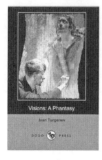

屠氏靈異小說

中壯年的屠格涅夫

華譯屠氏文集選粹

　　《夢》、《狗》和《錶》同屬超自然而帶有濃厚神祕色彩的簡短小說，還有《阿列克西神父的故事》（1877）。這是一篇由東正教神父（可娶妻生子）用民間通俗的話語（*сказ*; skaz）所作的「自我敘述」（*Ich-Erzälung*）。

　　一位善良熱心的鄉下神父，唯一的兒子亞可夫，10歲左右在森林裡漫遊，碰到一個小綠人，亞可夫吃了他送的堅果，從此性情大變。父親送他進神學院念書，期盼他畢業後追隨父親腳步，繼續爲神明和村民服務。不料18歲的亞可夫，卻對神職工作起疑，要求改往省城大學修習醫學。在學習過程中愈感科學的重要，而鄙棄宗教，產生理智與信仰的衝突。故事高潮爲在聖堂裡舉行彌撒結束前的聖餐禮時，亞可夫把神父置入口中的小片白麵包（代表聖體）吐出，並於眾人之前加以踐踏，然後跑出教堂，抵家不久便告暴斃。

　　以人的角度來說，亞可夫是因爲棄絕宗教信仰而遭天譴。以心理分析的角度來解說，亞可夫少年的遭遇爲一種「突訪」（visitation）；狹隘的個我（ego）碰上廣大集體的大我（superego）所進行的對話。因爲一椿特殊的經驗大我，以暗示的、權威的訓示，來「啓發」個人，使早熟的自我意識顯現，而使這個小孩與其他同年紀的孩童有別，這是正面良好的突訪；其負面惡劣的突訪則會造成病人的精神失常（Seeley, *ibid.*, 266-267）。

《與夢有關的敘事和散文詩》

晚年的屠格涅夫

　　顯然，亞可夫活在兩種極端對立的矛盾中，一方面從小浸濡在奉神拜神的教職人員家中，講究虔誠堅信和服從獻身；另一方面受到理性主義和啓蒙運動的影響，追求獨立自主，講究科學理性及其實用，成爲知識份子嚮往的價值和規範。本來從事神職和醫療工作都是救人的事業，兩者不該是對立或矛盾，

可是這種職業的選擇卻成爲亞可夫的難題，導致他內心煎熬，最後發瘋而死。這應歸罪於他個人性格的軟弱、家庭的保守、社會的冷漠、命運的擺布，還是上天的責罰？依照阿列克西神父的說法：亞可夫是在身心俱疲之下，幻想見到魔鬼驅使他背叛宗教、污蔑神明。但究竟是否有超自然的怪力侵入亞可夫的體內？這不是父親敘說便可下定論。俄國19世紀的心理學家齊茲（V. F. Chiz）教授，視屠氏這篇小說是精神官能症（neurosis）病例的「現實」之個案研究（引自Dessaix 1980: 115）。無論如何，神父以坦率而帶有尊嚴的態度，平鋪直敘這個家庭的悲劇，他的善心和深情值得讀者尊敬。

　　在屠格涅夫逝世前十五年間，他在出版長篇小說之餘，恢復早期撰述小篇故事的嗜好。原因是人在國外心繫故鄉，靠追憶往事來細說從前。這些短篇文章大多含有神祕的色彩。至於是超自然（supernatural）還是異常（preternatural）？還有待爭論。這些故事，包括《夢》、《鬼魅》和《阿列克西神父的故事》在內，大談靈異的現象，是不是涉及迷信的解破，帶有科學拆穿教義的意識型態之批判？還是怪力亂神的描述存證（document）？都引發評論家不同的詮釋。1869年撰寫的《一個怪異的故事》（出版於1870年）和《咯、咯、咯》（1871）兩小篇故事，就顯示作者把超自然、神祕、怪異的現象，放在「現實的」經驗基礎上加以解析，從而使人懷疑人們對靈異現象的經驗，究竟存在現世（客觀實在）？還是存在個人心目（主觀想像）中（Dessaix 1980: 120-124）？

東正教的聖母與聖子圖　　　　神父在聖餐典禮上布施聖水

　　《一個怪異的故事》敘述作者見到一位能夠催眠和通靈的「神聖的愚人」，他衣衫襤褸、居無定所、舉止粗俗、言語乏味，卻能爲人召回已死家庭教師之靈魂。獻身陪伴這位「大師」的是一位身世悲涼的女子莎菲雅，她不計世俗的毀譽，忠心耿耿隨主人餐風露宿。此文挑戰兩個非物質而爲心理的想法，其一爲耍魔術騙人耳目的戲法，以科學的包裝來掩飾人的無知；其二爲僞裝宗教的虔誠，所展示的瘋狂與偏激。此小說招來保守派貴族的批評，認爲把俄國人的愚昧暴露給歐洲人，有辱俄國文豪的身分。激進青年則斥責這篇小說無關國計民生，反而大談怪力亂神的通靈瑣事。殊不知當年俄國上層社會在酒醉飯飽之餘，也喜歡和先人故友搞通靈的玩意。而激進份子瘋狂的追求革命運動，與大師女弟子的捨身奉獻，兩者追求目標雖然不同，但其狂熱迷執有何不同？屠氏此文正是針對俄國的鄉紳和革命份子言行之諷刺（Seeley, *ibid.*, 275）。

　　「屠格涅夫的女娃」們之一的莎菲雅，就像《魯金》中的納塔莉一樣，需要一位導師指導她如何處世待人，走出迷津。與《擁有土地的鄉紳之窩》（《貴族之家》）的麗莎相比，莎菲雅對宗教的堅持和虔誠，顯得非常眞切。尤其不怕自我犧牲，也令人深爲感動。與《前夜》的耶麗娜相比，都是講求行動和實踐的人，要在現世業已建立的秩序上，或反對舊秩序之上，對他人行善的決心從不動搖。

　　《咯、咯、咯》（1871）是一篇回顧1830年代，俄國受馬林斯基（A. A.

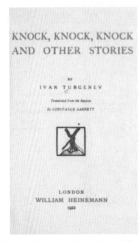

《咯、咯、咯及其他的故事》英譯

屠格涅夫的女娃

屠氏及其簽字

Marlinsky）文風影響下，新一代青年的頹廢、盲信、懦弱之情況，也對當年俄人與眾不同的自殺方式進行「研究」。這種俄人自我毀滅的方式，含有炫耀誇張、引人注目的意味。19歲的青年藉訪問其任職騎兵軍官的哥哥之機會，前往俄國南方軍營旅遊，因而結識梯業格列夫中尉，一位未受正式高等教育，既無才識也無功績的中年軍官。可是這位軍官卻篤信冥冥中有一股超自然的力量，在操縱每個人，這不是個人的意志和能力可以擺脫的；另一方面他又自信具有靈異力量，能夠看穿覆蓋桌面撲克牌的點數，也能正確指出前女友的死日；狂妄到自比拿破崙，自信有朝一日可成為俄國叱吒風雲的大將軍。

　　某晚青年造訪梯業格列夫中尉營區外的小木屋，因霧太濃無法找到回家的道路，梯業格列夫好意留青年夜宿木屋。不料半夜，兩人聽到咯、咯、咯的敲門聲，梯業格列夫從床上躍起，開門查看，只見白茫茫一片霧海，不見人影。兩人難以入眠。不久咯、咯、咯的敲門聲再度響起，梯業格列夫再度開門，並大聲喊叫：「瑪莎！是妳來找我嗎？」經青年一問，梯業格列夫才透露瑪莎是他的舊情人。以前他受過有錢的叔叔收養，認識美麗賢淑的瑪莎，兩人陷入熱戀有意結婚。但由於叔父的反對，看不起出身工人階級的瑪莎，害少女被逐出主人的家門，在外流浪過著貧苦悲慘的生活。據稱她就在青年造訪木屋的前夕服毒而死。不久又聽到咯、咯、咯的敲門聲，梯業格列夫在奪門而出之前，交給青年一個大信封，吩咐他第二天務必交給其上司。交代完畢，他披上大衣消失在茫茫霧海之中，不知去向。青年叫醒僕役提燈四處尋找，最終在一棵白樺樹下，找到舉槍自戕的梯業格列夫。後來聽說在要求從軍官名冊上除名的梯業格列夫，還理直氣壯地挪揄其上司一番。另外，根據瑪莎的醫生指出，她並非死於服毒，而是感染霍亂而死。但梯業格列夫卻堅持其死因為自殺，中尉此說之動機，耐人尋味，是否為他的自我毀滅找一個藉口？

　　整個故事的情節，圍繞著軍官的宿命觀在打轉，像他相信命名日、星辰、徵兆、凶時、數字等，涉及超自然的力量及其對人類的宰制。梯業格列夫顯然是一個悲劇性又帶有諧謔性的人物，他對致命事物的感召，固然和他的性格有關，但命運對他的擺布，似乎也像他所深信不疑地在運作（Dessaix, *ibid.*, 123）。

　　《原野上的李爾王》（1870）敘述一位身材龐大、孔武有力，又非常驕傲，名叫哈洛夫的地方鄉紳，傳奇的一生與悲劇的收場。透過年近半百的老頭之幼年回憶，勾勒哈洛夫和他大女兒與其丈夫，以及二女兒及其情夫（同時也是她的姊夫）的恩怨情仇之關係。

　　批評者指責屠格涅夫將莎翁名著李爾王，套用到鄉間土豪之身上，有把名著瑣屑化和庸俗化之嫌（Seeley, *ibid.*, 287）。讚賞者則強調這是寫作技巧達到高峰的年老屠氏的傑作。其結構的精緻、震撼的強大和寓意的深遠，可媲美莎翁的原作。此一作品「在藝術上的偉大是由於其顯示為有機的整體，由生命深藏的根本本身成長出來的事物；這不同於其他藝術作品只根據一個巧思的計畫，把無關聯的部分整合，加以泡製、捏塑、黏貼，而成為一個無可避免的整體，這些只暴露其瑣碎和虛偽而已」（Garnett 1899: v）。

　　哈洛夫是一個粗獷、未受教育、說話大聲、擁有小片土地和人數不多的農奴的鄉紳。地產是他的「王國」，其奴僕都是他的「子民」，他是個高傲而喜愛幻想的人。他的傲慢與無畏大多來自想像，尤其幻想其出身貴族，祖先曾有的豐功偉業。事實上，他的家世和門風無論是表現上，還是文化上，離貴族甚遠，反而更接近農民。他自稱擁有智慧，雖然識字不多，讀書有限，其自信是飄渺不實的。哈洛夫命運由興旺轉向敗落，也是悲劇的轉捩點，乃是他突感死亡的逼近，有把財產分給兩個女兒的必要。於是採取一連串法律諮詢的動作，儘管其兄長、朋友和鄉人都勸他要三思而後行。

命運在擺布和控制人生（Fate; Fatefulness）

　　對親友的質疑從不理會的哈洛夫，只堅信他擁有的絕對權力不會遭到挑戰。事實上，哈洛夫這一生都在霸凌這個家庭。他69歲那一年，才開始懷疑無上的權力有動搖之嫌，這大概是由於噩夢和憂鬱所引起。不過，他也開始擔心

不再訴諸慣用的暴力，無法貫徹其命令。除了暴力之外，他也使用他所缺少的愛心，來維持在家中搖搖欲墜的權威。這份愛心只保留給他的么女艾芙蘭匹雅。這份愛心不只是父女之情，還有不可告人的不倫關係。

　　哈洛夫在律師面前的財產移轉文件上簽字，在親友眼中不過是一場實驗或測試，目的在試探女兒及其配偶（或情夫）是否在獲取利益之後，仍能讓他作威作福。其結果剛好相反，而令他失望。兩個女兒對大女婿的惡行惡狀，無半點指摘和糾正，這個女婿還一腳踏雙船，成為二女兒的情夫。財產一移出，哈洛夫的權威蕩然無存。面對女兒、女婿的變臉，他只好一改從前的高姿態，忍氣吞聲聽人擺布。一度想要殺死女婿的哈洛夫，只好暫時出走，以消心頭之憤懣。

　　為何他忍耐那麼久？其一，由於傲慢，不肯承認自己的無知和對孩子的疏離。其二，由於宗教的情緒，認為死亡不久會降臨，凡人都應受苦受難。他已看出自己幹過的惡事和未做過的善事，目前的苦難應是他贖罪的時機。他最疼愛的么女艾芙蘭匹雅的背叛，反而是他苟活殘喘的原因。他最後忍無可忍，爬上屋頂拆毀瓦片，把親手構築的房子拆毀，然後從高處躍下而死。哈洛夫之死對他兩個女兒衝擊很大。艾芙蘭匹雅最終痛改前非，不但斬斷與姐夫的不正常關係，也放棄她的繼承權利，從此遁入空門。大女兒也改頭換面，成為鄰里的模範女地主，把祖產做妥善的經營。在她邪惡的丈夫暴斃時，一度謠傳是她下毒所殺。不過她如要殺夫，不會等到妹妹離家出走之後，應當早在知悉他偷腥玷污其妹妹之時加以謀殺，才合乎情理。

　　《春潮》（1872）是屠格涅夫對男女性事描述最露骨的一部著作，難怪宗教信仰虔誠的藍伯特爵士夫人反對其出版。這本著作一反屠格涅夫的習慣，稿件沒有經過寶琳之過目，便逕自交給雜誌社發表。因之，謠傳故事中人皆可夫的第二女主角馬莉亞，為寶琳之替身，儘管兩人的才華、性格、氣質迥異。此篇的主題在強調激情足以奴役意志和理智。

　　這一主題涉及屠格涅夫對性與下意識之關聯，所導致慾望宰制理性的闡釋，這種說法在佛洛伊德之後，已成為眾人皆知的陳腔濫調。可是在1870年代初的俄國文藝界，這還是一樁新鮮事。哈特曼的《下意識的哲學》出版於1869年，沒有證據顯示當時屠氏看過此書。顯然，他把性看作一種世上的能量，在人意識之外存在與運作，在女主角身上發洩出來，而使男主角與其他配角無力自制。

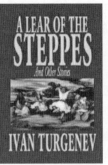

可以把魯金當成其後的李爾王？《原野上的李爾王及其他故事》英譯

　　屠格涅夫必然念過叔本華所著《當成意志和理念的世界》，其第四章有一段話值得玩味：「所有的愛情，即便是最富有精神性方面的虛無飄渺，究其實仍根藏在獨一無二的性慾之上」（引自Schapiro 1978: 252）。自然爲了生生不息，保護種類的繁衍，而使各種生物透過性慾的激發，代代相傳。人類卻自以爲性的運作完全隨自己的喜愛來進行，究其實仍脫不掉世界意志（天意）的操弄。這裡還要加上屠氏小說的特色：軟弱的男性怎樣被意志強烈而潑辣的婦女引誘和宰制，以及他這生中常體驗的「一見鍾情」式的愛慾之浮現。

《春潮》不同的英譯本　　　　　　　1872年的伊萬・屠格涅夫

　　此一小說出版後，法、德、義文的譯本相繼問世，英文譯本先出現在美國（1874）。由於青年作家詹姆士的大力宣傳，美國讀者比英國的粉絲更熱情擁抱屠氏的作品。他一度有訪美的想法，後因故未能成行，但也與詹姆士在巴黎見面歡談。在法國此一小說受到福樓貝熱心推崇；但龔庫爾則嚴厲批評。在俄國無論是保守人士或激進份子都同聲譴責這一作品。

　　《春潮》篇幅比《魯金》還長，不被屠格涅夫當成長篇小說，而視爲中篇故事看待的緣由，是因爲主角所涉及的事故非關國計民生，也與1870年代初俄國社會情狀無關。第一女主角之所以選擇義裔德國少女葛瑪，與撰稿時德法戰爭爆發有關，亦即屠氏從埋怨巴黎和法國，改爲敵視普魯士的囂張；因之，無意用純粹的德國姑娘作爲男主角沙寧的熱戀對象。這也注定沙寧難逃後來「一見鍾情」的俄國蕩婦之魔手的緣由。

　　書中配角柯履薄是與第一女主角訂婚的德國青年人，只因郊遊時表現不如沙寧的勇敢和果決，就遭受解約對待，屠格涅夫這般處理似嫌不公平。此外，故事中德國軍人的鬆懈和懦弱，在在顯示屠氏嫌惡德國民族性的偏見，因而引起德國友人的不悅。

　　再說，只因欲成婚而急售故鄉的土地，終於草率地跑到從前認識的友人之家（住威斯巴登），在見到友人有錢而又妖嬌的妻子馬莉亞時（「一見鍾情」式的被勾引），便完全忘記熱戀中清純的葛瑪。這種人性的突變與情節的轉變，令人意外。尤其數十年後獲悉葛瑪嫁給美國商人爲婦，居然變賣家當，前往新大陸舊情人住處附近比鄰而居，難道希冀舊情復燃？

《春潮》英譯和拍製電影的海報　　　　海明威同名之小說

　　顯然，沙寧不但不夠實際還充滿幻想，他在享受豪華奢侈的酒肉生活時，成爲蕩婦眾多猛男之一，居然忘記貧窮眞誠的未婚妻，這可謂人性的墮落。人對性的迷戀、執著是屠格涅夫一向喜愛討論的議題。他曾把這種心境看作生病，乃至瘋狂，足以毀壞人的性格，擾亂受害者的隱私。在其諸多故事裡，縱身肉慾不克自拔者男性居多，但也不乏沉淪的女性。屠格涅夫故事中的女性因

慾生痴，乃至病死，有《浮士德》中的薇拉、《珂拉拉‧米麗琪》的女主角和《春潮》中的馬莉亞。至於劇作《鄉居一月》中的納塔莉，則靠著一個男人的摯愛而沒有拋夫棄子，毀壞一生，實屬萬幸（Seeley, *ibid.*, 296-297）。

在晚年中篇幅最長的小說，則為《愛情的凱旋之歌》，開始撰述於1879年年底，完成於1881年6月，1881年刊載於《歐洲記事報》。文章係紀念福樓貝逝世，採用福氏《神話》的形式，故事取材自16世紀中葉義大利的費拉拉城（Ferrara）發生的傳說。故事的內容與他之前撰述的《珂拉拉‧米麗琪》一樣，屬於神祕難解的超自然怪事之新編。故事開頭的兩個重要人物，一為法比伍（Fabius），另一為穆齊屋（Mucius）。兩人都是富有、英俊、才華充盈的年輕人，卻同時愛上美麗、藝術修養深湛的少女瓦列麗雅（Valeria）。兩友要一同追求這個美少女，勝者擁有美嬌娘，敗者則要離開此一城市。

瓦列麗雅在母親慫恿下選擇法比伍，於是穆齊屋只好黯然離開。瓦列麗雅、法比伍兩人幸福地度過五個年頭，但膝下無子。這時穆齊屋回到故鄉，在法比伍同意下，在其宅第之園林中，建造一個涼亭作為暫時棲身之處。穆齊屋帶回一個馬來僕人，和印度的梵琴，其鳴奏之音，猶如天籟。瓦列麗雅聽來非常動人，而具誘惑性；白天聽琴音和歌聲，晚上這位早期的愛人闖入其夢境。

有一日，法比伍發現瓦列麗雅在園中椅上獨坐，頭低垂，雙手交叉置於膝上，其後彷彿站立一隻好色之羊的石雕；另一個夜晚，丈夫又見到其妻與石雕

在《文學回憶錄》中屠氏曾謙稱自己想像力有限，故其創造的角色大多取材自現實的人物加工形塑。此篇小說有部分反映他在布吉瓦韋家庭園中蓋小屋寄居，而路易無奈接納之事實。另一部分則為韋家么女Marianne在接受屠氏建議下與Gabriel Faure訂婚，幾個月後解約，這是被么女稱做「叔叔」的俄國文豪著手撰述此篇小說之始。1881年4月，她改嫁給作曲家Alphonse Duvernoy。兩個月後屠氏完成這篇勝利之愛的頌曲。因此，這一小說完全取材自屠氏身邊發生的事故。

《愛情的凱旋之歌》的英譯及小說的淵源

似乎有性愛的動作，在憤怒下把化身石雕的情敵穆齊屋刺死。奇怪的是穆氏的馬來僕人卻施法，使屍體能夠四處走動，彷彿活殭屍。某日瓦列麗雅坐在鋼琴上，漫不經心地彈奏，竟奏出愛慾得遂的樂音，這時她才驚覺在其子宮中有一個新生命在蠕動，故事便這樣嘎然而止。

評論家對此一詭異小說並無佳評，只能說是在歌劇院或演奏廳爲音樂所著迷的屠格涅夫之幻想。幻想音樂，特別歌唱，可以激動聽歌者在睡夢中起床行走（sleeping walk），而做出偷情的行爲。被刺死的穆齊屋，在馬來僕人下藥後像僵屍般的走路，彰顯屠氏一生中的幻想主題：愛情終於戰勝死亡（Pritchett, *ibid*, 234）。

屠格涅夫的故事背景，從文藝復興時代的義大利，搬回到俄羅斯本土。這是1882年所撰寫的《珂拉拉・米麗琪》，一篇人鬼相戀的怪談。爲了這篇故事，屠格涅夫還加上《死後》一個副標題，更符合原意（Kellog 1993）。故事的男主角阿拉托夫受其姑母的疼愛珍惜，變成慵懶無能的男生，其日常生活全靠姑母的張羅安排。

在同學慫恿下，他參加了音樂會，見到樂壇新秀的珂拉拉・米麗琪（她唱的剛好是寶琳最擅長的柴可夫斯基所譜之歌）。阿拉托夫對珂拉拉・米麗琪的表演興趣缺缺，卻對珂拉拉・米麗琪那一雙令人陷入催眠的雙眼印象深刻。

在一次約會上阿拉托夫的回答冷漠高傲，令珂拉拉・米麗琪既羞愧，又失望，匆忙不別而去。過了幾天，阿拉托夫閱報才知道珂拉拉・米麗琪不知何故，在演出的舞台上服毒自盡。報導指出她因愛情不順遂告自殺。從此之後阿拉托夫早晚思念這位因愛自殺的少女，甚至到她的故鄉，找她的母親與妹妹，得到她的日記以及一些遺物。這時阿拉托夫才發現自己深愛著珂拉拉・米麗琪。

阿拉托夫的健康每況愈下，在晚間他聽到珂拉拉・米麗琪的聲音，甚至見到她出現在床前；他向她請求原諒，幾天之後他跟著告別人間。基本上，屠氏故事中的女主角並不願意屈服於命運擺布，而企圖反抗。這從堅持己意，甚至在舞台上自殺看出她自我意志堅強。這種強烈意志的表現，道出她寧信命運，而不信神明，但不能解釋爲對命運的屈服（Dessaix, *ibid.*, 205）。

《珂拉拉‧米麗琪》（又名《死後》）的劇照及英譯本封面

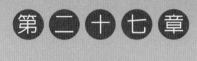

第二十七章

作爲思想家的屠格涅夫

第二十七章　作為思想家的屠格涅夫

・作家、詩人、劇作家、小說家、散文家

・也是哲學家

・不可知論的神明觀到泛神論

・意識的辯證上升——現象學說（黑格爾）

・意志對抗意識（叔本華）

・尊重別人的宗教情懷

・命定論與責任倫理（康德）

・重視社群倫理的自由主義

・受苦受難的易於感受性——人性觀（佛洛伊德）

・命運是隸屬於神祕區域之物非理性可以分析

・憲政主義貫徹下的農民解放——反對暴力革命

・「猶豫躊躇的政治」觀

・人本主義、人道精神和人文思想

・文明化和團結人心的文藝哲學

　　一般人所理解的屠格涅夫，是19世紀俄羅斯偉大的作家、詩人、劇作家、小說家、散文家；一言以蔽之，就是一位出色的文學大家。他在文學上的成就或許不如杜思托耶夫斯基或托爾斯泰，對俄國人性與社會的觀察與描寫那般全面、深入、辛辣、廣包和周詳。但在法、德、英、美、義大利、北歐和東南歐等國家的文學界，卻是聲名大噪、譯版最多、討論最繁的俄國作家。更重要的是，由於他此生大半生活在西歐，沉浸在西洋文化中，對法、德、英、義、西班牙等國的語文、文學、哲學、藝術、宗教、科學和生活之道，認識和體驗深刻，同代的俄國作家無人能比。因之，他成為了解西方、愛慕歐洲文化的俄國思想家兼文人。

　　能夠建立有關人生、社會、國家、世界的特定看法，而自行創建理論體系的思想家，可稱為哲人。屠格涅夫一生雖然排斥夸夸其言的體系、學說和學派，但打從少年時代起，便經常沉湎於抽象的幻思，也愛好思辨冥想，因之玄想和哲思成為他其後寫作的動力；加上熟讀古典哲學與文學著作，又喜愛俄國傳統的詩詞民謠，可以說自小奠定了成為哲學家兼文學家的基礎。此外，當年俄國大學教育把哲學和文學混在一起不加區分，使得初進莫斯科大學，後來轉讀聖彼得堡大學的屠格涅夫，既念哲學，也學習文學。他的啟蒙師貝林斯基就曾指出，俄國專制政府和落後社會，造成俄人壓抑、怨憤、暴躁的性格。在困苦納悶下，知識份子唯一發洩的管道，只有靠文藝作品的發表。是故投入文學創作者，不管才華之有無，都是報國救民的正途，更是成名的捷徑。心懷大志的青年屠格涅夫怎能不走文學兼哲學的成己、成人的生涯大道呢（Berlin 2013: 298-302）？

19世紀的莫斯科大學

從涅瓦河對岸看聖彼得堡大學

　　立志將來要擔任俄國兩所大學之一（主要的是莫斯科大學）的哲學教授之青年屠格涅夫，選擇留學德國，在柏林大學研讀兩、三年，所攻讀的是歌德（不只是文人，也是思想家）、黑格爾、費希特、謝林、費爾巴哈等觀念論的

學說。留德期間他坦承,沒有像德國人那樣使用一套說詞、一個體系來討論複雜、抽象世事之能奈;儘管此時他除了學習黑格爾的哲學外,也接觸了康德的學說(Sundkvist 2010: 49-50)。因爲他的習性親近現實、遠離抽象思維,遂逐漸拋開黑氏自我意識和精神現象學,而轉入批判黑格爾學說之叔本華的意志論,但似乎沒有受到後者賤視群眾的態度影響,不過悲觀思想卻不時在他心中浮現。

　　由於屠格涅夫是一位興趣廣泛、心性善良、悲天憫人、寬容大度的人道主義者,他哲學的源泉乃是其精神與行爲所淵源的理知、愛心和仁慈。他整部文學全集表現了人類對眞理、善良和美麗,不斷、更新的追求,以及精神上對罪惡和醜陋的戰鬥。但面對人群無知、愚昧、貪婪、自私,他有時不免失望、退縮、悲嘆、傷感。因之在《夠了!》(1864)一段章簡言的反思中,對批評者之攻擊《父輩與孩輩》有了感傷的回應,哀嘆無力的個人面對既聾又瞎又啞的自然勢力之凌虐,居然無力抵抗。但在憂疑困惑中,仍相信以人的仁慈、勇氣、愛心、求眞、尚美等高貴的品性,必然可以克服命運的乖舛(Garnett 1917: 190-193)。

　　在這種信念下,屠氏一度震驚於帕斯卡視世人爲無物,完全聽命於上蒼安排之天主教教義的僵固。他的宗教信仰屬於神明不可知論(agnosticism),或是泛神論(pantheism)。認爲神明剝奪人群的物質性享受,等於取消人們俗世的尊嚴,剝奪人群存在的意義,這是他對帕斯卡《沉思錄》中心理念的排拒之因由。

| 孟得斯鳩 | 福爾泰 | 狄特羅 | 盧梭 |
| Ch. Montesquieu | F. -M. A. Voltaire | Denis Diderot | J .-J. Rousseau |

須知影響屠格涅夫那一代俄國思想家、文學家、藝術家和知識份子的歐洲

哲人和文人，主要有法國啓蒙運動大師，如孟德斯鳩、福（伏）爾泰、蒙田、
狄特羅、盧梭等，和德國劇作家列辛、文學家歌德和席勒、哲學家康德、賀爾
德、費希特、謝林、黑格爾、費爾巴哈和叔本華等人。將人包括在內的宇宙、
世界、自然是一個生生不已的整體，其成員（尤其是人類）在分殊操作中靠理
念、精神或絕對的信念秉持，匯成一個天人合一的大和諧。特別是在賀爾德和
謝林的鼓舞下，一股浪漫主義的風潮襲捲俄國的思想界，其主要的觀點是認爲
詩人、畫家、藝人，比起學院中的歷史學者，更能體認和掌握時代精神，使本
國、本族的文化鮮活和持久的緣故（Berlin, *ibid.*, 160）。

列辛
G. E. Lessing

歌德
W. von Goethe

席勒
Friedrich Schiller

　　在《精神現象學》中，黑格爾把一大堆哲學名詞形成概念，諸如屬於個人
層次的感覺、知覺、自我意識和理性，發展到整體社會的精神（主體精神轉變
爲客體精神），最後攀登到文化層次的倫理、宗教、藝術之絕對精神。這等於
從個人、升高到社會，而達到時代、歷史、文化的最高境界（絕對精神）；也
是人變成神，或稱神轉化爲人的天人合一境界（洪鎌德 2016：124-125）。換
言之，藉著這些概念（理念）把個人的感覺、思想、認知、意識，和別人、別
物、別事連結起來，形成一個社會總體、一個時代精神（意識型態）。有異於
其前人，黑格爾把這套在各社會之間和各時代之間互有關聯的理念體系（意識
型態）及其發展，做連續、圓融、合理的分析，而達到人類歷史變遷有意義和
合理的解釋。這套解釋雖不免流於幻思、猜測、思辨中，但不失爲散文中主觀
性的詩篇。詳言之，精神活動的相互關聯性，特別強調一社會和一時代的文藝
活動和科技活動，和其他的政、經、社、文之活動是緊密互動的。這種主張可
以說是人類思想史上的一大發現、一大突破。

黑格爾及其《精神現象學》英譯　　　　　叔本華

　　屠格涅夫的思想，特別是哲學思維，雖受德國經典的觀念論（唯心主義）影響。但他後半生對僵硬的、空洞的、酸腐的哲學系統或體系大加排斥。他曾經在給托爾斯泰的信上指出，只有抓不到真理的人，才會推崇哲學體系。要抓住體系就像抓壁虎一般，你抓到牠的尾巴，牠會斷尾求生，你所捕獲的不是牠的身體，而是無用的尾巴，不久新尾巴又會生出來（III: 75）。討厭抽象的思想體系或意識型態之屠氏，一生沒有完整的哲學觀，他的思想、理念更無法整理出一套的系統來。

　　關於叔本華（Arthur Schopenhauer, 1788-1860）對屠格涅夫思想的影響，可以這麼說：當黑格爾以理性和歷史（即黑氏所謂的「科學」）來解釋意識變成精神，利用精神來掌握實在之際，叔本華卻認為人要透過藝術，才能夠認識哲學，才會掌握實在，以意志來對抗意識。他的哲學乃是一連串的直覺，和個人偉景所形塑的世界，在其中他本身的苦難、創傷和衝突，都以映像的方式投射到宏觀的大世界之上，他自稱其哲學乃為藝術的哲學。靠著叔本華的藝術哲學，屠格涅夫把自己的看法和理念統合起來，帶有幾分宿命觀的屠氏相信，機運（機緣和命運）的力量，足以宰制人生，有時甚至使人群無法達致慾望之所求。這種悲觀的看法剛好是叔本華所提供的哲學話語，可以讓屠氏去看待其周遭人與物的實在（Kagan-Kans 1986: 387-388）。

　　叔本華認為個人常展現其意志和想像，是故世界是諸個人生存和奮鬥的場域，也是諸個人的意志和想像決鬥的體現。主觀上而言，人生就是個人意志和想像相對於別人的表現。但從客觀、普世的角度來看待個人，我們發現自然對個人毫不關懷，任由個人受其機遇、命運操弄，以致個人變成無物；而非主觀上個人的隨心所欲、隨意而行，由此看出叔本華對個人持有主觀與客觀兩種看法。後者認為命運對個人操控宰制或漠不關心，導致悲觀的浮現。因此，這一

悲觀看法大大影響到屠格涅夫的寫作，也讓屠氏安排了他最喜歡和最得意的角色巴札洛夫不小心的早逝（Woodward 1986: 162-164）。

不過，屠氏的悲觀只涉及他本身，特別是終生追隨韋雅朵一家，在歐俄之間遷徙、流浪，始終寄人籬下，沒有自己的歸宿，成爲他另一劇作《寄生蟲》的寫照（Cruise 2015）。但就俄羅斯及其國人的前途而言，他卻懷抱著樂觀看好的態度（Sundkvist 2010: 188）。

儘管屠氏沒有系統性、完整性的哲學著作，不過，我們仍舊從他的著作、通訊、談話中，勾勒他哲思的輪廓。首先考慮他對宗教──特別是東正教──的態度與看法，這涉及他的宗教哲學。從小受母親嚴厲管教的屠格涅夫，對東正教的教規持懷疑的態度，將之看成是農民的迷信。母子都瞧不起鄉下神職人員，其父親遠離神明、不進教堂，儼然以大膽的不信神者自居。不信教、不畏死、不怕最終審判，但卻很迷信，不時請神父到家裡作法驅魔。對屠格涅夫全家而言，東正教只是諸多神祕勢力之一。父母這種無神論或神明不可知、不能知的宗教心態和信仰作風，影響了屠格涅夫的宗教觀。加上留學與旅外時代，與好友巴枯寧和貝林斯基，以及其後《當代人》刊物友人的來往，屠格涅夫變成神明不可知論者（agnostic，而非無神論者atheist），這點不難理解。可是在受德國文學家和文化人列辛、賀爾德、歌德、席勒，和哲學家康德、謝林、黑格爾、費爾巴哈等哲思的薰陶下，他似乎又變成神明無處不在，世界爲上主化身之泛神論者（pantheist）。至於晚年對病痛、災變和死亡的恐懼害怕，滋生的幻想、異象，乃至撰寫的超自然和神祕勢力對世人侵擾之靈異故事，並非東正教神祕主義的部分，而更接近魔法、巫術（magical），和術士變戲法所搞的神祕把戲（the mysteries of the sorcerer）（Dessaix 1980: 35）。

在與貝娣娜‧馮阿妮姆通訊中，伊萬對這位才華特出的歌德小女友相信物質主義的泛神論，深表贊同。他甚至指出：「上天乃是自然之話語」（*Gott ist das Wort der Natur*）。這與致友人信（1840年9月8日）所言：神明存在於大自然當中，也展示在人們的思想裡，最終還轉化到我們的全身。他在1842年，向聖彼得堡大學所提的碩士論文，企圖把神明統合到泛神論所敘述的萬事萬物裡。隨著教育的增長，他對超越現世與來生的懷疑加重，這說明宗教懷疑論仍盤據在年輕的他的心頭；另一方面人生存在的意義，又造成他的困惑。尤其所崇敬的友人貝林斯基、施坦克維奇的早逝，令他既震驚，而又悲傷。回憶與貝氏初識之日，就在辯論生存的意義、人天的關係、人際關係、靈魂不朽的問題（*ibid.*, 37-38）。

賀爾德（1744-1803）　　　　費希特（1762-1814）　　　　謝林（1775-1854）
Johann Gottfried Herder　　　Johann Gottlieb Fichte　　　Friedrich W. Schelling

　　在1840年代末，與寶琳的通訊中，伊萬再三強調作為個體的人，在世上所追求的尊嚴和快樂，是上天的恩賜。信不信上帝的存在，倒無所謂。人的生活或許像河水一般沒有目標的到處流動，但卻要隨遇而安，及時享樂。當他採取無神論之際，常常也保留柏林留學時代的泛神論，加上以戲謔心態看待世事人情的犬儒主義，最後才昇華到打倒權威、排斥建制、看破紅塵的虛無主義。在1850年代，他讀到西班牙劇作家卡爾德隆（Calderón）和法國思想家帕斯卡（Pascal）的作品時，對他倆以天主教義把世人貶抑成微不足道的生物，引起屠格涅夫的駭異，甚至視帕斯卡所著《沉思錄》為「〔至今為止〕印出最恐怖和令人最難受」之書。原因是帕氏把人最珍惜之物加以踐踏，把人丟到爛泥中受苦受難，然後再拉回來，為的是使用宗教的力量來安慰、拯救。這樣做使有理性的人難以接受，但心腸軟弱者只好屈從。

貝娣娜（1785-1859）　　　　貝林斯基（1811-1848）　　　　施坦克維奇（1813-1840）

　　顯然，屠格涅夫對教會及其作為毫無好感。但對人擁有宗教信仰並不反對，因為宗教為人的生存提供意義和價值。他把耶穌看成卓越的人，而非超自然的神。耶穌一生行誼與倡導的公義，就是基督教的倫理。1850年代末，屠氏與藍伯特女伯爵密切的來往下，有意撰寫一本以宗教為主題的小說，這大概就是後來出版的《貴族之家》。其女角麗莎最終體認世態炎涼，而遁入空門，她對宗教的虔誠，似乎是女伯爵的化身。藍伯特女伯爵看破紅塵、放棄現世、自我否定，她擁有走上「偉大的通道」（*le grand passage*），進入彼岸的天堂之宗教情懷（Dessaix, *ibid.*, 43）。

　　在反對大體系、大理論闡述自然與人生的複雜和多變之外，伊萬留學時代的哲思，多少反映對康德倫理學的重視。因為倫理學是哲學分支中，最接近人群生活的學門，特別是康德所強調的責任和義務倫理，備受伊萬的推崇。所以在其後的小說，諸如《雅可夫・帕旬可夫》和《浮士德》的結尾時，強調責任倫理實踐之重要。正如康德認為：不論事情的結果是否成功，善意本身便具有絕對的價值，這種說法造成屠氏在1860年裡，讚賞唐吉訶德不認輸的理想主義。在某種程度上，他接受了康德的命定（宿命）論，只是不採取消極的逆來順受看法，而是勇敢、鎮定、坦然接受命運的挑戰，有如古代斯多噶派哲人之做法。換言之，他的新信條為對生活採取正面的態度，盡力做好當前應該做的事，暫時不理會不可知的未來。

　　雖然作為一個自由主義者，屠格涅夫強調個人的自由，但仍視個人是社群的一份子，因此個人的自由不能逾越社群倫理，這是他與19世紀俄國思想家和作家共同的看法（Schütz 1952: 51）。有人誤會屠氏曾受到叔本華悲觀論的影響，而持對世事徹底的悲觀論。事實上，他對俄國的前途是看好的，認為廣大的農民在物質條件改善後，在識字和教育普及化之後，科學和藝術的進步是必然的。人生在世不免發現處處矛盾和事事衝突，就因為這些矛盾和衝突的存在，個人才會發展，社會才能進步。不談黑格爾歷史與社會的辯證運動，就是康德的明訓：「人類願意合一（*Eintracht*），但自然為了種類的發展，卻鼓勵攜二（*Zwietracht* 二分化）」。加上歌德說：「同一〔不變〕之物，使我們安靜不致浮躁，但矛盾把我們生產〔創造〕的本事叫醒」。在這兩、三位德國哲人與文豪啟誨下，屠氏理解社會的競爭，是培養個人才華和能力的推手。可見反對使用暴力手段來改革社會的伊萬，在《父輩與孩輩》一書中，既同情巴札洛夫憤世嫉俗的虛無主義，又支持祈沙諾夫兄弟（阿卡季的爸爸和伯父年長的那一輩）的自由派社會改革之主張，認為兩代的矛盾和衝突並無可議之處，反而有助於社會的進步和發展。

康德
Immanuel Kant（1724-1804）

斯多噶派哲學家的羅馬皇帝奧列流士
Marcus Aurelius（121-180）

　　因爲贊成個人與別人有異，各自追求不同的利益，和社會充滿各式各樣的生活樣態，所以不論是英國還是美國的民主社會，都是屠氏所讚賞和嚮往的社會。儘管在這種高度自由的社會中，秩序有時混亂，人際關係逐漸疏離，磨擦糾紛在所難免，但進步的理念可以逐一兌現。尤其是美國的典章制度，有助於個人才能的發展，這是專制政權無法造就的。專制政權就是負面的原則，一旦負面原則當道，人類生存的活力就會蕩然無存（Waddington 1980: 35-36）。

　　屠格涅夫對人性的表述，與其說和19世紀其他的俄國思想家雷同，還不如說與20世紀佛洛伊德的看法更爲接近。兩人都強調在世間人類對受苦受難的易於感受性（susceptibility of human beings to suffering）。這種西方人性觀，往前可以追溯到古希臘羅馬斯多噶派的哲學，往後推就是佛洛伊德的精神分析。這個西方兩千多年的人性學說指出，人們存在的目的不在增大享樂，而在減少痛苦。屠氏作品中主角的塑造與遭遇，與佛洛伊德對人生的看法非常相似，佛洛伊德說：「生活對吾人而言未免太沉重、太辛苦」，而他有關人性和文明的理論，就建立在這句話之上；他還進一步說：「人必須是『快樂』的願望，並不含攝於『創世』的計畫裡」。造成人生痛苦的三種來源，其一爲外部的世界；其二爲其餘人群；其三爲自己的身體。生存之道在應用策略，對抗來自這三方面敵對勢力的侵擾，而衛護和保持個人心思的安逸（Allen 1992: 55）。

　　屠格涅夫對人心理的了解是他倫理觀的泉源，如同他可以預想其後佛氏所指出痛苦的三個來源，屠氏也有三源說：自然、別人、無理。作爲自然一份子的個人，在其一生中要面對生老病死的種種困苦，特別是生命體之衰老病變，

儘管自然提供人們美的欣賞。顯明地，自然演化造成人的意外死亡、體弱病痛、心虛膽怯、憂鬱驚懼，在在說明天地之不仁。

　　對於自然所創造的萬物之靈的人類，其災難痛苦不獲大地之母的關懷疼惜，在其晚年傑作《散文詩》中，屠氏多所埋怨。他小說中的人物多少擁有生老病死的「不悅意識」（黑格爾用詞），這包括潛意識在內。不悅意識的強烈，導致人改善情況的落空。爲求取心靈的安適必須逃避痛苦，偏偏在這方面，自然不肯幫忙，反而置之不理。這是屠氏在其作品中再三強調、埋怨之所在（Allen 1992: 57）。

精神分析大師佛洛伊德（Sigmund Freud, 1856-1939）

　　除了大自然的演化足以使人身心衰敗的痛苦以外，作爲社群動物的人不能不與他人來往，但人際關係並非完全建立在友好、親善、愛心之上，而常爲一時執迷、激情或建立在利害得失的考量之上。是故與別人的互動，有時也是造成個人痛苦的來源。英國文藝評論家兼翻譯家符利弸，讚賞屠氏把社會擺在個人之上，種種證據適得其反。屠氏小說中所形成的小團體並不獎勵其成員，使他們更爲高尚、更有見識、更富智慧；反而大家相互影響，成爲庸俗者、平凡者。他書中敘述的群體，無一促成個體的反思和省悟，也無一增強個人的修養和德性。在這一意謂之下，屠格涅夫的社群倫理觀，要改正爲「非社群性〔與社群無關〕的倫理」（noncommunal ethics）（Allen 1992: 39-69）。

　　即便是男女彼此相悅相戀，其終局少有圓滿的，甚至視愛情爲危險的遊戲，其帶來的痛苦多於快樂。難怪在《初戀》中父親要告誡兒子：「要害怕女人對你的愛情、要害怕一時的快樂、要害怕這份毒藥！」因爲愛情帶來困惱、

疑惑、妒嫉、絕望甚或死亡等超乎預料的惡果。愛情能夠引發不可見的破壞力量，正因爲它偷偷摸摸地暗襲人們心坎和道德最易受傷之處。它出現在自我滿足和自我膨脹的關鍵處，但其實也是出現在自我剝奪和自我作踐之時。這是由於愛情所創造的私密、隱私、親密需要花費精力，而這份精力本該用以自我保存之上。如今自保的能量一旦轉移，身體暴露在內外伺機而動的攻擊勢力之下，能夠自衛的人可以安度危險，無力自保者則成爲愛情的犧牲品。是故愛情的結局常是自我出賣或自我毀滅。就像一般世事相似，屠氏作品中，對愛情的表述都揭露需要救助和保護的人性之脆弱，偏偏在這方面，人卻無從得到他人的援手。這就是愛情導致人盲目的緣由。

《初戀》另一英譯本封面　　　　舉止有點女人味的屠格涅夫

　　不但愛情造成的困擾無力由他人代爲解決，就是友誼滋生的關係也有可能轉化爲埋怨或責備。其結果不是兩人愈走愈遠、從此疏離，不然便是反目成仇。這是屠格涅夫的生活經驗，形成暗淡的社會觀。另一方面，其著作中角色孤獨式的生活，並沒有贏取自主和安全。縱然威脅不是來自外頭世界的擾攘，或其他人的干涉，在離群索居之時，人意識的自我也會受內心深處非理性的衝動和慾望所威脅、驅使。非理性的驅力，像本性的欲求和自欺，會對抗作爲自主的認同體的自我節制（這是生命維持其認同體精緻的機制）。加之，一旦這類非理性的勢力僞裝成被壓抑的潛力或潛能時，其爆發更無從預測、更具毀滅作用，更難以控制，造成的痛苦莫此爲甚。

　　是故，屠氏小說的人物無不有意識地和這些非理性的勢力搏鬥。他（她）們不斷地設法滿足其慾望，也在道德上尋找克服慾望的正當理由。很多時候他（她）們分不清楚要對抗的慾望究竟是什麼？如何克服？像《煙》中的李特維諾夫，和《春潮》中的沙寧，明知心愛的女人是何等地值得珍惜，卻迷戀於舊愛和新歡。此外，《安德烈·柯洛索夫》和《阿霞》中兩位故事敘述者，還有

《魯金》男主角，面對可愛的女性卻躊躇不前，沒有追求到底的決心與勇氣，
到頭來美夢成空，終身抱憾。這都說明非理性壓倒合理的意志，造成男女單方
或雙方的悲劇。非理性事物或勢力，在杜思妥耶夫斯基的作品上還能發揮救贖
的作用；在屠氏著作中則無此功能，只是譴責無知者、犯錯者道德上的沉淪
（Allen 1992: 61）。

　　非理性的事物或勢力不僅存在人內在的心思上，而更常出現在人身之外，
形成黑格爾所稱謂「理性的必然」、或「理性的狡計」之外的非理性力量，也
就是每個人的「宿命」，這是人都要遵循的人生之道。宿命、命運看似上天的
安排，事實上是一隻看不見的手，在指揮你我在人生旅途上，東衝西撞的一股
超自然勢力，其流於不可思議、無從合理解釋，乃至含有濃厚神祕和幻思的色
彩，是不言自喻的。被視為現實主義小說家的屠格涅夫，在創作後期居然有十
篇涉及宿命、神祕、怪誕的靈異小說之寫作與出版，顯示他對左右人生的超自
然力量的存在深信不疑，其原因和父母宗教信仰的淺薄、對鄉下神職人員的蔑
視、對驅魔作法的援用有關，更與他這一生貪生怕死，喜歡幻想有關。

《春潮》英譯本　　　　　屠氏漫畫　　　　　《阿霞》俄文版

　　命運是隸屬於神祕區域之物，無法以理性獲知，或以道德實踐來改變。
他描寫命運是「冷酷、消極的」，常在個人所擬的生涯規劃之外活動，甚至避
開人刻意建築的防衛門牆，乘虛侵入，大肆搗蛋。每個人在與他人和外界交往
中，形成包圍己身的氛圍，它賦予個人的是禍是福因人而異；這種冷酷和消極
的力量，就是屠氏在《通訊》一文中所說的命運。在《浮士德》小說中，他指
出人不得不降服命運的安排，儘管女主角企圖擺脫這股不可知、黑暗勢力的操
控，但最後仍然殉情而死。屠氏也討論到人意志自由的問題，基本上，人意志

的自由有限，這種說法容易把人所製造的是非禍福推給命運的操縱，有開脫個人責任之嫌，這點與上述他的義務倫理相違背。不過，本質上他堅持負責盡職的必要，在與藍伯特女公爵的信上，屠格涅夫指出，命運是常人卸責的藉口，因之他強調人擁有自決的本事，也有盡職的義務（Kagan-Kans 1969: 545）。

　　在政治哲學方面，出身貴族的知識份子屠格涅夫，屬於開明的自由派人士，但卻擁抱類似西方保守的布爾喬亞之政治觀點，蘊含多多少少歐洲菁英主義的色彩。他像一般出身貴族兼地主的高級知識份子（интеллигенция; intelligentsia）一樣，憎恨沙皇專制政府和東正教的愚民做法，企圖讓廣大農民從封建主義的控制下獲得解放。但就解放方式而言，屠氏有異於偏激的左派份子，反對暴力革命的方式，而主張在憲政主義貫徹下，由上而下的緩步改革。他的改革自由主義雖然獲取部分西化派俄人之支持，但過分強調英、法的議會民主，以及歐美的科技文明，造成親俄派知識份子的反彈。與馬克思相反，屠氏不以爲社會主義可以爲廣大俄國農民所接受，更不認爲專制落後的俄國農業社會，能夠產生流血暴力的無產（工人、普勞）階級。連對西方資產社會頗有好感的屠格涅夫，有關法國大革命都不加讚揚，更遑論對西歐革命表示認可。當馬克思大力推崇1871年巴黎公社的反映民意，建立共產社會的模範之際（洪鎌德 2014：316-320），屠氏大力抨擊巴黎公社所造成的恐怖統治。這一切來自暴力殺人的非法作爲，是他所反對的。不過到了晚年，他目睹俄國內外局勢的變化，因而更傾向於革命份子的言行，也對他們表示同情。

法國大革命三年半後，法王路易十六被送上斷頭台　　巴黎市民組成自救會成立公社

　　評論者一般認爲《父輩與孩輩》是屠格涅夫政治理念表示最多的作品。在此書中，保守觀念與自由主義對峙，還突顯自由主義和虛無主義的角力。虛無主義（нигилизм; nihilism）是屠氏發明的字眼，係從拉丁文nihil（虛無）引申而得。虛無主義者視世上的權威、建制、傳統、典章制度爲無物，代表人物

巴札洛夫，不但看輕家庭、婚姻、宗教，連文學、哲學、藝術也視爲「浪漫主義的垃圾」，而加以棄置；只有數理、科學、醫學、農學、工學等實用的學問才受到推崇。基本上，他是一位物質主義者、實證主義者、極端主義者、偏激主義者。屠氏倡用此字的意思，是在區隔俄國1840年代打倒偶像，和1860年代不滿現狀的憤怒青年，對改變俄國政局的不同看法和態度。以巴札洛夫爲代表的平民知識份子，因農奴解放後平民沒有獲得實際好處，反而眼見社會更加動盪不安，由之產生反抗權威、蔑視制度、賤踏傳統的心態。這些出身平民、接近群眾的知識份子，當年被稱謂爲「新人」，在屠氏心目中就是「虛無主義者」。他們要對抗的不只是既得利益的舊制度、舊勢力，也包括1840年代要求改革崇尚自由主義的開明派貴族，如同阿卡季的父親和伯父在內的父執輩。

　　這些父執輩過的是安適慵懶的鄉紳生活，羨慕的是英國憲政體制，享受的是文學藝術。在政治上偏向英國的議會民主，是由於英國的政治制度能夠保存貴族的尊嚴、自由和生活方式。對巴札洛夫和初期的阿卡季來說，也就是對這些後輩之虛無主義者而言，俄國知識份子之前輩多少沉溺於貴族的虛矯造作裡，其改良式的理念尤其被青年一代的人所厭惡。虛無主義者心目中的科學，是合乎理性的認知體系，是孔德式的實證主義，把學問從數理、化學、生物學發展到以觀察和實驗爲基礎的科學。另一方面虛無主義者也推崇合乎理性利己觀念的功利主義。實證主義和功利主義的結合，便是科技的應用。這是1840年代貝林斯基、早期巴枯寧和赫爾岑，執迷於黑格爾哲學的轉變。究竟虛無主義者有無眞實個人的存在呢？鑒於寫實派大師屠格涅夫其小說人物，不是他憑空杜撰，更多取材自身邊熟人，不難發現巴札洛夫是車尼雪夫斯基、多布洛流柏夫，尤其是皮沙洛夫等人揉合爲一個眞人的化身（Dubnov 2009: 4-5）。

皮沙列夫　　　　車尼雪夫斯基　　　　多布洛流柏夫

　　事實上，因採取激烈批評政府的態度，而被囚禁的皮沙列夫，強調文學不在尋求藝術中的美麗，而在追求人的解放，從本身的無知、家庭、宗教、傳統所套上的桎梏下解脫出來。當屠氏《父輩和孩輩》出版後，皮氏馬上把虛無主義者當作他自己的立場，強調藉自然科學教育的普及化，達成個人從家庭、教會、傳統的非理性束縛中解放出來，這就表示虛無主義有解放的能量。但作為自由主義者的屠格涅夫，卻無法忍受虛無主義者狂熱地排斥他所珍惜的「自由派文化、文藝和文明化的人際關係」。屠氏並非只為藝術而生活的作家，他的文學生涯和社群更新繁榮的關係密切。且不談他的作品如何促成俄國農奴的解放，其自由思想和實踐，就成為19世紀末俄國政局諸種改變勢力之一。

　　出身拉脫維亞，後來成為英國社會與政治理論家的艾沙伊・柏林（Isaiah Berlin, 1909-1997）曾經指出，就像一般自由主義者一樣，屠格涅夫認為人的政治態度是人作出的動作、功能，不是社會勢力驅使個人當成傀儡去表態。理念、藝術、文學都是個人自主的表現，而非客觀的勢力藉思想家和文藝家來加以體現。把人化約為某種勢力的載體或經紀，不只令屠氏生厭，也叫赫爾岑和貝林斯基難以接受。屬於英國老式的自由主義者之屠氏，相信只有靠教育和逐步的改革方式，才會改善他人的性格和命運；進一步相信天下萬事萬物，都呈現絕非封閉不變的狀態。任何正面的議題都要用反面的議題來加以衡量、斟酌，才能達到相互交融，更為廣包的境界，這就是「正」、「反」、「合」的辯證過程；而非集權、絕對性的體系，這些體系都是虛無主義者所反對的至高無上原則、信條、主義之類，大而無當之物（Berlin 1961: 295）。

　　在20世紀，受西方馬克思主義影響下的美國左翼文人郝伊（Irving Howe, 1920-1993）認為，屠格涅夫的政治觀可稱做「猶豫躊躇的政治」（politics of hesitation），也就是一方面對政治採取冷漠不關心的態度；另一方面又對國計民生相當在意，特別是對俄國政局發展十分擔憂。猶豫、躊躇的政治，正反映文化人進退失據的狼狽狀況，他的訓練和天性造成他討厭政治；但他的知性和敏感又迫使他無法擺脫政治氛圍的籠罩。其結果他既不跳入政治漩渦，也無法和政治一刀兩斷。巴札洛夫的虛無主義，不只反映當年俄國知識份子對政治的絕望掙扎，也是那一代歐洲人的困挫。巴札洛夫是迎向生命的人，卻找不到生命；他有強烈的感情，卻沒有發洩的信心和機會；他是具有革命性格的人，卻找不到革命追求的理念和承諾的意義。他擁有各種各樣的潛能，卻沒有把潛能轉化為顯（現）能的機會（Howe 1957: 122, 132）。

柏林
Isaiah Berlin（1909-1997）

郝伊
Irving Howe（1920-1993）

　　談到屠格涅夫的人生哲學，這與他的世界觀、自然觀、政治觀和對人生的看法與態度有關。到了晚年，他表示厭惡早期迷戀抽象的哲學體系，如今也不喜歡詭辯。面對有人詢問其人生哲學時，他回答：「我是個現實主義者，只對人類面目的眞實性感興趣。我對一切超自然的東西都漠不關心；我對任何絕對化的東西和制度一概不信。我對自由的熱愛勝過對世上一切東西的〔喜〕愛……我對高尚的東西是敏感的。凡屬人性的東西，對我都是珍貴的。斯拉夫主義與其他任何信條一樣，我對它們都是陌生的」〔引自莫洛亞，前揭書，134；原文譯自雅莫林斯基，華文翻譯略有失誤，雅氏使用的並非「斯拉夫主義」而爲「親俄派思想」Slavophilism；此外，並非「信條」，而使用「正統派教條」（包括東正教在內的教條和信從）orthodoxy，參考Yarmolinsky 1961: 348〕。

　　屠格涅夫心目中的世界形象，除了上述的自白可以窺知一二之外，也可從他簡短的默想錄《夠了！》一文，以及其他作品得到梗概。大體來說，他對世事和人生抱著悲觀的態度。雖然他讚賞大自然的絢爛美麗，卻埋怨自然對人生的困苦災難毫不關心，完全漠視。他幼年時，看到蛇與蛤蟆格鬥之恐怖情景，使他留下天地不仁的印象。他相信宇宙受無限強大和無形的力量所主宰，這股勢力完全不理會人群的悲歡離合；也對世間的善惡、是非、禍福置若罔聞。自然有其美麗可愛的一面，更有其猙獰醜陋的另一面。畢竟這個令人既愛又恨，既親又畏的世界，是一個嚴格遵循自然規律的世界。自然規律既不殘酷，也不溫良，是一成不變，循環再現；是一板一眼的框框，人只能在這些框框中，盡可能地安排每個人的生涯和命運。

人本主義、人道精神和人文思想

人道主義的實踐

　　屠氏提起畫筆，描繪形形色色的凡人，信任和善良就在他的調色板上占有重要的地位。前面提到他對人的面目感到興趣，這是對活生生的人群及其互動所引發的凝視。人和動物都能靠智力和體力，來營造存活的環境。人在冷漠的天地裡構築其溫馨的愛巢，由之展開求生行動，這種說詞裡便含有相當的道理和哲思。在求生的行動裡，人展示了智慧、勇氣和善良。為此，屠格涅夫對俄國的農民、親朋故舊、真正的基督徒抱有同情和興趣。他的作品充滿淳樸、忠實、厚重的低層民眾。只有悲天憫人的人道主義者，像屠格涅夫這樣的文豪，才會把眾生相做出這般生動細緻的刻劃（莫洛亞，前揭書，146-147）。

　　在《夠了！》默想錄中，屠格涅夫指出，幻想產生希望，人一旦解除自欺、捐棄幻想，就會導致希望的消失。沒有希望的人生是何等的可怕，主要的原因在於這樣的生活毫無意義，變成「無聊無趣」和「低俗」。要使人生有意義，生活多姿多采，人不是投身政治，參與公共事務的經營，便是獻身文藝美術的創作，再不然便是享受愛情、友誼帶來的快樂。但這三者都因人生苦短、命運無常，而十分短暫，甚至落空。維持人一絲尊嚴的就是臨危不亂、沉著面對的斯托噶式承認，亦即承認人一無可取、一無是處（stoic acknowledgement of his own nullity）。有些人靠偉大的原理、原則而活，像自由、公平、人性等理念，但莎翁卻看到愚昧、殘酷和「官署的哄騙和奴隸的盲從」在統治現世。如同其他世事一般，藝術也是白忙一場，沒有多大效益。文藝工作者所製造的形象，早晚都會毀壞，其創造過程，有如瞎子在黑暗中匍匐而行。他們縱然有作品在跳蚤市場叫賣，可是買方與賣方彼此的欺騙，都使文藝的創造變成無聊的勾當，這一切真是「夠了！」（Yarmolinsky, *ibid.*, 240-241）。表面上，這種說詞有抬高文學價值和貶抑藝術為雕蟲小技之嫌，事實上他對藝術，特別是

文學的藝術是推崇的。

　　屠格涅夫的文藝哲學，表現在他寫作的本領之上。他文學創造的特徵，為形式和主題的融合、優雅和力量的諧和、思想和感情的協調，這些特質反映古希臘經典文學完美的典型（Garnett 2007: 22）。與文學相比，屠氏一度懷疑繪畫、雕刻、音樂等藝術的永恆價值和對人生的衝擊。但他之前與同代的文學家，卻把藝術家融入其作品中，當成主配角。於是在《前夜》中出現了蘇賓這位雕刻家，他對男主角一開始的蔑視，到後來的推崇，才突顯全書男主角之愛國情操和英雄形象。另外，在《貴族之家》中安排德國音樂教師列姆（German Lemm），目的在展示女主角麗莎的高雅氣質。同時也藉這位精通日耳曼經典音樂的教師之傳播西歐藝術，達成文明化俄國鄉紳社會之目的（Sundkvist 2010: 182-183）。

　　藝術不但能淨化人心，把粗俗的人加以文明化的功能，還有團結諸個人，連繫文藝愛好者的向心力之作用。終身熱愛藝術的屠格涅夫，認為藝術「必須不受種種追求的目標所拖累」、「沒有藝術，人可能不想活在世上」，他又說：「藝術使個人真實地活過這一生」（引自Pritchett 1978: 2）。

　　1879年，屠氏向巴黎的留學生發表演講，指出：「美麗有其存在的權利〔道理〕，它始終是人類全部生活最終的目的。真理、愛情、幸福全部整合在美麗當中」（*Красота имеет право на существование, она в конце концов вся цель человеческой жизни. Правда, любовь, счастье-всё единяется в красоте.*）（II: 206-207；引自Sundkvist 2010: 180）。

　　又1880年，在莫斯科舉行的普希金雕像成立紀念會上，屠格涅夫用這樣的說詞，來讚賞和頌揚藝術，他說「民族藝術，其活生生的與親身的精神，其思想、其語言（最高的字義〔表達〕），它〔藝術〕成為全民的都是完整表達的極致」（*Искусство народа-его живая, личная душа, его мысль, его язык в высшем значении слова; достигнув своего полного выражения, оно становится достоянием всего человечества.*）。他接著說：「藝術是不朽，即便其身軀毀壞，但是精神長留，我們至今還在享受古希臘藝術的好處」（XV: 67）。這兩段引言表露著屠格涅夫言簡意賅的藝術觀。

影響屠格涅夫思想的前輩：

古希臘劇作家索福克勒斯（494-406 BCE）著《安悌恭妮》

法國哲學家帕斯卡（1623-1662）著《沈思錄》

西班牙大作家塞萬提斯（1547-1616）以諷刺劇《唐吉訶德》著名

英國大文豪莎翁（1564-1616）寫出36齣劇本，包括《哈姆雷特》

德國文豪歌德（1749-1832）著《少年維特的煩惱》、《浮士德》等

黑格爾（1770-1831）自我意識所經歷的歷險過程構成精神的不斷發展與唯心主義達到高峰

西班牙劇作家卡德隆（1600-1681）著《玫瑰之紫》

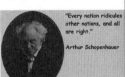

叔本華（1788-1860）的意志和悲觀論多少影響普希金（1799-1837）的人生看法，成爲伊萬文學創作的楷模

列蒙托夫（1814-1841）高加索探險家與文學家，其詩詞之美啟發伊萬

戈果爾（1809-1852）之驟死令屠氏傷心欲絕

第二十八章

屠格涅夫文學的評價與影響

第二十八章　屠格涅夫文學的評價與影響

- ‧俄國人還是歐州人？
- ‧親俄派和西化派
- ‧俄國19世紀評論的三派：激進、唯美和保守
- ‧屠氏聲望的升降
- ‧吳爾芙和艾略特的推崇
- ‧象徵主義與屠氏詩詞
- ‧法、英、美的評論
- ‧屠氏文學的影響：詹姆士、海明威、卡嬬兒、安德遜
- ‧屠氏文學的當代意義和貢獻

屠格涅夫、杜思托耶夫斯基和托爾斯泰，並稱19世紀以來俄國三大文豪。他們在文學上各有不同的成就和貢獻，但以大部頭的悲壯故事震撼人心，以劇力萬鈞、鼓動時潮的不朽作品來排序，則是托翁居冠、杜氏其次、屠氏殿後。

不過，如談到作品所反映作者的性格與為人之道，屠格涅夫不似其同儕那樣暴起暴落，對文學的親炙忽熱忽冷。雖然他一度懷疑本身的文才不足，無法擔當起桂冠的聲譽，因之一度有意放下筆桿，回歸田園，但最後還是貫徹初衷，以寫作為終身的志業。他甚至可稱作俄國文學史上中庸之道的信徒（an apostle of moderation）。

如眾周知，大部分的俄國作家無論在宗教或政治心態上，容易走上極端，成為意識型態的極大化主義（maximalism）者，尤其涉及狂熱的革命或信仰問題時，常有激情自焚、輕生自殺的驚人之舉，如戈果爾的猝死、杜思托耶夫斯基晚年的精神失常，以及托翁臨終前放棄文學、沉迷宗教。只有屠氏效法普希金，守住文人的本分，符合中道中矩，遵守極小化主義（minimalism），而避免走向偏激之途（Merzhkovsky 1914: 58）。

換言之，杜思托耶夫斯基與托翁確能呼應其時代革命者的烏托邦精神，以及大災難大變局即將降臨的心態，所以他倆的著作氣勢磅礴、大有震憾人心的力量，受到更大的歡迎，屬於極大化觀念之作品。他們所以採取這種大膽的作為，主要是受到19世紀科學進步、理性主義抬頭的樂觀心態所塑造的人生觀之鼓舞。反之，屠氏小說中的男女主角，都是平凡人在應付平生。他們像你我一般，在有限的生命片段上，盡量躲避天災人禍，面對人間的貧困、病痛、不幸、死亡。他們或僥倖地克服災難、或無助地陷入困境、或是無知地盲從命運的安排，這就是服膺極小化主義的做法。因之，如果屠氏的作品對現世與來世的讀者還有吸引力的話，那就要從他這種貼近平民的言行中，去尋找啟誨的道理。這也是閱讀屠格涅夫作品的意義所在（Allen 1994: xiv）。

普希金　　　　　戈果爾　　　　杜思托耶夫斯基　　　屠格涅夫　　　托爾斯泰

　　對屠格涅夫文學的評價，不只在俄羅斯，就是在西方，常在讚賞與批判之間擺盪。不僅是對其作品藝術性高低的評斷，也涉及他為人處世的態度。此外，世人對幾個世紀以來，俄羅斯國家認同不確定性所引發的疑慮和困惑，也造成對屠氏作品產生不同的評價。在很大程度上，屠氏本身的身分認同是俄國文人爭議的焦點。到底他是愛護國族、認同鄉土的俄國人？還是沉迷於德、法、英先進文明的歐洲人？

　　屠氏之所以被視為歐洲人，正是因為他大半生生活在西方世界，又沉浸在德、法、英、義和西班牙以及古典希臘和古羅馬的文化中。這些文化的特徵便是溫和與節制（temperance and measure）。正因為他是歐洲文化薰陶下「溫恭禮讓的野蠻人」（gentle barbarian），他拒絕把俄國當成韃靼人和拜占庭融合的專制體制來看待，取而代之的是歐洲人的溝通與融合。這也造成他對人對事不願武斷地接受、或武斷地拒斥之原因。他可謂是傳統、道地的「歐洲人」。他反對親俄派份子斥責彼得大帝打破鎖國政策、引進西方法政制度和科技文明的落伍〔親俄份子之〕想法，認為親俄派這種主張，會使俄國沉淪於愚昧、落後、孤立之中。他要提供一個平台給激進和保守份子溝通之用，俾俄國的社會可以與西歐各國平起平坐，成為文明的人類之一份子（Kaun 1933: 274, 275）。

　　與此相關的是屠氏終身強調文藝的價值遠高過政治的重要性，他對政治的嫌避造成杜氏把他當作1840年代的自由派份子看待，是一位保守甚至反動的知識份子，大異於1860年代激進的、革命的進步人士。為了嘲諷屠氏，杜思托耶夫斯基不惜在其小說《著魔》中，故意把屠氏刻劃為卑劣的人物卡拉馬齊諾夫，或是敗德無行、自我膨脹的「大作家」費霍文斯基。對此早期蘇聯評論家梅日科夫斯基（Dimitry A. Merzhkovsky, 1865-1941）有其不同的和獨特的看法。

俄國19與20世紀文學家、哲學家與文藝評論家梅日科夫斯基

　　他說：「比起偉大的『破壞者』托爾斯泰和杜思托耶夫斯基，屠格涅夫是我國的守護者（guardian）。正如他那個年代的自由主義者都屬於保守份子，在全力保存社會的菁華」（Merzhkovsky 1914: 58）。由此可知，近期對屠氏評論異於19世紀的看法，早期對他的讚賞和批評，完全因為他對政治所採取的立場，而有所褒貶。

　　杜思托耶夫斯基曾誣指屠格涅夫自視為日耳曼人，而不以俄人為榮。這種指摘導因於屠氏長期停留在德、法、英等國的大城小鎮，只有在文思枯竭、錢財短缺、思念親朋故舊、追思昔日打獵冶遊時，才會返鄉小住五、六週，最長三、五年。他最受俄國友人詬病之處，則為終身追隨韋雅朵一家浪跡西歐。可是在其生前，西歐（尤其是法國）友人卻大大歡迎這位博學、機伶、健談、好辯的「莫斯科佬」。這是由於他是精通歐洲各國文化、語文、藝術的一代文豪。在強調俄國文化與歐洲文化是一個共生體時，他常被視為19世紀俄國西化派的急先鋒；但他與親俄派作家保持長期的友誼，又使人體認他是一位中庸之道的奉行與實踐者。顯然，他企圖消滅俄國與歐洲各國的國界，他不只是俄國人，更願意作為一位歐洲人，乃至一位世界人、大同人。

　　除了上述對屠格涅夫國族認同（地理），與政治立場（意識型態）的看法有所分別之外，還因為他的作品討論主題之性質，而引發不同的評價。評論者一方面常覺得其文學的議題主要集中在俄國的貧困、落後、衰退等現狀上，是以俄國為中心來論析時局。另一方面有人卻指出，其作品主要在揭露世人的自私、愚蠢、蠻橫。他是一位民胞物與、關懷蒼生的大同主義者、人道主義者。俄國評論者傾向於肯定他在《獵人筆記》、六本長篇小說和三十多本中短篇小說的文學價值，而忽視早期詩詞、前半生的劇作和後期的靈異故事。這些作品常被曲解為景觀之寫真，或稱為「寫真的新聞報導」（photojournalism），尤其涉及〈特羅普曼行刑記〉的寫實報導。

一代歌后寶琳迷住屠格涅夫，讓他從俄國佬變成歐洲人

　　由此引申而得的結論是：身爲小說家的屠格涅夫，似乎有別於作爲詩人、散文家和劇作家的屠格涅夫。這兩者不但有所分別，還可以相互對照。這種分別與對照，使20世紀的評論家米爾斯基（Dimitry S. Mirsky, 1890-1939）指出，早期的評論者太看重屠氏六本長篇小說，以及《獵人筆記》和《鄉居一月》的政治與社會意涵，而忽視他的詩詞、戲劇和短篇小說的藝術優美與典雅；米氏認爲前者只是大量塞入政治和社會的資料，不如後者呈現屠氏文藝的新鮮和高超（Mirsky 1958: 207）。

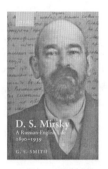

米爾斯基與他讚賞的《獵人筆記》

　　一個爭議的焦點是屠氏寫作的方式，究竟可以歸納爲現實主義？還是現實主義之外的浪漫主義？或甚至是象徵主義？英、美文藝界強調屠氏的寫作方式不愧爲俄國現實主義之父的手法。這種說法與蘇聯時代，官方強調現實主義的價值之說法並無大異。但很多同代的評論家卻有不同看法：他們認爲屠氏的文學生涯開始於浪漫主義，也懂得跟現實主義和浪漫主義，甚至象徵主義做出分別。其實與他同代的俄人，都認爲其藝術大多淵源於英、德、法的浪漫主義作家的詩作和小說；其後才轉向現實的描繪，特別是對鄉土人物，包括農奴、地主、貴族、鄉紳、平民，以及出身平民的知識份子等的面貌、遭遇和悲歡離合有細微精緻的刻劃。

　　屠格涅夫曾在1869年針對他的寫作方法指出：「我引進一個新的方式或稱類型，也就是把現實化（realizing）取代了理想化（idealizing）。當作者對其作品中的角色表現喜憎、同情或反感之際，讀者容易陷入不了解或困惑中」（引自Garnett 1917: 113）。這表示屠氏在其作品中，對人物是好是壞，不加判斷，不加表態。這種不隨意沾鍋、不隨便下達判斷的做法，可說是師承17世紀法國大作家莫里哀的作風，也與福樓貝相同（Mandel 1959: 236, 237）。

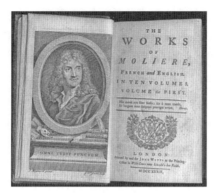

1739年英譯莫里哀著作　　　　　　福樓貝銅製圓形浮雕

　　關於文學作品的內容與形式究竟應分別討論？還是看成著作的整體？也成為對屠氏作品評價的另一標準。19世紀的評論者，傾向於把他作品的主旨、內容、討論的對象，與他寫作的方式和技巧分別評價。政治上走向偏激、甚至極端者，對他著作的文風和格調置之不理。反之，評論的重點放在其內容、目標、傳達的訊息之上。另一派為，美學（唯美）評論者，則論及其文學的藝術技巧與營造的效果。早期俄國文藝形式討論者，對他的詩詞、戲劇、故事、小說之撰述技巧有所評論，而不涉及詮釋學上的問題。在其後，亦即後形式主義的時代之評論，則以屠氏作品的情境和脈絡作出政治學，社會學和哲學上的分析。換言之，批評者分別討論他著作究竟是「什麼」？還是「怎樣」？其實，屠格涅夫本人既關心處理的是何物，也留意採用怎樣的方式來析述其所討論的對象（Lowe 1989: 3-5）。

　　在種種爭議之後，最終爭議的焦點為屠氏文學成就的總評。儘管在他生前國內外的毀譽有高有低，但在晚年全世界文壇公認他是一位偉大的經典作家。在他臨終之際，屠格涅夫對文學藝術的貢獻和其作品獲得舉世同讚。梅日科夫斯基在20世紀之初指出：「有人指稱屠格涅夫〔的作品〕已過時，俄國兩位文壇巨星托爾斯泰和杜思托耶夫斯基，已蓋過屠氏的光芒。不過這種說法是肯定的嗎？難道我們不是命定要透過兩大家，而重返他那裡嗎？」（ibid., 8）梅氏這種評法在當今似乎獲得很多評論家的支持與共鳴。不過，很多評論家依舊在爭論屠氏究竟是文壇的奇葩？還是文學旅途上的一位過客？

　　褒貶屠氏文學的成就之淵源，無疑地得推溯到19世紀俄國同代人的看法。把19世紀俄國評論家分成為極端（激烈）派和保守（守舊）派，以及審美（美

學）者等共三派。這三派的分別，來自俄羅斯文化史，和蘇聯時代文藝批評史的分類。這三分化常混淆了政治的時事評論（political journalism）和眞正的文藝評論。這導因於19世紀俄國政局的混亂、政府的高壓和知識份子的挫折無力感。事實上，將評論分成三派並沒有學理的根據，但已形成習慣，只好暫時採用。

　　蘇聯時代所謂的19世紀極端或偏激份子，是指「激烈的民主人士」而言。這包括大革命爆發之前，反對沙皇體制，企圖以暴力推翻現存秩序，而師法英國和法國建立議會民主的革命人士。當時的偏激份子不但抨擊時政，還批評文藝。原因是出身地主和貴族的知識份子，只能在品評文藝作品中，透露他們對社會的貧窮落後，和政治專制高壓的不滿。連西歐啓蒙運動以來，國家與社會的分辨都告無知，怎會理解知識份子批判時政的正當性和急迫性？換言之，這時俄國還未出現啓發民智、製造輿論的民間（市民、公民、文明〔civil society〕）社會（洪鎌德 2016：279-288）。換言之，國家與社會還無從分開和分辨。

　　但1840年代的人物，包括親歐（西化）派和親俄派的知識份子，他們大多出身擁有土地的貴族與鄉紳，不似來自社會基層的平民貝林斯基。貝林斯基體驗民間疾苦，又懷抱振興俄國文化的宏願，更因終身浸淫日耳曼唯心主義（觀念論）的理想中，所以在現實的認識之外，更富有人道的關懷，爲屠氏所推崇和效法的楷模。

英年早逝的文藝倡導者貝林斯基（1811-1848）

　　貝林斯基曾在屠格涅夫發表《帕拉莎》浪漫詩篇之後，大加讚賞，但對屠格涅夫其後出版的詩詞、戲劇、書評則大多忽視。不過，後來結集爲《獵人筆記》首篇〈霍爾與卡利紐奇〉之發表，則被他讚美爲「大膽有力」。大概是由

於該文把農民不畏壓迫欺負、獨立奮鬥的實狀詳加描寫,終於映射出庶民生活現狀的緣故。另外,貝氏主張文以載道,文藝不僅在表述自然與人生的美好,更應當具有鄉土與人民的關懷,特別是文藝有批評現實和揭發時弊的職責,這是文藝的理想和使命。

1850年代和1860年代的文人,如車尼雪夫斯基、多布洛流柏夫,以及皮沙列夫,繼承貝氏關懷民瘼和批判時弊的精神,進一步發展為激烈批評時局的新趨勢,使文學更融入現實,而與美學的關聯逐漸鬆脫。特別是車氏攻擊脫離現實的純粹文學不足取,藝術最多是現實的化身、取代的用品而已。皮沙列夫居然說,一位化學家勝過一位詩人對大眾的貢獻(這種說法也出現在屠氏著作《父輩與孩輩》主角巴札洛夫的嘴上)。激進者在1850代末期,對屠氏的作品採取不友善的態度。由於當時俄國接受教育的有志之士,戲劇性地轉向時局的評論,遂把屠氏充滿文學美感的作品當成箭靶。

在1858年《阿霞》出刊後,車氏寫了一篇長文,評題為〈一個俄人的幽會〉,狠狠地批判屠格涅夫只能在異城(德國)細述男女私情,而無益於俄國現狀的改善。這種文人逃避現實和政治的立場,應受撻伐。的確,該小說以萊茵河畔,山明水秀的河邊小鎮為背景,敘述一段三角戀情的悲劇,除了男女情慾悲喜和山川雄壯的烘托,全書完全與俄國國民生計無關。

尼雪夫斯基(1828-1889)　多布洛流柏夫(1836-1861)　皮沙列夫(1840-1868)

多布洛流柏夫比其年長的導師車尼雪夫斯基,更有系統地研究美學。他曾經比較1840年代與1860年代的作家心態。他提及屠氏代表1840年代的作家,是一位自由主義的崇拜者,特徵為好哲思、酷愛幻想、沉浸在德國觀念論的玄

思裡。反之，1860年代的知識份子，主張應把幻想、理想、熱望轉化爲行動、實踐、獻身。他批評屠氏新作《前夜》，敘述的是保加利亞保國衛民的勇士，但卻不提俄國的抗敵英雄。他的書評標題爲「什麼時候那個眞實的日子才會降臨？」其意爲何時俄國才會出現，像小說中對抗土耳其壓迫的民族英雄殷沙洛夫呢？儘管心有疑慮，評論者仍有信心，期待著在俄土上出現這種勇士。

皮沙列夫指出，《父輩與孩輩》中，虛無主義者巴札洛夫和其敵對的父執輩彼得洛維齊・祈沙諾夫（阿卡季的伯父）表面上理念相敵，事實上同爲出身於自由主義的一丘之貉，都是炎炎大言、缺少革命行動的高級知識份子。皮氏進一步指出：在這本屠氏最受各方矚目的小說中，作者的立場相當曖昧，他究竟支持父輩？還是兒輩？

拒絕把屠氏的作品看成政治或社會的記實，而僅爲純文藝的作品，也就是按其寫作的理念、文風、格式、技巧加以論評，有德盧日寧、薄特金、安念可夫等被視爲屠氏的友人。德盧日寧在1857年所撰的〈伊萬・屠格涅夫的小說與故事〉顯示：他同極端派、激進派的批判、抨擊大爲不同。他不認爲屠格涅夫爲現實主義者，拋棄其理想堅持；其觀念論、主體思想、唯心觀點，使他不致違逆普希金那樣爲藝術而藝術。不過，他又說：事實上屠氏並非以關懷時事和批評時政起家，而是追求文學女神繆思的腳步、展現藝術之美的文人。

德盧日寧（1824-1864）　　薄特金（1811-1869）　　安念可夫（1813-1887）

安念可夫認同德盧日寧的看法，全力維護屠格涅夫不沾染社會、政治發燒的議題。1855年〈關於虛擬著作中的思想：屠格涅夫和托爾斯泰近作的省思〉一文中，安氏分析屠格涅夫詩詞的韻味（poetics），著眼於解剖屠氏1850年代故事的詩韻。他進一步深入作者藝術的細膩處，尋覓「舊的形式」邁向「新的

形式」之轉變過程。這當中顯示作者寫作技巧的突飛猛進，尤其表現在角色描摹、刻劃的精巧圓融、雅緻的幽默格式，以及包羅萬象的抒寫本事。另一位評論者丘切夫（Fyodor Tyutchev, 1803-1873）把屠氏譬喻爲「太陽、夏天，以及偶然出現的秋天的抒情詩人」（引自Lowe, *ibid.*, 8）。

　　除了激進派和美學分析派之外，19世紀俄國評論者中還有第三派，亦即保守派。最後這一派基本上同意德盧日寧和安念可夫的看法，不把屠氏當作意識型態家來看待，但不否認在其作品中對政治和社會不公不義有所析評。對屠氏溫和、由上而下的改革主張完全贊成；而對他避走革命路線，遭受激進派之抨擊，則寄予同情。保守派的評論家，包括葛力哥列夫和施特拉霍夫（Nikolay Strakhov, 1828-1895）。他們形成了所謂的鄉土派之結社（*Почвенничество*; pochvennichestvo）。這一鄉土社既熱愛俄國自然，也尊重鄉土和百姓，企圖把親俄派和西化派的對立，加以化解。這派採用生機說，認爲藝術把天地人融合成一個大的共同體，藝術是了解生命與世界合成一體的人類文化產品。

　　葛力哥列夫對屠氏《擁有土地的鄉紳之窩》（《貴族之家》）的評論，被視爲19世紀最具慧見的書評。他追溯屠氏早期受浪漫主義和自然學派的影響，其中浪漫主義的先驅列蒙托夫，在其《我們時代的英雄》之高加索歷險記中，創造了新角色裴秋林，這對其後屠氏小說人物（例如「魯金」）的形塑，具重大的啓示作用。事實上，不僅涉及屠氏男主角之布置和安排，還影響到戈果爾和杜思托耶夫斯基小說人物的塑造。

丘切夫（1803-1873）　施特拉霍夫（1828-1895）　葛力哥列夫（1822-1864）

　　在葛氏評論中，他分析《貴族之家》的主角拉夫列次基之生平和志向，認爲此君所以從巴黎離開，急返俄國，正是應驗了鄉土派的呼喚，不再執迷西方墮落的文明，而把學自西方的農藝和技術帶回故鄉，大力建設。因之，拉夫列

次基為俄人真正覺醒的人士。這類批評家想要與激進派人士，連手發掘這種正面、積極、覺醒的改革實踐家。顯然，把幼稚的革新人物加以張揚，並不違背屠格涅夫的政治思想。後來的歷史演變，顯示他們多半轉變為識見更高，意志堅決的社會現實主義者和社會主義評論者。

《貴族之家》英譯封面

1834年20歲的列蒙托夫

　　施特拉霍夫在杜思托耶夫斯基主編的《時代》雜誌上，發表了有關《父輩與孩輩》的書評。在這篇長評中，施氏不認為屠格涅夫在作品中暢論政治，更多的篇幅在析述人生。就個別人物及其應對所產生的互動進行敘述，但從個別、特殊的男女和事件，提昇到全世界、全人類生活的永恆基礎，也是站在基本元素的形式變與不變的這一邊（Strakhov 1918: 42-43）。在此，施氏不但讚美屠格涅夫的藝術成就，更欣賞他的政治立場，並堅稱屠氏風格始終不變。顯然，他藝術的才華受到肯定，儘管其親歐派的世界觀受到質疑，這應當是其一生的憾事。

屠氏簽名

祖傳莊園今為屠氏紀念館

異域（法國）別墅旁林邊池塘的漫步

　　把批評家分爲極端派、審美派和保守派，是由於1860代俄國政治氣候過分動盪嚴峻的緣故。在這種知識份子捲入時局的混亂中，屠氏堅稱其本人要保留客觀的藝術家和中立的觀察家之身分，是招致各方批評、抨擊、非難的原因。屠格涅夫的聲譽在俄國從1862年以後，有式微的跡象，此係肇因於《父輩與孩輩》出版後，遭激進和保守兩派的大肆抨擊。國內的批評也引發海外的反應，1880年代與1890年代的西方文學界，也降低了對他早年文學成就的頌揚。早在19世紀末（1899）康拉德（Joseph Conrad, 1857-1924）便說：「讀者對他陌生的陰霾難以理解和接受，可以說屠格涅夫時代業已結束」（Conrad 2004: 40）。俄羅斯文學上偉大的作品《父輩與孩輩》出版後半世紀之間，屠氏的聲望一度下降，俄國詩人曼德斯塔姆（Osip Mandelstam, 1891-1938）在1925年指出，屠氏當年所處悠靜安祥的鄉土，已隨戰亂變革而消失，寫實的作品顯已過時，包括他在內的讀者，也喪失閱讀其文學作品的興趣（引自Allen 1994: xiii）。

波裔英籍小說家康拉德

受史達林迫害英年早逝的俄國詩人曼德斯塔姆

　　可是在屠格涅夫死後二十五年，蘇聯文藝評論梅日科夫斯基讚揚地說：「繼普希金之後……屠格涅夫爲俄國文壇上唯一的天才。他是一位中庸溫和的天才，也是文化的天才人物」（Merzhkovsky, ibid., 34）。儘管有這樣的頌揚，但在同一時段，由於杜思托耶夫斯基和托爾斯泰的譯著，在西洋大爲流行，廣受讀者擁護。相較之下屠氏溫和細膩的人物刻劃，和平白通常的故事敘述，顯示不合震盪世局中歐美讀者的脾胃，是故聲譽大降，直至臨死前數年間才告恢復。

　　在生命即將終結之際，屠氏親眼目睹其聲譽在故國恢復。1870年代後期，俄國讀者與一般民眾，對他的作品表現喜愛與歡迎。在他晚年三次（1879、

1880和1881）返鄉之旅，就發現每次都有上千成萬的讀者，出席他作品的朗誦會，要求分享他的智慧和熱情。在他逝世下葬之日，俄國官方除了害怕引發暴亂，加以防範之外，並無哀悼之意，倒是民間萬人空巷，爭相瞻仰遺容，列隊參與葬禮。這種盛大的送殯情景雖非絕後，可謂空前。

屠格涅夫在聖彼得堡公墓的墓地與石像

　　當屠格涅夫的聲譽在故國呈現衰落之際，其翻譯為法、德、英、義、西、葡、荷、丹、瑞典、芬蘭、匈牙利、塞爾維亞、波蘭等國語言的譯著與介紹，出現在歐美各地，獲得國際一致的推崇，成為擁有海外粉絲和效法者的第一位俄國文豪。

　　對屠氏聲譽升降的評論，顯然涉及的是「溫和」與「文化」兩詞。讀者在他的文本和想像裡，不難發現平和、謙遜、自制、無欲、保留和缺乏激情，都是他小說人物的特徵。這卻是詹姆士和維珍妮亞・吳爾芙（Virginia Woolf, 1882-1941）所讚賞的屠氏寫作風格中的「非人身化」（impersonality）的精神表現。正因此艾略特（T. S. Eliot, 1888-1965）指出，別人難以學到他這種超越的技巧，也就是比例完整、警覺性，而非理論性的智慧，以及文字精簡的手法。這種寫作手法雖然值得讚美，最終似乎難以滿足現代人文明化的心思（引自Lieber 2007: 668）。

美國近世偉大的女作家吳爾芙　　　英國當代大詩人艾略特

俄國在一戰之後對屠格涅夫的評價與歐美沒有什麼不同。首先一反過去的傳統，不再歌頌他是一位現實主義的作家，因為他對當年俄國現實社會與政治的了解仍嫌不足。在此批評者認為屠氏對當年俄國現實的描述，是處於頹廢期所展示的象徵主義的手法。梅日科夫斯基曾在一篇題為〈當代俄國文學頹廢和新趨向之理由〉的文中指出，頹廢與象徵主義共通的三大特色為，神祕主義的內容、象徵的用字遣詞，以及對現實寬廣的願景（幻望）。而這三種因素所匯成的「新藝術」都展現在屠氏的著作中（Merzhkovsky, *ibid.*）。

一般評論家認為象徵主義的詩詞並非源於普希金或列蒙托夫，以及費特等人的詩作，而是出現在屠格涅夫的詩詞裡。「他使用與普化其本國語言〔俄文〕，使我們高唱白日夢的旋律，他教導我們透過戀人〔的激情〕去理解藝術中最佳之物無它，乃是處女之謂也」（引自Belmont 1923: 16-17），亦即處女的一笑一顰當成新文學、新藝術的象徵。這種只顧男女的私情，固然有象徵主義的美感，但無涉國計民生，所以在激進派人士的眼中是頹廢思想的表現。

其他評論者早便指出：屠格涅夫的《散文詩》和其靈異故事，正是象徵主義落實的作品。一般而言，象徵主義和頹廢精神只涉及屠氏晚年的短篇文章，而與他六部長篇小說無關（Lowe, *ibid.*, 125）。

深藏在屠氏心底的念頭，就是文明理念的建立，和藝術的自主。作為一位忠於藝術創造的作家，他要忠實地描繪俄土上人民的生活現狀，以及政治的、文化的運作怎樣影響他們的舉止、言行和思維。他不想以道德家、教誨師的身分，藉文學表述的各種方式來說教。最先他看出鄉紳（包括他自己在內）都屬於局外人、剩餘的人，都是自私、畏縮、徒託空言哈姆雷特型的人物，與滿懷空想、缺乏理智、蠻幹、魯莽唐吉訶德式的人物之混合。如何把心思知識同感情慾望適當調整，是他寫作人物之性格剖析的高招，這也是他善於與人溝通，而避免說教的本事之表現（*ibid.*, 12-13）。

倭居（1829-1916）

布格（1852-1935）

　　在巴黎，屠格涅夫與當年法國文壇巨子交往頻繁，法國評論家倭居
（Melchior de Vogüé, 1829-1916）所撰《俄羅斯小說》（Le Roman Russe
1886）一書中，歷數俄國作家及其作品的貢獻，其中涉及屠氏在文學上的成
就。他的著作中展示的高度同情心，對照了同一時代法國人作品此領域的貧瘠
（不過雨果的作品應屬例外）。同時，布格（Paul Bourget, 1852-1935）出版了
《當代心理文集》（Essai de psychologie contemporaine）也呼應倭居的說法，
認為屠氏的作品含有大量精神健康的要素，值得讀者吸收和滋養。布格視屠格
涅夫為一位不帶妄想、意志堅決，而帶有悲觀情懷的作家，不過其悲觀並沒有
淪落到頹廢或絕望境地（引自Lowe, ibid., 10）。

　　在英語國家中，文評界對屠氏的評價正反並存；倒是美國評論家葛特曼
（Royal Gettman）把他的文學作品當成1880年代經典之作看待。由於葛特曼在
1870年代初期的大力鼓吹，引發美國讀者對屠氏作品的注意和興趣，開始當作
藝術性的敘述（artistic narrative）看待。像郝爾士（William D. Howells, 1837-
1920）還結合一群同好，在波士頓定期集會研討其作品，宣揚在其作品中找到
「戲劇性的文學」（dramatic literature）。所謂的戲劇性的文學，在突顯作者
於著作中常隱沒不彰或徹頭徹尾從文本上消失。且故事的主題單純，故事的時
地受到限縮，而非從人物的出生至死亡鉅細靡遺的交代（Gettman 1941: 27(2):
53-61）。在1870年代和1880年代年代，詹姆士也極力讚揚屠格涅夫以及其文
學成就，他說：「屠格涅夫在某一特殊的程度上，可謂為小說家中的小說家，
具有超價值與成就感的影響力」（引自（Gettman, ibid., 131）。

　　儘管有葛特曼、郝爾士、詹姆士等人的宣揚，在20世紀的美國，杜思托耶夫斯基和托爾斯泰的聲譽，還是超過屠格涅夫。屠格涅夫的知名度甚至有下降的趨勢。與此情況不同的是在英國，因為受到1890年代詹姆士的讚揚，英人開始研讀屠氏的詩詞和小說，不但推崇有加，甚至還演變為偶像崇拜。英國小說界企圖利用屠氏的作品，來打擊和壓抑法國的現實主義的光彩。這就是葛特曼所稱的「維多利亞的妥協」。這是把福樓貝的人生照護，加上屠格涅夫的精神關懷融成一體（Gettman, *ibid.*, 186）。此外，貝內特（Arnold Benett, 1867-1931）宣布，屠格涅夫為「純粹的藝術發出最後的一句話」（the last word of pure artistry）（引自Gettman, *ibid.*, 156）。福德（Ford Madox Forrd, 1873-1939）甚至讚美屠格涅夫比莎士比亞還偉大，因為其作品中的人物有血有肉，更富人性的緣故（Ford 1961: 156-158）。

美國詩人郝爾士　　英國小說家與雜誌編輯福德　　英國小說家貝內特

　　第一次世界大戰結束後，俄國與西方文評界對屠氏的作品就是採用形式的分析，重估其現實主義的性質，重新研讀其作品相關的其他解釋。在這種情況下，對他的文本與傳記有更深的了解；特別是在列寧格勒的俄羅斯文學研究所（普希金故居）出版的兩個新版全集和屠氏書信集，更為各方矚目。第一版全集完成於1918年，第二版稍後推出。這份編輯工作的工程之浩大，在俄國可謂空前，有異於杜思托耶夫斯基和托爾斯泰所引發的注意力有限，屠格涅夫的聲譽隨新版全集和書信集的出版，引起更大和更廣泛的討論。不僅俄國人對他作品《父輩與孩輩》、《初戀》、〈鬥歌者〉等念念不忘，甚至21世紀全球的讀者對屠格涅夫的向心力只增不減。

　　比起英國人而言，美國人容易接受屠氏的作品，主要的原因在於美國擁有遼闊的西部原野，這和俄國土地相似，足夠提供讀者解開神祕的想像空間。貝

內特曾選出歷史上最傑出的十二部小說，居然全部都是出於俄國作家的手筆，其中六部為屠氏的長篇小說。儘管在聲望上屠氏似乎稍遜於杜氏和托翁，但在英、美的讀者心目中仍居重要的地位，至少他又恢復早年大受好評的風光。

曾經推崇屠格涅夫為「小說家中的小說家」（引自Edel 1956: 228）之詹姆士，在1875年秋，初次結識屠氏於巴黎。詹姆士的父親和兄長都是屠氏忠實的讀者；尤其是醉心文學的享利·詹姆士，長年居留歐洲，和屠氏自比歐洲人完全雷同；儘管後者長他25歲，以愛好藝術的眼光來看，兩人都是浪跡異域，衝破國界、國籍之侷限，以四海為家的文人；也是重視人性、人文的作家，更是文藝界追求唯美主義者。難怪兩人在文學上有共同的嗜好和風格，這可用「大同胸懷的人本思想之尚美主義」（cosmopolitan humanist aestheticism）者來加以稱謂（Lerner 1941: 28）。

老（神學家）和少（文學家）詹姆士
Henry James (sr. and jr.)

威廉·詹姆士為心理學者與教
育學家，是文學家亨利之兄長

這種文學觀可以說是重視在宇宙中人獨特的感性，對美學超越現實和超越大自然的興趣。依據詹姆士的觀察，屠格涅夫的性情比起別的作家，更為普遍地、公正地、無偏頗地以智慧的眼光來看待生命與生活。兩人反對當年巴黎作者群只嚮往自然主義，企圖把藝術和道德分開。換言之，法國的自然主義者關心的是當作生理人、自然人的萬物之靈怎樣「發汗」，而不是關懷眾生的人怎樣「用腦」。反之，受過日耳曼唯心主義（觀念論）薰陶的屠氏，力視文學的

起點為「感受到的生活」（conscious life）。

　　另一方面，詹姆士與屠格涅夫對現實都有不同的解讀，前者相信文藝工作者享有絕對的自由，甚至可以超越生活的現狀，重新建構實在的狀況。但屠氏對現實、實在的解釋，卻離不開歷史決定狀況，甚至侷限於文化脈絡上（Turton 1992 :35）。

　　屠格涅夫對詹姆士的影響，為重視故事的鋪陳，以及敘述要講究技巧，因而才會產生戲劇性的效果。這導致詹姆士發揮「戲劇性的小說」（dramatic novel）之特質。所謂戲劇性的小說，強調在小說中作者不必在場、不必現身。故事主題宜單純、情節宜清楚，必要時對各項關聯進行篩選（selection）。用字遣詞要簡單，要符合「經濟」（economy）的要求。故事重點的披露比細節的描繪更為重要，尤其要強調人物的「相反」、「對照」（antithesis）。此外，屠氏的小說裡常觸及三角習題，像兩男一女或兩女一男的對照關係，而鋪述其間的愛恨情仇（Lerner 1942, 36）。

　　講到兩女一男的三角戀題，受屠格涅夫文學形式和技巧所影響的美國作家，除了詹姆士之外，還要提到因《老人與海》獲得諾貝爾文學獎的海明威（Ernest Hemingway, 1899-1961）。1925年秋，在讀完屠氏所著《春潮》英譯本之後，海明威撰寫了同樣書題的小說（稍有不同的是屠氏原文用《春水》，英譯原為 *The Waters of Spring*，後來改為 *The Torrents of Spring*）。此書主要在嘲諷當年美國文壇享有盛名的安得遜（Sherwood Anderson, 1846-1941）小說《黑暗的笑聲》（*Dark Laughter*）。不過海氏嘲諷的小說中，卻也論述男主角周旋於兩位女侍之間，有如屠氏同名著作中，男主角沙寧既愛純真少女葛瑪，又受富裕的蕩婦所色誘。最後失掉真愛，導致後半生孤苦漂泊。屠格涅夫這本小說除了強調男女情慾有如春天大水四處氾濫、漫溢，造成損人不利己之外，多少反映作者拈花惹草，依附有夫之婦浪跡天涯之可悲紀錄，含有自傳的意味。另一方面也以此小說來解除其個人寫作過程中的困挫（Coltrane 2003: 68）。總之，海明威學習屠格涅夫之處，比他從安得遜學到的技巧更多更深，特到是涉及文學格式或風格的經濟（economy of style），也就是言簡意賅、簡潔扼要，特別是藉細心選擇的情境描繪和行動的鋪陳，呈現小說人物內心的掙扎（*ibid.*, 59）。

　　明顯的是，北美新英格蘭作家郝爾士，曾經鼓勵詹姆士學習屠格涅夫和托爾斯泰現實主義的寫作風格。此外，美國中西部受屠氏文風影響的作家，還有上述海明威和安得遜，外加曾獲普立茲文學獎的女作家卡嬙兒（Willa Sibert Cather, 1873-1947）。

　　卡孀兒在1900年代開始，拋棄屠氏與托翁的影響，但1912年又重新投回俄羅斯作家的懷抱。安得遜則從1911年以後至其臨終之時（1941），花了三十多年的時光，沉浸在俄國文豪的作品裡，特別欣賞屠氏的《獵人筆記》。安得遜的小說《在俄州的酒堡》和《扎記》，可以說是師法屠氏鄉土人物之描繪，尤其是《扎記》中所透露的鄉土感情之溫馨和濃郁，令人讀後餘韻甘美久久無法散去。有趣的是卡孀兒和安得遜，都不言明他（她）們所受屠氏的影響；特別是安氏的小說《溫蒂‧麥斐遜的兒子》（*Windy McPherson's Son*, 1915）這一作品，評論家認為有從屠氏的作品衍生而加工之嫌（Miller, in Bloom (ed.) *op. cit.* 2003: 206）。

普立茲文學獎得主，美國女作家卡孀兒　　　　　美國短篇小說家安得遜

　　這兩位美國作家雖然認為托爾斯泰的魅力十足，但卻認為屠格涅夫的《獵人筆記》在寫作技巧上更值得仿效。這可從卡孀兒的著作《喔！開拓者》與安得遜的《在俄州的酒堡》兩本小說可以看出。

　　表面上看，霍桑（Nathaniel Hawthorne, 1804-1861）與屠格涅夫兩人的作品表現了悲觀的人生哲學。但霍桑是一位孤絕於社會的作家，避免走現實的道路，尋求靈感於舊情往事裡，以致其主題難免涉及「死氣沉沉」（morbid）的悲傷故事，充滿灰色的頹廢與報復的味道。反之，屠氏在開頭似乎有避開人群生活的神祕性和非理性的角落，以當代和現世的背景，採用古希臘式，而非希伯萊式懷舊的憶述。不過在對挪威作家訪談中，他卻透露對霍桑的推崇，特別是霍桑所寫的《紅字》與《讀過兩遍的故事》，認為是北美新土地、新文化的作品。從屠氏晚年對神怪故事的創作，看出他對霍桑作品的欣賞和沉迷。由此看出北美的部分作家，除了受屠氏影響之外，也有人像霍桑和愛倫坡影響他對

靈異小說的創作（Gregg 2003: 189-190）。

值得注意的是，霍桑長篇小說《大理石牧神》（*The Marble Faun*）成為屠氏晚年短篇故事《愛情的凱旋之歌》的藍本。無論是故事的情節、人物的刻劃，乃至作品倫理（神學）意涵（清白、犯罪、救贖三部曲）都有類似之處。唯一不同之處是霍桑作品的結尾大多是悲劇性、無助性的人間吶喊，而屠格涅夫的小說終局還帶有起死回生，以及迎接新生的樂觀意味，彷彿犯罪不但有救贖的機會，還可以帶來善果（Gregg, *ibid.*, 197-200）。

屠格涅夫與法國文學界的交遊，在前面的傳記部分有詳細的描述，其中與福樓貝初遇之第二日，便成為兩人書信往返的開端，兩人經歷了十七年的通訊，直至福氏逝世為止。福氏的《包法利夫人》被當時文壇視為淫穢敗德的小說，屠氏卻讚賞為法國文學新派的奠基之作。兩人因為受到官署文字檢查的迫害，因此基本上，都避談政治，也都痛恨政客。福氏年紀愈大愈從社會孤立起來；反之，屠氏愈趨晚年愈擁抱鄉土及其人民。兩人都熱愛文學，對文學的獨立自主滿懷信心。屠格涅夫多樣才華使他認真獻身文學，不過常從其文學作品中抽離出來，成為現實社會的中立者、觀察者（Boelich 1989: S.7-8）。

20世紀下葉和21世紀上葉，讀者經歷全球性戰爭、暴亂、災難的痛苦之餘，對屠格涅夫的作品更會深刻了解和真心欣賞。其原因乃是作者以平實手法敘述人群如何在困挫中，達到避禍求生的生存目的，亦即每人以其不同的生活方式，賦予存在嶄新的意義。不像其他同代俄國文豪，企圖在宗教、倫理、道德上找到救贖；屠氏一向對神明的存在抱持懷疑和不可知的態度，主張人群的救贖在現世，而非天堂，這就是世俗的救贖方式。這種救贖的期待和落實，係從個人承認心理的不足，和道德的欠缺開始，在歷經生活的淬鍊之後，累積知識與知慧，進一步發揮想像和創意，才會塑造真實的自我，達成自我認同的境界。只有堅強的認同，才會在神明的指引之下，走完人生這條崎嶇坎坷的道路（Allen 1994: xxii）。

莫泊桑讚賞屠氏是一位天才的人物，可以體現「生命，僅有〔一次〕的生命，和生命的片斷」。雷農（Ernest Renan, 1823-1892）則在哀悼屠格涅夫逝世的紀念會上說：「世上再也無人可以像他那樣成為全人類的化身（incarnation）。世界活在他的身上，透過他的嘴唇道出人間的一切」（Allen 1994: xii）。

法國文豪莫泊桑

法國哲學家、語言學者雷農

屠格涅夫年表

1818	俄曆10月28日（西曆11月9日）誕生於俄羅斯中部省分奧略爾市郊。
1819-1827	在母親繼承祖產的施帕斯科耶農莊，度過被斥責和鞭打的童年時代。
1827-1834	舉家遷居莫斯科，冬天住大城，夏天住鄉下。與兄長在兩個寄宿學校受基礎教育（1827-1829），聘家教授課（1830-1833）。入學莫斯科大學（9月30日）。
1834	秋天轉學聖彼得大學，父親在10月30日逝世，母親一人在義大利渡假養病。
1837	從聖彼得堡大學學士部畢業（6月24日）。
1838	出國赴德留學（5月15日），進柏林大學（10月）。
1834-1841	主攻哲學，常旅遊，與施坦克維奇和巴枯寧結爲好友，切磋學習。返俄（1841年5月21日），與塔琪雅娜（巴枯寧之妹）相戀，及時煞車。
1842	非婚生女兒裴拉潔（後易名爲寶琳特）誕生（4月26日）。聖彼得堡大學學期考考畢，獲哲學碩士學位（4至5月）。
1842-1847	住聖彼得堡，偶訪住在莫斯科的母親，在施帕斯科耶農莊渡假（夏秋）。
1843	結識貝林斯基（2月），出版《帕拉莎》（4月）。謀得内政部祕書一職（6月）。與安念可夫相識，並結爲終生好友（秋）。與女演唱家寶琳・韋雅朵見面（11月1日），獻上無限愛慕崇拜之戀意。
1845	從内政部辭職，賦閑在家。
1846	與《當代人》雜誌社諸編輯和投稿人相識，建立密切合作關係。
1847	藉口治療眼疾出國（1月）。
1847-1850	夏季在韋雅朵位於巴黎近郊的庫塔維内爾莊園歡度，冬天則住巴黎。撰寫〈霍爾與卡利紐奇〉作爲其後結集的《獵人筆記》之首篇（1847年1月）。在巴黎經歷1848年2月革命，對動亂和暴力極爲厭惡。完成《鄉居一月》全稿（1850年3月22日）。返回俄國（1850年6月），母親逝世（1850年11月16日），與兄長尼古拉繼承大筆財產。
1850-1852	因戈果爾死亡撰弔唁，遭逮捕拘禁警署一個月（1852年4月16日至5月15日）。在獄中撰寫《木木》一短篇小說。
1852-1853	軟禁在施帕斯科耶莊園（1852年5月至1853年11月），《獵人筆記》首版付梓。重返聖彼得堡（1853年12月）。
1854	《木木》出版。

1855	《鄉居一月》出版（1月）；撰寫《魯金》（5月至7月24日），與藍伯特女公爵相識，而成爲終生摯友（冬）。
1856	《魯金》出版，反應兩極；出國（7月21日），夏天在庫塔維内爾。因生病在巴黎療治（11月）。
1857	寶琳·韋雅朶產下兒子保羅（6月2日），傳言爲屠格涅夫的骨肉；仍住庫塔維内爾（夏），至義大利旅遊（10月）。
1858	《阿霞》出版（1月）。離開義大利（3月），抵達俄京（6月）。
1959	《擁有土地的鄉紳之窩》出版（1月），逗留於庫塔維内爾（7至8月）；撰寫《前夜》（6月28日至10月25日）。
1860	《前夜》出版（1月），《初戀》出版（3月）；龔恰洛夫控告屠格涅夫抄襲得到擺平（3月29日）。抵達巴黎（5月），住庫塔維内爾（7月）；在英國南方歪特島渡假時構思《父輩與孩輩》（8月）。與《當代人》雜誌絕交（10月1日）。冬天住巴黎。
1861	返俄（4月27日），與托爾斯泰鬧翻（5月27日），與舊友轟克拉索夫絕交。在祖產莊園撰寫《父輩與孩輩》稿件（7月30日），住庫塔維内爾（9月）。冬天住巴黎。
1862	《父輩與孩輩》出版（2月），在倫敦見巴枯寧最後一面（5月14日）。返回聖彼得堡（5月26日）。住德國巴登（8至10月），在巴黎度過寒冬。與赫爾岑辯論俄國政局的發展，導致友情破裂。
1863	應俄京參議院特設委員會要求，回聖彼得堡接受調查，以釐清他與倫敦俄人革命團體之關係（2月）；先以書信答覆官方指控。與福樓貝在巴黎文人餐聚上首次見面（2月23日），前往巴登暫住韋雅朶宅第（5月3日）。決心定居巴登，但自此之後七年間（1864-1871）仍抽空返國六次。
1864	現身參議院特設委員會陳述與海外俄人偏激人士之關係（1月7日至13日），獲官方不追究，可自由出入邊界（1月28日）。返回巴登（3月11日）。購地以建別墅（6月）。
1865	女兒寶琳特出嫁（2月25日），開始撰寫《煙》（11月18日）。
1866	期待巴登的新居可以落成，卻未能成願；驚聞沙皇險被刺死（4月4日）。
1867	《煙》出版（3月），與赫爾岑恢復聯絡（5月）；與杜思托耶夫斯基爭吵（7月10日）。
1868	《准將》出刊（1月）。由於財務吃緊，將巴登別墅拱手讓人，改以租客身分續住部分房間（4月17日）。著手編輯全集。
1869	刊出〈憶貝林斯基〉（4月）。

1870	回居施帕斯科耶莊園（6月），構思《處女地》（7月），《原野上的李爾王》出版（10月）。由於韋雅朵一家遷居倫敦，屠氏尾隨而至（11月13日）。在倫敦過冬。
1871	回俄國（2至3月），又轉回倫敦（4月7日）。參加司谷特百年祭，前往蘇格蘭（7月），在當地享受英式狩獵之樂趣（8月9至15日）。抵達巴登（8月21日），撰成《春潮》（11月）。離開巴登前往巴黎（11月9日）。與韋雅朵一家分樓而居。
1872	《春潮》出刊（1月）；《鄉居一月》首次搬上莫斯科的舞台（1月13日）。返俄小住（5至6月），外孫女出生（7月18日）。《處女地》雛稿完成。
1873	結識女伯爵符列芙絲卡雅（12月）。
1874	〈普寧與巴布林〉刊出（4月），住祖家農莊（6月）。
1875	與韋雅朵一家合購布吉瓦地產，建築別墅（春）。外孫誕生（9月），這次屠氏無意親往祝賀。
1876	〈錶〉一文刊載（1月）。俄國小住（6至7月），寫作《處女地》（4月至10月）。
1877	《處女地》出版（1月至2月），住俄國（5月至6月）。
1878	與托爾斯泰和解（5月），兩度訪問托翁住宅（8月8日與9日以及9月2至4日）。
1879	長兄尼古拉過世（1月7日）。在莫斯科和聖彼得堡受到學者與學生熱誠歡迎與飲宴（2月到3月）。與主演《鄉居一月》的女主角沙維娜第一次見面（1月17日）。牛津大學授予法學名譽博士（6月16日）。準備第二版全集。
1980	返俄居住（2月至6月）。訪問托翁故居（5月2日至4日），參與普希金紀念會（6月6日至8日）。
1981	〈老舊繪像〉一文刊出（1月）。最後一次返國訪問（5月至8月）。再訪托翁故居（6月10日）。托翁回訪屠氏於施帕斯科耶（7月9日至10）；沙維娜也前往施村農莊拜訪屠格涅夫（7月14日至18日）。
1882	患病嚴重（4月），病情時好時壞，年底情況相當惡劣。寫作副標題為〈死後〉的〈珂拉拉·米麗琪〉（8月）；又著手準備全集的編排（12月），也開始整理《散文詩》的各篇為一本文集（12月）。
1883	繼續編排全集新版，〈珂拉拉·米麗琪〉刊出（1月）。病情嚴峻（2月），口述〈海上失火〉（6月）以及〈結束〉（8月）。在布吉瓦逝世（9月3日），在寶琳等護送下移葬聖彼得堡公墓（9月27日）。

附註：年代之後的月與日，如涉及俄境內發生之事件，則使用舊（19世紀及之前的）俄曆；如發生在歐洲，則使用西曆。例如屠格涅夫誕生日俄曆為10月28日，相當於西曆11月9日，兩者相差12日。

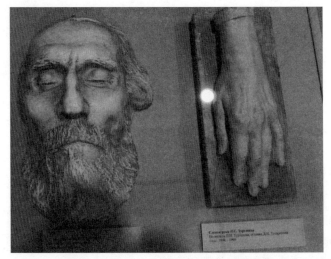

文豪逝世後之仿造面貌和這隻搖動巨篆的右手

憂鬱的眼神透露不完整的愛情

參考書目

Тургенев И. С. (Turgenev, Ivan S.)

1960-68 *Полное собрание сочинений и писем в двадцати вось.* Москва и Ленинград: Наука.

1961-68 *Полное собрание сочинений и писем*, 28 тома, Ленинград: Наука.

1978 *Полное собрание сочинений и писем* в трицтими томах, Москва и Ленинград: Наука.

1978 *Полное собрание сочинений и писем,* 30 тома, Москва и Ленинград: Наука.

2008 *Накануне*, Санкт-Петербург: Азбука.

2009 *Рудин,* Санкт-Петербург: Азбука.

2011 *Отцы и дети*, Повести, Москва: Эксмо.

2011 *Первая любовь*, Повести, Москва: Эксмо

Allen, Elizabeth Cheresh

1992 *Beyond Realism: Turgenev's Poetics of Secular Salvatio*n, Stanford, CA: Stanford University Press.

Allen, Elizabeth Cheresh (ed.)

1994 *The Essential Turgene*v, Evanston, IL : Northwestern University Press.

Asma, Beyhan

2010 "Fate, Death, Fantasy in Turgenev's Thought," *The Journal of International Social Research*, 3(14): 70-74.

Attberry, Phillip D.

1988 "Regenerative and Degenerative Forces in Turgenev's '*Fathers and Sons*', " *South Central Revie*w, 5(1): 48-60.

Batyuto, A. I. (Батыто, А. И.)

1972 *Тургенев-романист*, Ленинград: Hayka.

Belmont, Konstantin (Белмонт, Константин)

1923 "Рыцарь девускии-женщины," (редактор) Н. Л. Броски, *Тургенев и его время*, Москва и Ленингра́д: Госидат.

Berlin, Isaiah

1961　"Does Political Theory Still Exist?" in: *Philosophy, Politics, and Society*, second series. Oxford: Blackwell.

1983　"The Gentle Genus," *The New York Review*, www.nybooks.com/articles 1983/10/27.

2013　*Russian Thinkers*, (eds.) Henry Hardy and Aileen Kelly, 2nd ed., first pub., London: The Horgath Press 1978; London: The Penguin Group.

Boelich, Walter

1989　"Vorwort," zum *Gustav/Turgenev: Briefwechsel*, Peter Urban (hersg.), Berlin: Friedenauer Press, S. 7-8.

Coltrane, Robert

2003　"Hemingway and Turgenev: *The Torrents of Spring*," in Harold Bloom (ed.) *Ivan Turgenev*, Phildelphia: Chelsea House, pp. 57-70.

Conrad, Joseph

2004　*Notes on Life and Letters*, Cambridge: Cambridge University Press.

Cruise, Christopher

2015　*The Edge of The Nest: The Solitude of Ivan Turgenev*, Leicester: Matador.

Dessaix, Robert

1980　*Turgenev: The Quest for Truth*, Canberra: Australian National University.

2005　*Twilight of Love: Travels with Turgenev*, London: Scribner.

Dubnov, Arie

2009　"Nihilism and the Dilemma of the Liberal Intellectual: From Turgenev to Berlin and Back." arie.dubnov@mail.huji.ac.il

Edel, Leon (ed.)

1956　*The Future of Novel*, New York: Vintage.

Ellis, Richard M. *et. al.*

2005　"Turgenev's 'Living Relic': An Early Description of Scleroderma?" *The Journal os Royal Society of Medicine.* 98(8): 372-374.

Fitzlyon, April

1964   *Price of Genus: A Life of Pauline Viardot*, London: John Calder.

Ford, Madox Ford

1911   *The Critical Attitude*, London: Druckworth.

Freeborn, Richard.

1960   *Turgenev: The Novelist's Novelist. A Study,* Oxford: Oxford University Press.

1987   "Turgenev, The Dramatist," in D. A. Lowe, *op. cit.*, pp. 102-118.

1989   "Introduction" to Ivan Turgenev's *First Love and Other Stories*, Oxford: Oxford University Press, 1982, 1999, 2008.

1994   Program's note for the Richmond Theatre presentation of his English translation of Turgenev's *A Month in Country* (March 1994).

2003.   *Furious Vissarion: Belinskii's Struggle for Literature, Love, and Ideas*, London: School of Slavonic and East European Studies.

Frost, Edgar L.

1987   "Turgenev's 'Mumu' and the Lack of Love." *The Slavic and East European Journal,* 31(2): 171-186.

Gardiner, Gilbert

1950   "Introduction", toTurgenev, Ivan, *On the Eve*, (trans.) G. Gardiner, Penguin Books.

Garnett, Edward

1898   "Introduction" to *A Lear of the Steppes and Other Stories*, (trans.) Constance Black Garnett. New York: Macmillan.

2007   *Turgenev: A Study*, London: W. Collins, 1917, *Internet Archive*.

Gettmann, Royal

1941   "Turgenev in England and America," *Illinois Studies in Language and Literature,* 27(2): 53-61.

Gregg, Richard

2003   "Turgenev and Hawthorne: The Life-Giving Satyr and The Fallen Faun," in Bloom, *op. cit.*, pp. 189-204.

Hedges, Thomas

2012　　　"The Role of Narrative, Plot, and Abstract Discussion in Turgenev's *Fathers and Sons*," *Colgate Academic Review*: Vol. 4, Article 5. pp. 17-20.

Heine, Heirich

1893　　　*Gesammelte Werke*, (hrsg.). Gustav Karpeles, vol. XII, Berlin: G. Grote.

Hochstein, Rolaine

2002　　　"The Woman Who Tortured and Nurtured Turgenev," T*he Antioch Review*, pp. 640-648.

Howe, Irving

1957　　　"Turgenev: The Politics of Hesitation" in *Politics and the Novel*. New York: Horizon Press, 114-138.

Jackson, R. L.

1993　　　*Dialogues with Dostoevsky: The Overwhelming Questions*, Stanford, CA: Stanford University Press.

Kagan-Kans, Eva

1969　　　"Fate and Fantasy: A Study of Turgenev's Fantastic Stories." *Slavic Review*, 28(4): 543-560.

1986　　　"The Metaphysics of an Artist, 1818-1883," *Cahiers du Monde du Russe et Soviétique.* 13(3): 382-405. (1972).

Kaun, Alexander

1933　　　"Turgenev The European," *Books Abroad*, 7(3): 274-277.

Kellog, Brian

1993　　　"The Death and Fantasy in Turgenev's Novel," *Russian Review*, vol. 12, no. 126, pp. 43-62.

Kluge, Rolf-Dieter

1992　　　*Ivan S. Turgenev: Dichtung zwischen Hoffnung und Entsagung*, München: Erich Wewel Verlag.

Koschmal, Walter

1984   *Vom Realismus zum Symbolismus: zu Genese und Morphologie der Symbolsprache in den späten Werken I. S. Turgenevs,* Amsterdam: Rodolpi.

Lerner, Daniel

1941   «The Influencie of Turgenev on Henry James,» *Slavonic Yearbook*, American Series, vol. 1, pp. 28-54.

Lieber, Emma

2007   "'*Pardon, Monsieu*r,': Civilization and Civility in Turgenev's 'The Execution of Tropmann'," *Slavic Review,* 66(4): 667-681.

Livak, Leonid

2009   "Ivan Turgenev's Crime and Punishment: 'The Jews' and the Furtive Pleasure of Liberialism," *The Russian Review* 68: 49-69.

Lowe, David Alen

1997   "Father and Daughter in Turgenev's '*Otttsy i geti*'," *The Slavonic and East European Review,* 75(3): 439-445.

Lowe , David Allen (ed.)

1989   "Introduction" to his edited book: *Critical Essays on Ivan Turgenev,* Boston: G, K Hall & Co.

Mandel, Oscar

1959.   "Molière and Turgenev: The Literaturen of No-Judgment," *Comparative Literature,* 11(3): 233-249.

Magarschack, David

1954   *Turgenev: A Life*, London: Farber and Farber Ltd.

Margashack, David (ed.)

1958   *Turgenev, Ivan, Literary Reminisences and Autobiographical Fragments*, New York: Farrar, Straus and Cadahy; Chigago: Ivan R. Der, second printing, 2001.

Merzhkovsky, D. S. (Мержковскй, Д. С.)

1914.　　"Тургенев," Том 18, *Полное собрание сочнений*, Москва: Сытин.

Mirsky, D. S.

1958　　*A History of Russian Literature*, (ed.) F. J. Whitefield, New York: Knopf.

Moser, Charles A.

1972　　*Ivan Turgenev*, New York & London: Columbia University Press.

Nabokov, Vladimir

1981　　*Lectures on Russian Literature*, Ontario *et al*.: A Harvest Book, Harcourt, Inc.

O'Bell, Leslie

2004　　"The Pastoral in Turgenev's 'Singers': Classical Themes and Romantic Variations," *The Russian Review,* 63: 277-295.

Pisarev, Dmitry I.

1995　　"Bazarov." *Fathers and Sons. by Ivan Turgenev,* (ed.) Michael R. Katz. (trans.) Michael R. Katz. Boston: W. W. Norton & Company.

Pozefsky, Peter C.

1955　　"*Smoke* as 'Strange and Sinister Comment on *Fathers and Sons*': Dostoevskii, Pisarev and Turgenev on Nihilists and Their Representations," *The Russian Review*, 54: 571-586.

Pritchett, V. S.

1977　　*The Gentle Barbarian: The Life and Work of Turgenev*, New York: Random House.

Rice, James L.

1997　　"Vavara Petrovna in Unpublished Letters to Her Son Ivan (1838-1844)", *Slavic Review*, 56(1): 1-14.

Ripp, Victor

1980　　*Turgenev's Russia: From Notes of a Hunter to Fathers and Son*s, Ithaca and London: Cornell University Press.

Schapiro, Leonard

1978   *Turgenev : His Life and Times*, New York : Random House.

Schütz, Katharina.

1952   *Das Goethebild Turgeniews*, Bern: Paul Haupt.

Seeley, Frank Friedeberg

1991   *Turgenev: A Reading of His Fiction*, Cambridge: Cambridge University Press.

Sergievsky, Nicholas N.

1946   "The Tragedy of a Great Love. Turgenev and Pauline Viardot," *American Slavic and East European Review,* 5(3/4): 55-71.

Smyrniw, Walter

1985   "Turgenev's Emancipated Women," *Modern Language Review*, 80(1): 97-105.

Strakhov, Nikolay (Никола́й Ви́кторович Стра́хов)

1862   "Отцы и дети," *Vremya* , номер. 4, цитат в *О Тургеневе: Русская и иностранная критика* (редактор) П. П. Персон, Москва: Кооперативное издание, 1918.

Sundkvist , Luis

2010   "Turgenev and the Question of the Russian Artist", (dissertation for PhD), Cambridge: Cambridge University.

Troyat, Henri

1991   *Turgenev: A Biography*, London: W. H. Allen & Co.

Turton, Glen

1992   *Turgenev and The Context of English Literature 1850-1900*, London: Routledge.

Waddington, Patrick

1971   "An Unpublished Letter of Turgenev to Pauline Viardot", *Slavonic and East European Review*, vol. 49, no. 115: 272-275.

1980   *Turgenev and England*, London: Macmillan.

Wilson, Edmund

1958   "Turgenev and The Life-giving Drop," in Margashack, *op.cit.,* (1958), pp. 20-26.

Wood, James B.

1986   "*Aut Caesar aut Nihilist*: The 'War of Wills' in Turgenev's *Ottsy i deti*," *The Slavonic and Easr European Review*, 64(2): 161-168.

Yarmolinsy, Avrahm

1961   *Turgenev: The Man, His Art and His Age*, New York: Collier Books.

Житова, В. Н. (Zhitova, V. N.)

1961   *Воспоминание о семье И. С. Тургенева*, Тула.

安得列・莫洛亞

2014   《屠格涅夫傳》，譚立德與鄭其行（譯），杭州：浙江大學出版社。原著Maurois, André 1931 *Tourgueniew*, Paris: Editions Grasset & Fasquelle.

洪鎌德

2014   《個人與社會——馬克思人性論與社群觀的析評》，台北：五南。2014：初版；2015：一版再刷。

2015   《馬克思》，台北：東大，1997：首版，2015：增訂二版。

2016   《黑格爾哲學新解》，台北：五南。

屠格涅夫

2006   《屠格涅夫散文詩集》，〈名家導讀〉，智量（譯），武漢：湖北人民出版社。

人名引得

事物引得

被譽爲19世紀藝術最高峰的女高音、鋼琴家和作曲家寶琳·韋雅朵，成爲屠氏窮追不捨的情人，又是離不開丈夫的「賢妻」

2011年劍橋大學出版社推出歌德的
〈浮士德〉英譯本

1859年屠氏的繪像

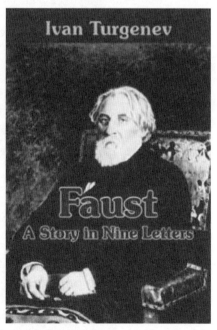

屠格涅夫的〈浮士德〉可與歌德傑作媲美

後 記

屠格涅夫和馬克思
兩百年誕辰紀念文

屠格涅夫和馬克思兩百年誕辰紀念文

2018年年中與年尾分別是馬克思和屠格涅夫誕生兩百週年紀念與誌慶的時辰。當時不僅德國與俄國有盛大的祝賀活動，世界其餘各地的政界、學界、文化界、輿論界也以不同的方式來闡述這兩位世界級的偉人對人類命運的衝擊和對文明的貢獻。

或者一開始，讀者會把屠格涅夫這位文豪和馬克思這位革命家並列兼述，覺得有點詭異陌生。不過，當你發現兩人同年出生（馬在5月5日；屠在11月9日），也在同（1883）年病逝時，這種巧合卻會令你好奇，懷疑這是上蒼無意或有心的巧妙安排。儘管馬克思是一位要打倒神明的無神論者（atheist）；而屠格涅夫雖相信命運和超自然力量對個人的操縱、肆虐，他基本上若不是泛神論者（pantheist），便是神明不可知者（agnostic）。是故兩人在世時，都不探究出生的問題，但晚年都擔憂生命的終結和死亡的驟降。兩人死在病椅（馬在3月14日）或病榻（屠在9月3日）時，似乎沒有神職人員環伺照顧，表明臨終時走得瀟灑、逸脫（洪鎌德 2015：201；2017：212）。

先說兩人的出生背景，再論求學和接受教育的經過。馬克思出生於德法邊界的古羅馬帝國北方要塞之特利爾城，時為1818年5月5日凌晨。父親為從猶太教轉為路德新教的律師，母親為荷蘭工業世家菲立普的族人，可謂為出身中上家庭。因父親法學知識深厚，同情與協助窮人打官司，所以馬克思幼年不但對人世不公不義深懷憤慨，也在中學畢業論文，抒發淑世救人的宏願。啟發幼少時代馬克思心智的人物還有他未來的泰山大人，一位對英、法啟蒙運動動極為熱衷的沒落貴族。反之，屠格涅夫出身為俄羅斯接近烏克蘭歐略爾邦大地主莊園的少主。女莊主的母親，因不滿財勢遜色、在外治蕩、年紀輕（少其妻7、8歲）很早便退休的軍官丈夫，所以經常把一股怨氣發洩到屠氏及其唯一大哥身上，責罵之外常遭鞭打。兄弟未上省城中學，便送往360公里外的莫斯科寄宿學校就讀。啟發屠氏對俄國傳統文學、語言、詩歌的愛好卻是一位識字的農奴。他悍母擁有的大莊園除外，也就是遼闊的土地之外，還占有5,000多位「靈魂」（души），亦即擁有5,000名農奴。這群農奴一樣受到暴虐的對待，她儼然是莊園的女暴君。

馬克思的父親漢利希為了栽培成群兒女，至少使其後單獨活下來的男丁卡爾成為父業繼承人，17歲的青年馬克思遂離鄉赴波恩念大學，過了一年再被派

往普魯士最高學府的柏林大學學習法學。在柏林大學（1836-1641）差不多為期不到三年半時期中，馬克思一頭栽入黑格爾哲學（洪鎌德　2016）以及其左翼門徒（特別是費爾巴哈）的講學辯論中。剛好這段時期也是屠格涅夫從莫斯科大學轉聖彼得堡大學，而後出國留學柏林的時期。在普京屠氏也精研日耳曼經典的觀念論，亦即唯心主義的哲學，不過還多了醉心德國浪漫主義歌德、席勒、海涅的小說、戲劇、詩詞。馬克思在大學時代一度在哲學之外，心中之最愛好的是文學、詩詞。海涅為其遠房族叔，為青年馬克思所崇拜，此位倜儻詩人常至結婚後的馬家作客，似乎迷戀馬太太燕妮的美麗。也許當年留學柏林的東歐和俄國貴族子弟人數眾多、興趣互異、專心求學和鍍金心態之歧異，使心志和理想極為接近的人物如馬克思和屠格涅夫，在柏林大學中居然連碰面的機會都沒有，遑論結緣成友？反之，與屠氏一度合租一房同居的巴枯寧，1844年首次與馬克思結識，後來兩年有頻繁的接觸，成為亦敵亦友的留德同學。

　　有趣的是屠氏自德返俄後，一度與巴枯寧么妹陷入半年的熱戀，差點論及婚嫁。最終男士以無法消受女方及其家族的激情，而急流勇退，這事使聖彼得堡貴族圈與輿論界譁然。在柏林結識的友人中，對屠格涅夫其後文學生涯影響至深且鉅，無過於文藝評論家安念可夫，他後來成為屠氏每部小說稿件的首讀者和評論人。經他修改、增珊、潤飾的文稿不計其數，除了未曾像恩格斯資援馬克思這種特別革命情誼之外，安念可夫對屠氏文學生涯的貢獻無人可以匹敵，儘管其悍母和戀人寶琳・韋雅朵鞭策和鼓勵，也起了很大的作用，造成屠氏文壇巨星的地位（洪鎌德　2017：15）。在1848年歐洲爆發革命之前，尤其是馬、恩流亡布魯塞爾期間，作為俄國西化派健將，「美學旅行家」的安念可夫，曾與馬克思往返頻繁（2015：94）。他對馬克思堅決意志，言詞犀利，但類似為一名「民主的獨裁者」，有細膩的觀察與生動的描寫（*ibid.*, 99-100）。1847年年底馬氏先行由比利時渡海赴英，留下憔悴的燕妮及兩名生病的女兒在布魯塞爾。在求助無門的情急之下，向人在巴黎的安念可夫求救，這位信仰自由主義、討厭暴力革命的俄國貴族，就像其好友屠格涅夫一樣的慷慨，馬上匯出一兩百法郎應急（*ibid.*, 104）。可是1848年歐陸革命失敗後，馬克思同安念可夫的關係日漸疏遠，以致雙方失去聯絡。這中間是否受到屠氏厭棄暴力的影響，有待進一步查證。

　　另外，兩人共同認識的朋友，有詩人賀維格。他曾在巴黎成立旅外德國人軍團，並潛入德境內進行革命活動，被政府軍擊潰後，走避瑞士。一度受知於社民黨領袖拉沙勒，後與沙氏不和而加入艾森阿赫派，後來兩派合成為德國20

世紀幾度執政的社民黨（SPD）創黨人之一。賀氏曾投稿馬克思所編《萊茵時報》和《德法年鑑》，其中不少諷刺政府官吏作威作福魚肉百姓的詩文，極受讀者讚賞。在1847年至1850年間屠氏居留韋雅朵夫婦在巴黎近郊（「鳩占雀巢」）的期間，結識賀維格夫婦，也與後來流亡倫敦的俄國哲學家、時局評論者的赫爾岑。赫氏如同屠格涅夫主張廢除農奴制，要求全面改革內故，並在倫敦發行《警鐘》（Колокол）雜誌，因而贏得「俄國社會主義之父」的美譽。同時屠氏也結識赫爾岑的妻子娜塔莉。後來赫氏與賀氏兩對夫婦遷居瑞士，詩人與娜塔莉有染，並把這份婚外情帶到倫敦，造成赫爾岑終身的鬱卒傷痛，這是屠格涅夫親眼目睹的人生悲劇。但他對自己狂戀有夫之婦的寶琳·韋雅朵，甚至鳩雀同巢，卻無反省改變的醒悟。對於赫爾岑企圖為19世紀下半葉的俄國搞出一個以農村公社（мия或稱община）的民粹式（народник）社會主義，馬克思似乎用蔑視的眼光不加理會。

但是晚年馬克思（在與俄國女革命家查蘇莉琪的通訊中）透露除歐美之外，其他國度（包括俄國）不一定要推翻資本主義之後，才走上共產主義之途。馬氏指出俄國農村公社矛盾的雙重性：一方面是反映俄土民粹的團結與集體精神，另一方面受時勢，特別是資本主義體制的影響，走上個體性與私有化之途。但綜合各種利害得失，馬氏仍認為：公社的發展是符合時代潮流（魏百谷 2017：137-140）。反之，屠格涅夫涅夫維雖然同情農民的疾苦，但對農奴解放後的社會動盪，除了歸罪於沙皇及其改政府之專制、東教會之迂腐，但最大的致命傷為出身地主與貴族的知識份子（Интеллигенция）之傲慢，誤認俄國為西方墮落的拯救者，為人類未來文明復興的推手，這也是他與赫爾岑鬧翻的主要原因之一（洪鎌德 2017：124-126）。

作為俄國三大文豪（另兩位為托爾斯泰和杜思托耶夫斯基）之一的屠格涅夫藉小說的布局、文字的犀利、人物的刻劃、對白的鮮活，把當年俄國政局的混亂、社會的浮動、人心的惶惑，尤其是農民的困苦，如實地描述，被文學界譽為從浪漫主義演變為現實主義，再升騰為象徵主義的「小說家中的小說家」（美國文學家兼文藝評論家亨利·詹姆士的讚語）。屠氏不只是小說家、詩人、劇作家和藝術家（欣賞音樂、繪畫、雕刻，也是一位漫畫家），他還是一位有深邃思想的哲學家和心理學家，對自然哲學和人生哲學（天道、人性、生命、愛情、友誼、命運、生死等）有特殊的見解和主張。造成他民胞物與、天人合一的世界觀，無疑為俄國純厚民情和歐洲文化精深，這也是導致他對人本主義的堅持、人文思想的廣播和人道精神的發揚之主因（洪鎌德 2017：301-

320）。

　　雖然馬克思反對個人主義、自由主義和空想的社會主義，而堅信和主張他自我標榜的「科學的社會主義」。但其哲思的出發點卻是人生的目標：「自我實現」（Selbstverwirklichung）之追求：利用有限人生，把本身們的潛能發掘出來，應用人際溝通和社會實踐（soziale Praxis），不只成就個人、親友、人群，還達成人類最終的解放。在這一意義下，馬克思和屠格涅夫都是近世最偉大的人本主義者（洪鎌德 2014：27-44）。

　　奇怪的是這兩位半生背離故鄉，在英國、歐陸、甚至北非到處闖蕩，尋找療治宿疾的人道主義者，居然沒有碰面晤談的機會。這主要的原因是養尊處優、愛惜羽毛的貴族子弟瞧不起三餐不繼、言大而誇（喜好「大敘述」écrire grande），鼓譟人群暴動、反抗、流血的革命者之心態造成。反之，愛好文藝的馬克思早期對俄國文學興趣不高，只有到晚期驚喜《資本論》卷一外文翻譯，不是他期待頗久的法文，居然是俄文，這才促成他開始自修俄文，勉強能閱讀報章雜誌，偶涉普希金、列蒙托夫、托爾斯泰之作品；就沒有紀錄顯示他看過屠氏任何的篇章，儘管圍繞身邊和經常通訊的共同友人不少。兩人身體最接近的時地為：1874年的療養地Karlsbad。該年8月中旬馬克思帶著生病的么女塔絲到捷克西部的溫泉鄉Karlsbad。父女進駐該市高貴的Hotel Germania，剛巧豪奢成性、前往泡湯的屠格涅夫也在這段時間進住該旅館，在遊客摩肩擦踵間，兩人可能擦身而過，沒有留下任何見面晤談的訊息，實在令人不解（Padover 1978: 534）。

　　前蘇聯官方（蘇共）研究機構馬列主義研究所出版的馬克思傳記，是所有俄國與其餘世界各國出版有關馬克思生平和著作的書文中，唯一提及屠格涅夫名字者。這是指庫格爾曼與馬克思訪談中，聽見後者年老時評論俄國普希金以來諸位作家的成就時，馬氏說：「在親俄派面紗的掩蓋下，屠格涅夫精妙地把俄國人靈魂的特徵刻劃下來」（Marxism-Leninism Institute, Karl Marx: A Biography, Moscow: Progress, 1973: 628）。由此可見，德俄兩大人本主義者彼此的嫌隙來自意識形態的針鋒相對，以及世界觀和人生觀，特別是生活方式（life style）的越然有別。

參考資料

洪鎌德

2014 《個人與社會——馬克思人性論與社群觀的析評》台北:五南。

2015 《馬克思》台北:東大(增訂二版)。

2016 《黑格爾哲學新解》台北:五南。

2017 《屠格涅夫作品的析賞》台北:五南。

2018 《馬克思與時代批判》台北:五南。

魏百谷

2017 〈十九世紀的俄國社會——屠格涅夫與馬克思的觀察〉刊:施正鋒主編《淵博與創思——洪鎌德教授八十高壽慶賀文集》131-142頁,台北:五南。

Saul K. Padova,

1978 *Karl Marx: An Intimate Biography*, New York *et.cet*.: McGraw-Hill Book Co.

Marxism-Leninism Institute

1973 *Karl Marx: A Biography*, Moscow: Progress.

Turgenev's Life and Works: A Critical Evaluation

By Hung Lien-te, *Dr. rer. pol.*

Wiener Universität

Cotents

國家圖書館出版品預行編目資料

屠格涅夫作品的析賞 / 洪鎌德著. -- 二版.
-- 臺北市：五南, 2019.11
　　面；　公分
ISBN 978-957-763-755-0(平裝)

1.屠格涅夫(Turgenev, Ivan Sergeevich,
1818-1883) 2.傳記 3.文學評論
784.88　　　　　　　　　　108018792

1XPB

屠格涅夫作品的析賞

作　　　者 ― 洪鎌德(162.4)

發 行 人 ― 楊榮川

總 經 理 ― 楊士清

總 編 輯 ― 楊秀麗

副總編輯 ― 劉靜芬

責任編輯 ― 林佳瑩　高丞嫻　吳肇恩　游雅淳

封面設計 ― 姚孝慈

出 版 者 ― 五南圖書出版股份有限公司

地　　　址：106台北市大安區和平東路二段339號4樓

電　　　話：(02)2705-5066　　傳　　真：(02)2706-6100

網　　　址：http://www.wunan.com.tw

電子郵件：wunan@wunan.com.tw

劃撥帳號：01068953

戶　　　名：五南圖書出版股份有限公司

法律顧問　林勝安律師事務所　林勝安律師

出版日期　2017年 1 月初版一刷
　　　　　2019年11月二版一刷

定　　　價　新臺幣520元

經典永恆・名著常在

五十週年的獻禮——經典名著文庫

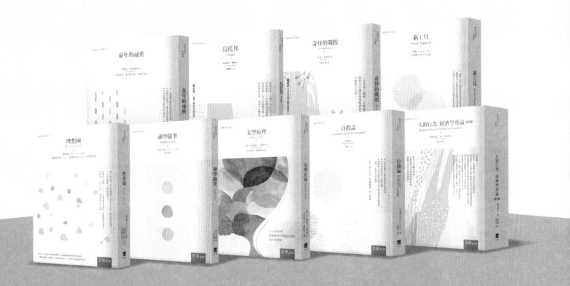

五南，五十年了，半個世紀，人生旅程的一大半，走過來了。

思索著，邁向百年的未來歷程，能為知識界、文化學術界作些什麼？

在速食文化的生態下，有什麼值得讓人雋永品味的？

歷代經典・當今名著，經過時間的洗禮，千錘百鍊，流傳至今，光芒耀人；

不僅使我們能領悟前人的智慧，同時也增深加廣我們思考的深度與視野。

我們決心投入巨資，有計畫的系統梳選，成立「經典名著文庫」，

希望收入古今中外思想性的、充滿睿智與獨見的經典、名著。

這是一項理想性的、永續性的巨大出版工程。

不在意讀者的眾寡，只考慮它的學術價值，力求完整展現先哲思想的軌跡；

為知識界開啟一片智慧之窗，營造一座百花綻放的世界文明公園，

任君遨遊、取菁吸蜜、嘉惠學子！